DAMN FEW

Making the Modern SEAl Warrior

美国海豹突击队的真实战斗

【美】 罗克·丹佛
埃利斯·赫尼肯 　著

王天孜　雷建锋　译

山西出版传媒集团
山西人民出版社

图书在版编目（CIP）数据

美国海豹突击队的真实战斗／（美）丹佛，（美）赫尼肯著；王天孜，雷建锋译．—太原：山西人民出版社，2014.7

书名原文：Damn few：making the modern seal warrior

ISBN 978-7-203-08630-7

Ⅰ．①美… Ⅱ．①丹…②赫…③王…④雷… Ⅲ．①军—特种部队—概况—美国 Ⅳ．①E712.53

中国版本图书馆 CIP 数据核字（2014）第 150171 号

美国海豹突击队的真实战斗

著　　者：	（美）丹佛　　（美）赫尼肯
译　　者：	王天孜　　　雷建锋
选题策划：	吕绘元　邓　武
责任编辑：	吕绘元
特约编辑：	魏　华　吕新元
装帧设计：	刘彦杰
出 版 者：	山西出版传媒集团·山西人民出版社
地　　址：	太原市建设南路 21 号
邮　　编：	030012
发行营销：	0351-4922220　4955996　4956039
	0351-4922127（传真）　4956038（邮购）
E - mail：	sxskcb@163.com　发行部
	sxskcb@126.com　总编室
网　　址：	www.sxskcb.com
经 销 者：	山西出版传媒集团·山西人民出版社
承 印 厂：	山西出版传媒集团·山西人民印刷有限责任公司
开　　本：	720mm×1010mm　1/16
印　　张：	17.25
字　　数：	242 千字
印　　数：	1—6000 册
版　　次：	2014 年 7 月　第 1 版
印　　次：	2014 年 7 月　第 1 次印刷
书　　号：	ISBN 978-7-203-08630-7
定　　价：	45.00 元

如有印装质量问题请与本社联系调换

年轻的神枪手：纳特和我

在上小学的年轻勇士

纳特、母亲和我

和父亲一起钓鱼

宣誓就职成为一名军官

两名少尉:詹森和我去海豹突击队基本水下爆破训练报到当天

在基本水下爆破训练中,丹佛少尉拿着一支空枪

"地狱周"结束之前的几分钟，几乎看不清楚我，但这的确是珍贵的镜头

胜利在望，毕业前一周

基本水下爆破训练训练场上著名的标语

小溪基地,海豹突击队第四队从直升机上沿绳索下落

Father War 授予我三叉戟徽章

我们被授予三叉戟徽章

被授予徽章当天,和父亲及纳特一起合影

B排索降至一艘潜水艇上

我和艾里什在波多黎各一艘潜水艇上

在厄瓜多尔,艾里什和我教授如何爆破

在哥伦比亚,和桑尼在一起

2003年，利比里亚蒙罗维亚港，丹佛中尉

年轻的海军夫妇，特蕾西和丹佛

丹佛中尉和童子军在牛仔战斗前哨

　　坏人已被羁押。请注意他的装备。他将装备藏在干草堆里,因此装备看起来脏兮兮的,但这些装备都刚刚上过油。他不该用胸挂来携带多个弹夹,通常只有枪手才会有

在天气变得很热之前，在屋顶小睡一会儿。照片前面就是指挥官的M-14。当试车的时候，我最好带着它

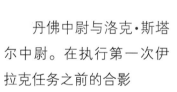

丹佛中尉与洛克·斯塔尔中尉。在执行第一次伊拉克任务之前的合影

在突袭之前保持放松

海豹突击队与海军陆战队队友在一起,正准备向坏人发射炮弹

用手钓线捉鱼。20分钟之后,在后面的房子外面,一名伊拉克童子军被迫击炮炸死

在巡逻中,罗、丹佛和洛佩在高温下休息一会儿。我们正在等待爆炸品处理人员来移除前方道路上的一枚简易爆炸装置

前往巴格达。这是我带着.50口径机枪骑在炮塔上难得的一次机会,尘土到处飞扬

拍摄《勇者行动》中的场景

与前海豹突击队第四队队员在一起拍摄电影场景

在《勇者行动》首映时,与特蕾西一起合影

与前总统乔治·赫伯特·沃克·布什和我的伙伴雷合影

与前总统乔治·
沃克·布什合影

特蕾西和我与奥巴马总统合影

献给我的妻子，我的活力之源。

献给我的母亲，我的保护神。

献给我的父亲，我的指南针。

献给我的兄弟，我的楷模。

献给我的女儿，我的动力。

献给我的勇士兄弟们，我最深切的敬意。

轮到我们了，

谁像我们一样？

精英中的精英，

他们都死了。

　　　　——早期苏格兰祝酒辞

海豹突击队时代

逊尼派(Sunni)武装人员已经学会了爬上丰田海拉克斯皮卡车基座上的三角迫击炮炮管。这些小卡车像杀气腾腾的卡丁车一样在伊拉克西部游走。他们会在一个地方停下来——轰、轰、轰——迫击炮炮手会发射三枚快速炮弹,其威力强大到足以掀翻一辆悍马,或是将六名美国海军陆战队士兵送到医院或是太平间。然后,司机会猛踩油门,开足马力,轰鸣着离开这里。一旦他们精于此道,再多的勘察和技术也不能精确地查明这些流动的武装人员下次会在什么地方出现。2006年春天,我和我的海豹突击队队友到达安巴尔省的时候,操作迫击炮的男孩子们是被认可的专家。我在哈巴尼亚外的牛仔战斗前哨度过的第一个夜晚,一枚迫击炮炮弹飞过铁丝网,落在距离我30英尺的地方。

我们已经得到消息。

我问负责这个前哨的海军中校:"我们如何能影响战场?如何能保护基地,帮助海军陆战队追击敌人?"

他没有立即回答我,但是看得出来,他对当前的状况感到无能为力。他说:"我们肯定需要一些帮助。"

这就是逊尼觉醒(Sunni Awakening)运动前的黑暗岁月。当时,主要的部落领袖最终厌倦了伊拉克基地组织毫无意义的暴行,显然对美国所进行的活动变得更加同情。那时,哈巴尼亚周围是伊拉克最血腥的地区,的确是世界上最无法无天的地方之一。危险似乎无处不在:简易爆炸装置、火箭推进榴弹、来自隐蔽小巷和屋顶无目的的狙击手的射击。叛乱者认为,美国入侵了他们的国家,所以这些美国人该死。与我们作战的这些人没有穿军装,不听从任何中央司令部的指挥,展示出威胁美军生命的令人疯狂的才华。想出一个对付他们的有效策略,不会比追踪萨达姆·侯赛因(Saddam Hussein)的大规模杀伤性武器更容易。

我们将要替换的海豹突击队的排一直在训练伊拉克童子军(Iraqi Scouts),这是我们特种部队的伊拉克版本,尽管这样类比有点好笑。这些伊拉克人几乎全部出于自愿。我非常肯定,伊拉克拥有具有更多战场经验的童子军。感谢海豹突击队第一队的努力,伊拉克人在战斗基本功方面已经取得了一些进步——如何部署一项任务、如何沟通、如何更加有效地射击,如果可能的话,如何使他们自己或他们的美国教练幸免于难。然而,这些初露头角的特种兵根本没有经历过多少战斗。他们一直与我们一起进行夜间巡逻,伊拉克西部部落地区的夜晚几乎全都死气沉沉。

骆驼、蜘蛛和野狗似乎从不睡觉。到了8点半,所有人都睡了,包括皮卡车迫击炮男孩和很多与他们一样崇尚暴力的同伴。然而,太阳一升起来,卡车再次轰轰作响,迫击炮炮弹雨点般落下来。

我知道我们要找到方法,使海豹特种部队进入战争核心地带,使这个失衡的战区以某种方式转为平衡。

第二天早上我做的第一件事,是与海豹突击队第三队年长的队员们坐在一起,告诉他们:"我们必须白天出去,让敌人看见我们。我们就像人饵,诱使他们向我们开火。当然我们的狙击手和重炮手会隐蔽在棕榈林中等待。我们要表现出我们应有的勇气。我们可能会避开一些狙击手的射击和迫击炮炮弹。我想,我们必须比他们射得准。有没有人打算这样做?"

事实上,这不是一个问题。我与这些人在一起已经两年多了。我与他们中的一些人经历了海豹突击队的训练。他们是货真价实、秣马厉兵的美国勇士,他们几乎没有时间卸下装备,像我一样急切地寻找一些战斗,仅仅是渴望在战事正酣的战区检验他们所受的训练和准备工作。我知道那些坏坏的笑容意味着什么。

"这样我们就能打仗吗?"一名重炮手问道。

"毫无疑问。"我告诉他。

他像其他人一样点头微笑说:"那么,我们随时都可以出发。"

三个小时后,我们全部16个人——狙击手劳力士(Rolex)和罗(Ro)、重炮手老D(Big D)和贝克斯(Bakes)、通信员洛佩(Lope)和卡姆兹(Cams)、助理军官尼克(Nick)和约翰(John)以及排里的其他人——在16个伊拉克童子军的掩护下,在早上晚些时候走出战斗前哨的防御线铁丝网,走进坑坑洼洼的哈巴尼亚郊区。这是一个遭受过重创的地区——随处可见高墙环绕的房子、露天下水道和崎岖不平的街道。汽车和卡车从我们身旁飞驰而过。周围枪林弹雨时,没有人喜欢慢慢开车。垃圾在街角成堆地燃烧,吸上一口垃圾燃烧的气味,这一天剩下的时间里你就毫无食欲了。大部分当地人都尽量待在家里。在喧嚣到来之前,这些街区都出奇的安静。每一两个街区就有一座清真寺,有的朴素,有的宏伟。所有的清真寺都会呼唤人们前来祈祷,每天五次。在110华氏度的高温下,身着防弹衣及全套装备——长裤、长袖衬衫、靴子、手套、战斗头盔、武器、弹药和水,每个人大约60磅重的装备——我们显得格格不入。

我们向前走时,不妨带上一条巨幅标语:"前进,试试运气,海豹突击队在这里。"

沙漠的太阳从头顶正上方照射下来,当第一辆丰田车出现时,我和狙击手在屋顶占据了一个掩护射击的位置，助理军官和重炮手则隐蔽在附近的棕榈林中。这是一个完美的L形的伏击布局。

我认为，伊拉克迫击炮小组不知道接下来会发生什么。由于哈巴尼亚已经变成自由开火区，他们别无所求。迫击炮炮手站在车厢上，甚至都不朝我们这边看。他正盯着另一个看似容易攻击的目标，那是一个迫击炮可以越过铁丝网进行攻击的目标。或许他会击中下一个去洗手间的美国兵。

但是，他没有机会发射炮弹。

在房顶上，劳力士和罗瞄准瞄准镜。他们收紧下巴，一轮接着一轮扣动扳机射击。他们的武器像紧握在手的手提钻一样喷射——砰砰砰砰砰——子弹飞快地射出。

几乎同时，老D从小树林中用他可怕的MK-48射击。MK-48发出低沉的隆隆声。当老D射击的时候，尼克和约翰也朝其他防线开火。所有的武器立刻喷射起来。快轮和大轮，响亮而猛烈，从几个不同的方向击中迫击炮炮手，每隔100毫秒射击一次。炮手的身体像甩干机中的一件夹克一样旋转——从皮卡车的基座上跌倒，滚落到粗糙的水泥地上之前，一、二，几乎整整三圈，最后扑通落地。

从我所站的地方能直接看到司机，他愣在那里，看起来脸色几乎煞白。他的眼睛瞪得像靶心，手从方向盘上方跳起了3英寸。没有东张西望，甚至没有踩刹车，卡车仍在向前翻滚的同时，他用力冲出侧窗。司机还在空中，狙击手转过身来，正好击中他头部的一侧。当卡车翻进左边的沟里最终停下来的时候，司机啪的一声落到水泥地上。

那时，我们的排参战还不到一天的时间。大家旅途疲惫，不堪高温酷暑，但是我们已经做了我们要做的事。我们已经开始了我们历史性的战役：重新定义作战空间，转变这场令人沮丧和旷日持久的战争势头。罗和劳力士放下狙击枪,我们爬下屋顶,我告诉他们:"我喜欢上白班。"

"任何班次都行。"罗说。

没过多久,消息就传遍了安巴尔省。一群新的掠夺者现在就在城中,他们夜以继日地工作,消灭敌人。

这是美国反恐战争的第二个十年,传统的军事方法再也无能为力了。大规模入侵、长期占领、持久的国家建设运动——这些方法在美国的军事作战中仍占有一席之地。但是,毫无疑问,那些带来传奇般效果的方法已经开始逐渐消失。在杀戮和金钱方面,那些传统的军事方法代价高昂。就这样一次又一次地继续献身下去,朝鲜、越南、阿富汗、伊拉克,长远效果与希望并不完全一致。

这一切都不足为奇。那些古老的战斗方法是在一个迥然不同的时代针对一系列全然不同的威胁而设计的。我们绝不可能用第二次世界大战的战斗计划打败21世纪的敌人。

现今正在酝酿中的冲突多变而不可预知。这些冲突几乎在任何地方迅速地出现——伊朗、叙利亚、朝鲜、索马里、委内瑞拉。冲突任意选择好战的国家和令人不安的动荡地区——巴基斯坦—阿富汗边境、巴基斯坦领土、兴都库什山。战士们全副武装,渴望战争,对冷静的外交无动于衷。还要过多久,无人机和战术核武器才能在易趣网(eBay)上出售?我们只要登录贝宝(PayPal)输入美元金额就行了。

战争再也不仅仅是国家对抗国家了。部落军阀因宿怨而疯狂,非洲之角的暴徒为了利益和取乐而搜刮西方人。一个逃亡的基地组织头目,与他的两三个妻子以及一个秘密的色情场所隐藏在巴基斯坦的一个聚居区里。它是伊拉克西部一个宁静的村落,或许能、或许不能容纳一个临时的炸弹工厂,这取决于你相信谁提供的军事情报。

在过去的十年里，美国最高领导人不停地询问什么管用、什么不管用、为什么。越来越多的时候，他们的答案是相同的："把海豹突击队派到那里。"

我们继续出色地执行任务。

作为由训练有素的勇士组成的小而灵活的部队，我们是传统军队永远无法完成任务的专家。闪电般迅速的突击队突袭、精心策划的袭击、在具有挑战性的环境中执行谨慎的军事行动、卸载运输、救援，甚至还有还没有命名的其他冒险的军事演习。这是自9·11以来我们所从事的一项了不起的任务，而且我认为这项任务不会很快结束，追踪奥萨马·本·拉登（Osama bin Laden）、马士基·阿拉巴马（Maersk Alabama）事件、索马里救援、在阿富汗和伊拉克进行的转变势头行动。

陆军、大海军、海军陆战队——他们做得非常好。他们人数众多，力量强大，必不可少，但是那些家伙都是单个的，我们却不是。我们擅长速度和创造。这样做合情合理：带走第二海军陆战队第三营的士兵，告诉他们："你们从这里出发，到那边，摧毁中间的任何东西。"他们完成了这项任务。但是如果你说："从这里出发，到那里去，杀死两个人，抓获三个人，然后撤出来，不要让任何人知道你曾到过那里。"——那么我们的电话大概会一天到晚响个不停。事实就是这样。

美国只有2500名海豹突击队队员。在越战之前，当肯尼迪总统将第二次世界大战剩余的潜水队重组为能够在陆海空行动的海军反恐部队时，我们甚至还不能算是一个组织。与那些大部队相比，我们是一个极小的组织。但是，一直以来我们完成的任务是其他任何人似乎都不能完成的。同样，拿一对一来说，我们的成功是无可辩驳的。我们一次又一次地证明自己。在现代战场上，我们是最足智多谋的问题解决者，是美国正在进行的这类战争理想的勇士。

那么，我们到哪里找这些执行高危任务的人呢？在战斗中，他们将如何使天赋、训练和本能互相配合？这样的勇士是先天的还是后天的？我们如何才能获得更多这样的人？

过去的四年里，我的工作就是回答那些问题，帮助创建下一代海豹突击队。完成海豹突击队严酷的训练计划并指挥了200多场海外战斗任务之后，我成为一名军官，负责海豹突击队各个阶段的训练———初级和高级。在紧急和危险时刻，这是一项意义深远和令人敬畏的任务

随着海豹突击队最近取得的所有成功，我们得到了一定程度的关注和称赞，这对我们来说有些不习惯。这非常令人欣慰，当然也当之无愧，但也给我们带来了一些压力。人们在议论中遗漏了一些对我们而言重要的东西。人们一直在描述我们做了什么，但是对于我们是如何做到、为什么这么做，人们知之甚少。是它背后独特的心理在起作用。是什么使这个团队真正运转起来呢？是团队成员的非凡品质、精心设计的行动和训练技术以及未来美国与世界关系的许多经验教训。

这是我对我们如何创造了这些特殊的勇士以及他们是如何改变了现代战场的描述。这个故事由这些致命的和好斗的勇士主演，这些人无疑是非常热诚和爱国的人。尽管我们有许多那样的故事，但这不仅仅是一个惊心动魄的枪战故事。这不仅仅是重述我们令人畏惧的训练制度，尽管正是它让我们相聚于此。本书将近距离地揭示我们是谁、我们如何走到这一步。这个故事的很多内容之前从没有被完整地讲述过，我们的工作在很大程度上仍然是秘密。有一些细节必须依然是秘密。在本书中你发现不了这些秘密。但是，作为一名海豹突击队的领导者，我已经懂得，公开和诚实也是强有力的武器。本着这种精神，我们一直在介绍我们自己和我们的重要任务，以前我们从未这样做。在海军的全力支持下，我们帮助制作了一部独特的名为《勇者行动》(Act of Valor)的现实主义电

影，与全世界分享海豹突击队的核心经验。我们的故事是一个真正需要被大家忠诚地、真实地、充分地了解的故事。

凭借我作为一名自豪的海豹突击队军官自身的经验和洞见，依据我最亲密的兄弟和朋友们的经验和洞见，我用我所知道的唯一方式讲述这个故事。我的一切都归功于他们和我的家人。

一部鼓舞人心的书激发了我自己的海豹突击队梦。我希望，这部书教给我们的经验能够远远超越我的生命和旅程，超越我战斗过的战场，激励整整新一代的勇士将这个特殊的、我们所有人共有的梦想继续进行下去。

目录

Contents

第一部分 学习

第一暗 举区

一、艰苦训练

> 我们不应当相信人与人之间存在着很大的差别，而应当相信一个人的优点是在最严峻的考验中培养起来的。
>
> ——修昔底德（Thucydides）

M-4是一种强声步枪，MK-48机枪的声音更响亮。.50口径发出的轰鸣声震耳欲聋，附近的建筑物咯咯作响，地动山摇。

在射击靶场，我们都使用护耳用具。我们必须这样做，因为这些武器的声响震天动地。但是，当战争肆虐时，我扫射几圈，我发誓我从未听到过自己的武器发出的声音，仿佛有人在战场上方伸出一只巨大的手，调低了射击声道的音量，其实我的武器离我的右耳仅仅1英寸。我感到了反冲力，闻到了硝烟。看到弹壳飞出退壳孔，我知道子弹命中了目标。

事实上，这背后有真正的科学道理。一只狮子吼叫时，声音非常大——约114分贝，大概相当于曼哈顿市中心人行道上手提钻发出的声

音。这只狮子本该遭受严重的听力损伤，但是这样的事情并没有发生。一只狮子全力吼叫时，遗传密码中的某些东西会保护它，使它免受自己发出震耳欲聋的吼声的伤害。

在战场上，我立即就发现，人类掠夺者也有这样的机制。

战争只是猎食的一个更极端的特例。活靶子的出现改变了一切。战争的经历——不仅是心理上的，还有物理上的——使我回归到一个最基本的掠夺—生存模式。它消除了与生死搏斗无关的一切东西，突出了所有那些需要的东西。我的注意力、我的热情、我的执着，在我最需要的时候，让我表现得更加出色。因此，当战斗结束，或是我在一面墙或一辆车背后，非常紧急的时刻已经过去的时候，这些声音再次在我耳中爆炸开来。

"好枪法。"我听到我的队友说。

我们看起来像几名已经偏离了路线的公交司机新手。两名非常年轻的海军少尉，我的好友詹森（Jason）和我，穿着熨平了的没有任何勋章的蓝色海军制服穿过停车场。我们还没有挣钱谋生。但是，那天早上，走向操场的时候，我俩都能感到一些重要的事情就要发生了。

"老兄，就是这样。"詹森对我说。

"我们在这里。"我表示赞同。

我们已经在佛罗里达州彭萨科拉市的后备军官学校完成了13周的课程，并获得了海军初级军官军衔。我们会开着我那咯咯作响的吉普车前往加利福尼亚州，留在那里和我母亲待几天。接到命令后，我和詹森穿过宏伟的科罗拉多大桥，到达与圣地亚哥市中心隔海相望的海豹突击队的海滨聚居区。除了航空母舰，这座桥高得足以通过任何海军军舰。我知道我们正追随着前人的足迹前进，这里就是我们所有人开始的地方。

现在，终于轮到我们了。

我感觉自己像是一名刚刚开始接受斯巴达教育的年轻的斯巴达勇士。虽然我十分清楚即将开始的勇士训练规则是什么样的，但我仍然对即将接受的严格训练心怀敬畏。那天早上，我深信不疑。我已经面临生命中最令人兴奋和敬畏的时刻。

任何人对高新技术都充满期待，詹姆斯·邦德(James Bond)会因海军特种作战中心(Naval Special Warfare Center)设备的初级而感到意外。没有视网膜扫描、没有激光枪——仅仅是在高高的铁丝网后面有一排低矮的用煤渣砖砌起来的建筑物，有几间教室、营房、食堂、一个非常大的超越障碍训练场和一座体育馆。所有这些建筑物都挤在一起，离太平洋非常近，几乎在任何地方你都能听到海浪声。尽管景色非常迷人，但是用实用性来形容这些建筑物再恰当不过了。

特种作战中心的中央是一个操场。对海豹突击队队员来说，这个操场是一块圣地。这个操场是我们主要的活动场所和城镇广场，它是一个大的开放的矩形水泥广场，四周是行政和培训办公室。海豹突击队队员经常往返于此，很多体能训练都在这里进行。夏天水泥会变得非常灼热，教练们不得不冲洗地面，这样新兵们做俯卧撑时就不会烫伤手掌。这里也是海豹突击队举行毕业典礼的地方。像是一个亘古不变的嘲讽，退出海豹突击队的大钟也悬挂在这里。这里还有一个著名的指示牌，上面写着："只有昨天才是轻松的。"

詹森和我来的时候，欢迎的场面不大。学生管理中心的一个女人给我们安排了军营宿舍。一个海军军士，我猜一定是教练，从文件中抬起头，平静地说："放下包之后，穿上体育锻炼服去海滩。课程马上就开始了，加入他们。"我们按照他说的做了。我们匆匆穿上短裤和白色T恤跑到海滩上。海滩上，60个年轻人穿着和我们一样的短裤和衬衫仰卧在阳

光下。他们像人剪刀,疯狂地上下踢腿。

"哦,两个新来的少尉,"我和詹森小跑过来的时候,其中一名教练喊道,"你们就打算站在那儿,先生们?"

这是我第一次从教练那里听到满含挖苦意味的"先生们",在此后的岁月里,这句满含挖苦意味的"先生们"无数次地出现。教练们非常清楚,即使是最没经验的后备军官有一天也可能变成他的排长或是未来的小队指挥官。但是,教练叫"先生"并不表示他们顺从或尊敬我们,他们十分明白谁是负责人,肯定不是某些脸色红润的军官。那是我多年来一直铭记于心的一课:军衔是体面的,但它不是权力和重要性的唯一标准。在训练或战争中,关键的问题是谁具有影响力、知识和个人权威,谁有能力促使事情发生。那天在海滩上,我完全处于那名教练的掌控之中。

"你们要在大家面前做体能训练。"他说。詹森和我走到队伍前面开始行动起来。

一组接着一组快速而强度很大的俯卧撑和仰卧起坐颇具挑战性,即使像我这样参加体育锻炼多年、身体状况非常好的人也吃不消,我从未感到过像这样精疲力竭。这名挑剔的教练让我们做几百个浅打水动作,他是这方面的行家里手。我注意到他在不停地踢腿。

新兵们在痛苦地挣扎和喘气的时候,另外五六名教练整节课都像鲨鱼一样游动,寻找"猎物"。没过多久,其中一名教练就盯上了詹森,詹森看起来似乎比我还痛苦不堪。

"少尉!"教练严厉地说,"你认为你做不到吗?"

当詹森试图回答的时候,出于某种原因,我想起了从父亲那里听到的古老的狩猎笑话。两个猎人在树林中被一只熊追赶,其中一人停下来穿上一双跑鞋。

"你在干什么?"第一个猎人问道,"你永远也跑不过那只熊。"

"我知道。"他的朋友回答说，"但是我所要做的就是跑过你。"

我的大脑明白无误地告诉我：只要教练对着詹森吼叫，我就平安无事了。

詹森和我继续经受着这样的考验。当精明的教练走向别人的时候，我只有一个念头，天哪，这只是第一天。

实际上，这一切至多只能算是预训练，接下来还有整整一节课。很显然，困难重重，没有人能猜出它将给我们带来怎样的磨砺。尽管如此，我第一次真正尝试了基本水下爆破训练（Basic Underwater Demolition）。

无论在哪里，海豹突击队基本水下爆破训练都是最艰苦的军事入门课程。我已经接受过陆军游骑兵学校(Army Ranger School)的训练，学习了所有其他的精英基本培训项目，包括陆军特种部队（Army Special Forces）、空军伞降救援队（Air Force Pararescue Jumpers）、英国空勤特战队（Special Air Service，SAS）、荷兰陆军特种部队（Dutch KCT）四个艰苦的训练。这四个部队中都有我的朋友。但是那些训练都不像基本水下爆破训练这样让人难以承受。基本水下爆破训练是一个分三个阶段、为期六个月的身心挑战，这种挑战将未来的海豹突击队队员推向了他们忍耐力的绝对极限——然后超越他们的极限。所有的人都应当在基本水下爆破训练中避免丧命，训练中采取的任何措施都是为了这一目的。采取措施就是为了避免死亡。为了安全，新兵们不断地被浸入水中，教练们认真地记录每个人在冰水中待的时间。这些要求确实是超人的，这意味着他们要忍受的时间远远超过了任何理智的人在任何时候和任何地方所希望的那样。

每名海豹突击队队员必须通过基本水下爆破训练才能毕业。只有通过训练，你才能成为海豹突击队队员。基本水下爆破训练就是将我们这个团体与其他所有优秀的特种部队区别开来的一个标准。当一名队员遇

到另一名之前他并不认识的队员的时候,第一个问题几乎总是:"你在哪个基本水下爆破训练班?"接着,他们会争论到底哪个班更加艰苦。每个人都坚信他所在的班是基本水下爆破训练历史中最艰苦的一个班。

艰苦确实是基本水下爆破训练的标准。

我们最终全部抵达的时候,一名教练告诉223班:"基本水下爆破训练是艰苦的,因为只有艰苦的训练才能打造出更优秀的海豹突击队队员。"随后教练们就忙着来证明这一点。

我们终日进行划船比赛、圆木训练和在开放海域游泳的训练。我们超负荷地来做健身操——3000个仰卧起坐、7000个弓步和只有上帝才知道多少次的浅打水。

接下来就是海豹突击队最著名的20站越障训练。越障训练布置在一个大广场的沙滩上,该训练利用爬绳、平衡木、轮胎圈、猴杠和铁丝网沙滩爬行来检验耐力、平衡力、协调能力和上身的力量。各个站都有相应的绰号:编织者、蜘蛛墙、生命滑道。之所以这样叫,是因为当队员精疲力竭的时候,就会喊出这些绰号。绳网攀爬高得吓人。如果你有恐高症,那么我就祝你好运吧。

无论去哪里,我们几乎都是跑步前进。跑步从凌晨5点开始,我们穿着靴子和迷彩裤睡眼惺忪地进行4英里的短跑。直到晚上躺到床上,我们才会停下来。

"就地卧倒!"教练看似随意的命令。每个人都必须立刻卧倒,不管你面前是水泥地、沙滩,抑或是教室的地板。我们的头必须朝向最近的水域——海洋、海湾或是游泳池——我们要意识到海豹突击队与水的历史性的关联。然后,我们要砰砰地做20、30或50个快速俯卧撑。教练们不喊"就地卧倒"的时候,他们通常会喊"冲浪!"无论我们身处何处,无论我们在做什么,无论我们穿的什么,我们都必须奔向大海并跳入海中。

说几句水温。即使是在秋天，我也无法充分地解释冰冷的圣地亚哥湾和不封冻的太平洋是多么令人痛苦。当水温从较冷变为最冷时，那感觉就不仅仅是寒冷了。我第一次听到"冲浪"时，脸上挂着期待的微笑，想着我们将要翻越这座山去冲浪，心中跃跃欲试。我来自加利福尼亚北部，猜想离墨西哥边境不到10英里的圣地亚哥附近的太平洋一定风景宜人，引人入胜，但是事实证明我的这个判断是错的！我们所有的人冲向崖径，再冲50码跳入大海。海水非常冰冷。我简直无法形容水有多么冷。从海里出来之后，我只有一个念头，游泳很有趣，但是跳入极冷的海水中可绝对不是什么好玩的事情。

为了感受水到底有多冷，让我们来做一个小实验。在一个寒冷的冬日，拿一根水管站在外面，将你自己从头到脚淋湿，然后在风扇前吹10~15分钟。如果外面很热，将浴缸中装满冷水和冰，在里面待20分钟你就知道是怎么回事了。湿冷比干冷感觉更冷。我曾经看到基本水下爆破训练的学员因寒冷而剧烈抖动，以至于拉伤了肌肉。他们的手指变得僵硬，需要伙伴们帮他们系上制服上衣的扣子。

并非每个人都会遭受同等程度的伤害。一些人在冷水中就适应得非常好。我就是幸运者之一。我身体粗壮，身高6英尺1英寸，在1998年秋天体重大约205磅。我比那些瘦得皮包骨头的家伙更容易保持体温，但这仅仅是相比之下。刺骨的海水使体温迅速下降，每个人都会感到不适。圣地亚哥海湾的水温比太平洋要暖和几度，大约55华氏度，但是即使是海湾的水也会让你的牙齿打战，手指麻木。对大多数人来说，即使是在艰苦的竞技游泳中，不封冻的太平洋也会逐渐降低你的体温。

虽然进行基本水下爆破训练的队员经常又冷又湿，但是我们不会挨饿。实际上，新兵被要求强迫进食。早餐是熏肉、鸡蛋、麦片、华夫饼干、果汁和咖啡，午餐和晚餐是大盘肉、土豆和其他蔬菜。我们不是游骑兵

团,在游骑兵团,挨饿是一项训练。海豹突击队的新兵燃烧了太多的卡路里,以至于他们经常需要补充能量来保持体力,否则我们会死的。我不是在开玩笑。由于高强度的训练,午餐时一名学员可以毫不夸张地吃下一个超大的、有三层奶酪的"肉食者之爱"比萨,上面还有一条黄油,但即便这样,我们仍然撑不到晚餐时间。

我的同伴和我一样,经常将自己视为单个的人。但从一开始,我们就应该注意到基本水下爆破训练方法中一些令人震惊的东西:无论要求变得多么苛刻、任务多么艰巨,我们几乎从不独自面对。在我们第一周的训练中,每个人都会分配到一个游泳伙伴,两个人一起练习,相互照顾,必要时提供帮助。实际上,就是与他人一起分享经验。一个班级也被划分为船队,一个船队通常包括一名军官和六名士兵。这些关系成为海豹突击队未来关系的基础。

我的游泳伙伴是我的室友马特(Matt),来自科罗拉多的一名后备役军官,直到今天他仍然是我最亲密的海豹突击队朋友。马特拥有敏锐的头脑、惊人的领导才能和富有感染力的"我们能做到"的自信。直到今天,我都会用我的生命信任马特。我们相互鞭策、激励,一起开玩笑,并相互照顾。每周我俩和所有其他的游泳伙伴一起去大海进行艰苦的2英里测试,我俩要么一起通过,要么一起失败。

我们班上的一对游泳搭档在游泳中没有按要求保持在6英尺以内。当我们疲惫不堪返回海滩时,教练递给他们一条粗大、笨重、两端有扣的6英尺长的绳子。

"这可以保证你们在一起",其中一名教练告诉这对搭档,"现在再游一次。"

你不会永远都与同一个游泳伙伴在一起,有人离开,有人受伤、留级,或是互换来帮助一个成绩不够理想而拼命努力不想被淘汰的游泳伙伴。

到我结束基本水下爆破训练时，我曾有四个游泳伙伴，其中包括一个由于总是通不过游泳测试而险些被淘汰的队员。我成为他的游泳伙伴并帮助他通过了测试。我们明白，一旦我们成为充分部署的、准备投入战斗的海豹突击队队员，我们所有人都期望在一个紧密合作的团队中高效率地执行任务。这些关系，游泳伙伴和船员，有朝一日会成为海豹突击队这个共同体的基础，成为未来的 8 人小队、16 人排、32 人工作单位、几百人团队的雏形。所有这一切都错综复杂地孕育在海豹突击队坚如磐石的兄弟情谊中。

在海豹突击队上上下下的层级中，你都能看到这种紧密的个人关系所带来的完美效应。两名狙击手，一名观测，另一名射击，配合默契，相得益彰。一名犯了错误的学员要去冲浪，四五名刚刚也决定潜水的伙伴会陪他一起去。一名资深海军上将与他的特战士官长并不是正式的游泳伙伴，但是他们仍然配合得天衣无缝。从战场枪战到酒吧争吵、从家庭危机到搬家，海豹突击队队员都期待他们可以依靠同伴。

两名退休的海豹突击队队员即使在街角初次相遇，如果爆发危机，他们也可以再次成为游泳伙伴，立即天衣无缝地合作解决问题。这种相互关联性渗透到基本水下爆破训练的方方面面。如果大家齐心协力，七个强壮的年轻人能够抬起重约 180~200 磅电线杆大小的圆木，跑下海滩。如果有人没有尽全力，那么整个团队的处境就会很不利。

当我们每次爬进小充气艇（Inflatable Boat Small，IBS）进行划船比赛时，这种团队合作尤其重要。那些黑底带有明黄色装饰的粗糙的橡皮船，看起来像是产自白浪漂流公司。这些充气艇很结实，能够应付各种情况。这些小充气艇以及坐在里面的队员是基本水下爆破训练团队合作的核心与灵魂。

一连好几个小时，我们坐在小充气艇里漂流在海上或海湾里，全力以

赴进行惊心动魄的划船比赛。作为奖励，获胜的船员可以坐在旁边休息一下。"在海豹突击队基本水下爆破训练中，胜利是要付出代价的。"教练经常提醒我们。事实也的确如他们所说。

"当你们在战场的时候，"一名教练告诉我们，"你们班上所有人都要表现得很好，只有这样才能完成任务，才能挽救彼此的生命——否则，结果就完全相反。与划船比赛相比，战场上的团队合作更加重要。"

当不划船的时候，我们拖着船、抬着船，将船里装满沙子，再将沙子倒出来，头上顶着那些该死的、110磅重的船跑下海滩。一些人抱怨，多沙的船底在他们头顶上反复摩擦，使他们的头斑秃。

我的船员有马特、特里（Trey）、库伯（Coop）、卡洛（Carlo），加上其他一些轮换的人，都是青壮年，并且是十足的"野蛮人"。由于马特、特里和我都是军官，因此这也成了我们实实在在的一个优势。我们彼此依靠，坦诚相见，开诚布公地一起商量事情，共同领导好船员。船员们和我们一样，彼此密切合作。直到现在，我的一些最亲密的朋友就来自基本水下爆破训练第三船队。

从基本水下爆破训练一开始，我们就明白这些数字和残酷的淘汰率意味着什么。每年大约有1000名年轻人会被五六个基本水下爆破训练班录取，但是在毕业前，班里70%~80%的人很有可能会被淘汰。在大多数情况下，队员不会被开除。精疲力竭又士气低落时，他们会选择离开。折磨人的圆木比赛、寒冷的海洋游泳、小艇马拉松、无休止的俯卧撑和仰卧起坐、水下打结的惊恐，以及一小撮似乎对任何事情都不满意的疯子般教练的言语打击——很多学员很快就会对自己产生疑问，我来这里到底是要做什么？如果没有一个满意的答案，无论他们怀着怎样的海豹突击队梦想，他们都会得出这一切并不适合他们的结论。他们会自愿放弃，放弃任何让他们此时此刻感到疯狂的努力,他们会敲击海豹突击队著名的大钟三下以示他们的决定。他们希望再也不会如此寒冷、潮湿、多沙、睡眠不足、情绪崩溃、身体精疲力竭,再也不想经历这些了。

在我们班上,开学当日就走了几个人。我的一个同伴甚至还没有被要求做练习之前,在第一堂课期间就转身离开了,他敲响了表示退出这个团队的大钟。

钟声,伴随着疯狂的教练和起伏的海浪,实际上就是基本水下爆破训练的音轨,它日夜不停地响起,告诉每一个留下来的人,又一个人走了。

你可以很容易地找到那口大钟。它就挂在操场上第一阶段教练办公室的外面。遵循长久以来海豹突击队的传统,准备离开的人将他们绿色的新兵头盔在大钟旁边排成一排。这一排可能很短,或许会很长,这取决于多少学员已经离开了。接下来就传来钟声,每一声里都有自己悲伤的故事和独特的声音。

我注意到,一些退出的学员,尽可能轻地拉动绳索,似乎希望不会引起他人的注意,而另一些人会重重地拉动绳索,好像他们一心只想毁坏这口大钟,或是想狠狠地把大钟从架子上拉下来。还有就是那些只敲一次的人。他们会敲一次钟,走开,回来再敲一次,然后走开,最终意识到海豹突击队的训练已经结束了,他们会敲三下以示放弃,闷闷不乐地离开。

当然,有些人会拒绝敲钟,他们说:"我会离开,但我不会敲任何该死的钟。"每当此时,一名长官会把这个人拉到一边说道:"这门课程和这个共同体比你我中的任何一个个人都重要。当你不尊重这口钟和这门课程的时候,实际上已经证明你不属于这里了。现在做个男子汉,敲响钟,按规矩做。不要不尊重这个共同体或你自己。"就我所知,这番话总是能够被当事人接受。

无论他们的愿望是什么,事实上,很多人仅仅是没有做好准备。我们

给每名队员打气，只是希望他们能够通过。但是，就这个层面而言，如果身体素质不够好或没有良好的竞技能力，同样通不过，只能是美好的愿望而已。我们有一名来自英国的队员，矮胖、谦逊，身高大约只有 1.65 米。他不具备一名运动员的身体条件，但他是异常勇猛的狮心王理查德。他付出了一个人所能付出的一切，只可惜他的身体不够强壮。当他离开的时候，一名教练让全班人坐下来，对他们说："你们中的一些人拥有非常好的身体素质，这是上帝的礼物。如果你们能有这个人一半的勇气，那么你们将成为出色的海豹突击队队员。"

身体不够强壮或是身体不允许并不总是意味着你的梦想永远结束了。一名离开这里的军官或许不会回来，但是一名因为不符合标准而离开的士兵有再次回来的可能。如果你没有通过"地狱周"（Hell Week），你必须从头开始。如果你通过了"地狱周"并且受了伤，那么你可以从你中断的地方重新开始。规则规定，在回来之前，你可以离开两年的时间。但是有一些特例，就像年轻的布瑞（Brit），教练们给他搭乘的任何一艘军舰的指挥官写信，称："我们希望他很快回来。"

千真万确，这个共同体不会接纳敲钟的人。

我能理解人们为什么会放弃，实际上，海豹突击队的训练不是针对每个人的，但是看到一些人离开，我仍然感到难过。在基本水下爆破训练中，与他人会有短暂的接触，有的则是匆匆过客。与我一起来的伙伴詹森因肩部旧伤复发而离开了。我想，几个星期的海豹突击队训练也开阔了他的眼界。几个星期之后，他告诉我："我不知道这是否适合我。我不确定我是这些人中的一员。"当他因伤而放弃的时候，似乎并不那么伤心。虽然明知是这样，但我们还是会一起开始行动。他是一个聪明人，也是一位出色的朋友。我深深地怀念和詹森在一起的日子。

然而，听到钟声响起也有积极的作用，钟声是内心深处最原始的一些东西。对于那些留下来的人来说,钟声实际上让我们感觉很好。钟声响起,我们想,我们仍然在这里,那些人已经离开了,我们更接近终点了。

大钟像一个被扭曲的音叉一样响起——不是嘲笑,不是警告,但是对留下的人来说,钟声听起来像是神话中女海妖的歌声。退出是一个如此公开的行为,它给每个人传递着这样的信息:"这个地方正是你所认为的那样,是为精英中的精英准备的。钟声就证明了这一点。"

我已经明白了一件事情:无论教练们多么无情、要求多么高,我都会找到方法通过基本水下爆破训练。我不会放弃,放弃不是我的成长方式,放弃不是我。为了能够来到这里,我已等待良久。我认真地做出我的决定,而不仅仅是尝试一下,这就是我想做的事。毫无疑问,我对美国海军中的一些常规工作不感兴趣。如果被海豹突击队的训练淘汰,我就会被送去做那些工作。这种积极的自我对话、绝对自信的感觉,甚至拒绝考虑任何其他选择的做法,被证明是在基本水下爆破训练中表现出色的令人难以琢磨的关键。我已经习惯了海豹突击队的思维定式。

早期的、紧张的体育锻炼仅仅是一个开始,我们还要进行更多的训练。接下来的训练使人想起海豹突击队早些年的蛙人岁月。很快,教练们就把我们带到战斗训练坦克(Combat Training Tank)面前。这并不意味着近来海豹突击队小组一直在进行大量的蛙人行动,也并不意味着未来的战争要戴着面具,穿上脚蹼,在潜水坦克中进行。作为海军的特种部队,海豹突击队与海洋紧密相连。因此,每名未来的海豹突击队队员必须在水中达到高度熟练的程度。基本水下爆破训练大部分的考验都发生在战斗训练坦克中。战斗训练坦克是为海豹突击队专门配备的,还有达到奥运会标准的训练池。坦克装备了各种各样的壁架、挂钩和炮床,在水位线以下设有窗户,就像你在海洋世界和当地水族馆的鲨鱼池看到的那样。那些窗户可以让你清楚地看到发生在水下训练中的许多痛苦历程。

为了通过训练,新兵们都必须学会50米水下游泳、战斗救生和水下打结。这些技能是把炸弹和鱼雷固定在船边这些更高级的海豹突击队技能的基础。对浮水法测试来说,学员必须以静止的姿态漂浮,脚绑在一起,手绑在背后。被绑的人像竞技小牛一样,必须以改进过的海豚式打腿的方式在泳池游一个来回,然后在15英尺的水中上下浮动。沉到水底,快速升到水面,吸入一大口氧气——这门技巧是为了在保持平稳节奏的同时吸入足够的空气。这些训练都会使你保持冷静,让你的肺部充满空气。

这些测试并不容易,但是对许多学员来说,水下打结和救生测试才能引起最大的恐慌。在水下打结时,除非你将绳子打结再解开,水下教练向你竖起大拇指,否则你不能很快地浮出水面。绳结——单套结、平结、双编结、卷结、直角是非常简单的,但是当时间痛苦地流逝时,在水下屏气做这种复杂的手眼协调动作并不容易。

我没想到救生测试会这样艰苦。理论上,它与在当地基督教青年会酒店外卖区买东西一样容易。但是,一名教练差点淹死我。他身高不到6英尺,体重大约150磅。我本来打算抓住他把他推到水池边。这能有多难呢?在高中打水球时,我是球队的固定中锋,这个位置是留给最强壮、最具进攻性的踩水摔跤手的。

绝不要凭体格来判断一名海豹突击队队员。

这名修长而健壮的教练让我抓住他。一将他固定好,我就想,在几秒之内我就能将他拉到池边。

直到今天,我都不知道接下来发生了什么,也不知道事情为什么会这样。他开始踢腿,直接将我拉到池底。我像陀螺一样旋转。当在水下试图抓住某人的时候,我从未感受过如此巨大的力量。他像一匹桀骜不驯的野马。我真的以为我会被淹死。当我设法抓住他并将他拉到水池边的时候，我拼命地喘着粗气，心脏跳得很快。他将池水泼溅到我的脸上，只说了一句话："你通过了，出去吧。"

这些海豹突击队的教练们有些与众不同，他本不该那样对我。

但是，对很多学员来说，50米水下游泳才会真正将肺部压碎，这是对水中实力的真正考验。新兵们脚朝下跳入水中，向前翻腾一周，然后游到泳池的一头，再游回来，一共50米，这个距离与奥运会参赛者游出的距离一样。大家在这项测试中总是失败。每个新兵都被指派一名教练，在水上跟踪水中的队员。

当时的情景颇具戏剧性，其中的一名教练对我们小组说："先生们，事情是这样的。当你跳入水中做前空翻的时，尽快地划水，尽快找到一个合适的节奏。如果你够聪明，你就会潜到池底并待在那里。当处于压力之下时，你的肺会收缩，与靠近水面相比，这样做会使你得到更多的氧气。问题是，当你开始上浮的时，你的肺开始扩张，你将会体验到我们所说的潜水昏迷。"

他让我们感到这种情况似乎总是在发生。

"这就是我要做的，因为我喜欢你们，"教练说道，"只要你碰到池壁，我不在乎你是否在水中晕倒。如果你快要失败了，快要在水中晕倒，你稍微滑动一下就有足够的力量来触碰池壁。我认为那就是通过了。我们会把你拉上来，把你拍醒。"

对于站在我身边的学员来说，这并不怎么好听。他弯下身子，低声说道："这是真的吗？这家伙疯了吗？我不会故意试着在水里晕倒。"事实证明，教练并没有过分夸张。许多学员都必须靠拍打来恢复意识。

这仅仅是基本水下爆破训练。训练之中不是这事，就是那事。一万年太久，只争朝夕。身体上的和心理上的折磨、团队合作，学员们被推到了崩溃的边缘，看看究竟鹿死谁手。

我刚开始训练时,发生了一些意想不到的事情。训练虽然艰苦,但我实际上已经开始享受这个过程了。很多体能训练近似于折磨,但是,随着时间的流逝,我逐渐适应,可以从容应对,甚至能够面对教练抛给我们的最困难的挑战。这树立起了我的信心并得以架构起我与这种兄弟情谊之间的联系。

水是冰冷的,但我可以忍受;体能训练残酷,但我做到了。一些体能上的挑战实际上已经变得很有趣。你绝不能认为海豹突击队的障碍课程是一件轻而易举的事。但是,我掌握了这些技能,看到了自己的进步,我喜欢这种感觉。

教练们当然可以冷酷无情,他们中的一些人智商的确很低。但是,他们也有一些我不得不喜欢的东西。他们举手投足的独特方式,如说话的方式。他们对自己有信心,专心致志,有时让人感觉近乎骄傲自大。他们爱开玩笑,他们中的大多数属于那种自作聪明的人。在某程度上,他们对队员下达的每一个命令都好像在说:"我知道我是谁,我乐在其中。和我在一起,你或许会学到一些东西。"我从未听到他们中的任何一个人这样直截了当地说过,但是几乎所有人都会有这样的感觉。尽管他们不断地向我们提出各种严苛的要求,但我仍觉得他们是一些很酷的家伙。

当我成功通过基本水下爆破训练时,我还没有掌握课程的所有微妙之处。我将花费数年的时间去消化所学到的这些东西,当然对体力的需要显而易见。有一天,我们所有人都会被要求去全世界的战争地区执行更具挑战性的任务。但是,直到我完成了基本水下爆破训练,加入一个海豹突击队小组,外出执行激烈的战斗攻击任务,然后返回科罗拉多州,成为一名基本水下爆破训练军官,开始教授我所学到的东西时,我都没有完全明白基本水下爆破训练心理部分的设计是多么精湛。

直到那时,每一个抱怨和磨炼对我来说才具有了深刻的意义;直到那时,我才终于发现,一名海豹突击队队员的意志要远甚于体力。

基本水下爆破训练从两个方面体现了这一旨要:首先,它淘汰了那些虽然体力强壮,但是精神力量却永远不能发展成为一名海豹突击队队员的人。如果你不能承受在战斗训练坦克中打结的压力,那么在阿富汗有人用枪指着你的时候,你就绝不会保持足够的冷静。

基本水下爆破训练使那些具有坚强意志和先天侵略性的人成为海豹突击队队员,训练调整他们的心态,并使其逐渐强大,同时通过训练来提高他们的自信心。这使他们获得第二天性。训练让队员产生了一种潜在的心理状态:"我能够做到,没有什么大不了的,没有什么能够打败我,我是精锐部队中的一员。"

作为一个如此特殊群体中的一员,我们彼此拥有一种真正的兄弟情谊,促使我们将每一天都当作新的开始,做好准备奔赴前线,奉献生命。

二、基本水下爆破训练的秘密

武器是战争的重要因素,但不是决定因素。决定因素是
人而不是物。

——毛泽东(Mao Tse-tung)

我从未见过一名海豹突击队队员的枪失灵,或是怀疑自己接下来
该做什么。

在一天早上的野外交战中,我们的一名枪手从武装卡车的炮台上射
击,他的枪突然失灵了。这种.50口径的机枪又大又重,是男士用枪,要用
两只手才能将充电系统扳回。当手柄向前移动,强有力的弹簧扣入定位
的时候,你很容易就会被切掉一根手指。无论射击还是进行操作,你都不
得不完全听命于它。

枪手立即掏出一把螺丝刀,将它卡在弹带弹盒和机枪之间的折缝里,
螺丝刀的顶端立即折断了。

"给我一把螺丝刀。"枪手喊道。

另一名队员迅速递上一把新的螺丝刀，但枪手摇了摇头。他已经将粗短的手指伸进了灼热的枪中，将零件移来移去，扔出一小块黄铜，做了一些其他人都看不到的微小调整，排除了机枪的故障。

他就像机枪一样又回到了战斗中。

你要射击但枪却不好使，这是个致命问题。我们花费了很长时间来训练如何应对这种情况。每支枪的故障不同，所以我们要学会应对各种可能的状况。对武器而言，战场环境是不确定的，尘土、淤泥、沙子、煤灰，所有这些都有可能钻进你的枪里，让武器发生故障。更无情的是敌人，在敌人射击之前，他们绝不会等待我们把枪准备好。

在打靶场内，我们进行针对每一家制造商和每一种型号武器的特殊故障演习。我们把使枪停止射击的哑弹装入弹盒，因为你永远都不知道枪何时会卡壳。现在，你如何能够迅速排除故障，恢复战斗？

我们常用的 M-4 不是特别坚固耐用的枪。你能够拿着敌人使用的AK-47 穿过沙暴，拖着它穿过沼泽。敌人使用的枪可能看起来像是个破东西，但是它能够不断地射击而不出故障。我们精心制造出自己的机枪，它们更加精确，也更加敏感。

所以我们必须做得更好。

"你已经听说过关于这个地方是多么艰苦、多么令人胆寒的统计信息，"在我成为训练第一阶段的主管之后，我会告诉每个基本水下爆破训练的新队员，"但是，这里有一个你或许没有注意到的数字，如果你能坚持到'地狱周'的周五，那么你就有90%的机会成功通过这门课程。几乎所有的放弃都发生在最初的五个星期里。"

当我参加海豹突击队的初级训练时，确实是这样，今天仍然是这样。"因此，如果你们能将这份真正非凡的工作坚持一个多月，"我对队员们说，"那么你就有绝好的机会将三叉戟徽章挂在胸前，成为这个兄弟会中的一员。"

这是基本水下爆破训练鲜为人知的事实之一，当然还有很多其他的，但是这一事实是这些新兵在游戏一开始就需要知道的。那些坚持到这里的人很快就会发现，这门课程要求极高，"地狱周"就像它听起来一样令人毛骨悚然。但是，海豹突击队初级训练的致命部分都集中在一开始。"如果你不得不面对这一切，"我问队员们，"难道你不能够在这五个星期里，在任何环境下都生存下来吗？此后，你就有希望成为能够通过的人了。"

当我进行基本水下爆破训练的时候，关于海豹突击队的训练，我有很多不理解的东西。我还没有参加过战争，没有学员有可能对像基本水下爆破训练这样纷乱的事情有真知灼见。但是我是幸运的，随着时间的流逝，我有机会在一些非常危险的战斗中验证我所学到的东西。然后，我开始负责训练上百名和我一样拥有海豹突击队梦想的年轻人。我负责海豹突击队训练的所有主要阶段（初级的和高级的），带领我们渡过动荡的时期。至今，我可以自信地说，我对训练过程的理解不比任何人差。

多年以来，无数人对什么能使海豹突击队的训练如此有效以及如何才能最好地通过训练提出了意见。医生、心理学家、营养学家、体育教练、神职人员、军事理论家、媒体评论员，或许还有几个临街铺面的通灵之人——他们都自信地建言献策，如做这么多的俯卧撑，吃那样的蔬菜，和你的游泳伙伴一起许愿不放弃。这些推测或许不无道理，但是，就我而言，这些都不曾抓住本质。这些理由都是过分简单的、过时的，或是漏掉了关键的因素。这些见解很少能够超越"哎呀，基本水下爆破训练肯定是艰苦的"这一观点。

事实上，基本水下爆破训练远不止这些。

我们的项目在四个方面是独一无二的：我们教什么、我们如何教、谁来教、我们教给谁。

我们所教的是纯粹的海豹突击队课程。课程简单、清晰、明确：来自于我们基本的价值观。胜利为本，失败是有代价的。 没有什么能够替代事先的准备工作。生命是不公平的，战场也是。即使是最微小的细节也起关键性的作用。我们是一个兄弟会，我们的成功依赖于我们团队的表现，我们不会失败。我们在打造新的海豹突击队时，不断地加强他们这样的意识。

无论队员们知道与否，在大多数情况下，队员们可能并不知道，基本水下爆破训练中发生的每件事情的背后都有这些强有力的信念在做支撑。

划船比赛不仅仅是划船比赛，它是教授胜利文化的一种方式；房间检查不仅仅是房间检查，这是教练了解队员的一个借口，使队员知道注重每个细节生死攸关。如果你的刀具已经磨好，整齐地摆放在床边；如果你的潜水背心刚刚做过安全检查，你的脚蹼以精确的45度角放置着，那么你下一步的行动就有了成功的保障。这些看似不重要的细节，实际上至关重要。

"我们所有的课程，"教练说道，"都是用鲜血书就的。"

换句话说就是：我们已经明白共同体最重要的事情，如果一些人把事情搞得很糟糕，那么我们中的人就会受伤或被杀。

可以举出很多例子。1989年在巴拿马的普恩塔·派提拉机场，海豹突击队试图摧毁曼纽尔·诺列加（Manuel Noriega）的里尔喷射机，四名海豹突击队队员丧生，八人重伤。这归咎于蹩脚的计划、部队过于庞大、缺乏与美国海军离岸武装直升机的沟通。我向你保证我们再也不会犯那些

错误了。在这样的压力之下，教训并不难理解：不要把事情搞砸了。当你执行任务的时候，要从中吸取教训。

教练们有很多非常生动的表述，使他们的观点被学员充分地理解。"祝贺你"，每次学员犯了错，他们几乎都会这样说，"你刚刚使你整个一个排全军覆没了。"

在我所在的基本水下爆破训练的班级里，教练们特别愿意对像我这样参加训练的初级军官说这样的话："干得好，先生。"——这个"先生"仍然满含嘲讽。一天，一名教练对我的一名初级军官大声喊道："你忘记复查油箱压力，你和你的游泳伙伴都被淹死了。"

训练初期，当听到那些言论的时候，学员们肯定在想："我的刀？别胡扯了。我害死了整个排的人就是因为我今天没有带刀？"但是最终他们都会理解注意细节的绝对重要性。如果你在一次任务中忘记了一件必不可少的装备，这真的能害死人。事实就是如此。

1983年，在入侵格林纳达期间，一名海豹突击队队员忘记携带直升机上的卫星电话。一台无线电话没电了，四名海豹突击队队员在公海跳伞时溺亡，其他的海豹突击队队员只能由海军陆战队来救援。多年来我们有许多惨痛的教训，其中一个关键的教训是：每个微小的细节都至关重要。

基本水下爆破训练期间，每周一进行房间检查。这项检查令人望而生畏。每个人都通不过第一次检查。马特和我是室友，我们自认为房间已经被打扫的纤尘不染，无可挑剔。但是当教练们进行第一次检查的时候，他们很容易就在各处找到了小块的泥土。他们将床垫扔在灰色的金属床架上，发现有少量的尘土升起。他们戴着白手套检查我们十分钟前擦过的窗台，那里落有一些风吹进来的沙子。

当教练们通知全班都没有通过之后，我们被要求进行整整三个小时的惩罚训练。马特和我发誓，如果接下来的整整一周我们都要与鸡毛掸子和仿羚羊皮布一起度过，我们也毫不介意。我们将竭尽所能通过下次检查。

星期六早上，我们的第一件事就是前往家得宝抢得一辆大型购物车，在清洁用品走廊那里拼命地往车上装东西。专门的脱脂剂用来擦门和窗框，名牌地板蜡用来清洁油毯，高质量的抛光垫用来清洁木质家具，用油灰刀来填满裂缝和缝隙。为了清理房间里难以够到的角落，我们甚至买了一台小型真空吸尘器。我们将所有的家具搬到走廊里。在将家具搬回来之前，我们非常仔细地清洁了房间里的每个角落，花了大概14个小时。房间最终打扫完毕后，我发誓非常干净，我们可以穿着白色礼服在地板上打滚，之后仍然可以穿着这身白色礼服将海军上将的双胞胎女儿带到社交舞会上。整个房间焕然一新。

当教练们周一来检查的时候，我想就连他们也被感动了。"现在，干净了。"其中一人说。他叫来其他几名教练检查我和马特的房间。

"干净。"其他人也持相同看法。

很显然，我们不是在试图创建世界上最强大的特种部队服务员队伍，我们也不能使用吸尘器将恐怖分子吸走，以此来打败他们。但是，有个核心原则，这一原则真的能够挽救一名年轻战士的生命：你必须愿意尽可能地做更多的准备工作，并愿意牺牲你的休息时间和自由时间来不断地改进。

千真万确。注意到所有这些细节至关重要。

至理名言。

与基本水下爆破训练超强的内容同样重要的是我们的教学方法。基本水下爆破训练是一个彻底改变生命的经历，它需要一种客观的、多层次的方法。我认为，这一计划经过了深思熟虑的设计，也符合心理学

原理。基本水下爆破训练的目的不是折磨,尽管对于那些经历过的人来说,它无疑是一种折磨。这种难以置信的体能强化训练就其本身而言并不是目的,尽管这样做会有一个较好的副产品——更好的体形。实际上,学员们学到的很多技能根本不会直接运用在战场上。在我们海豹突击队的整个历史中,我不认为我们的队员会被敌方战斗人员绑着手脚扔进水里。更确切地说,对于训练来说,这是一个意义深远的曲线过程。

以体能训练项目为开始,以每个年轻人都能承受的精神打击为结束。作为团队中无私的一员,每个人都应思考如何高效率地工作。这些训练演习有助于教练们进入队员的内心世界,帮助队员去面对"他们是谁"这一核心问题。教练们评估队员们是否具有加入我们的潜能。如果我们的共同体真的属于他们,那么队员就是决定性的。双方都需要掌握信息来做出明智的决定。如果我们没有选对队员,那么其他一切都无济于事。

毫无疑问,我们有严明的纪律。即使是一个小疏忽也会产生严重的后果。学员们应当将教练办公室里10加仑的水壶加满水,上帝不允许其中一个壶空着。我训练的时候,就曾发生过一次。教练将塑料壶猛拉出冰箱,抛到操场上。水壶经水泥地反弹之后,撞到操场远处的墙上,回声听起来有点吓人。

"你们怎么这么愚蠢?"片刻之后,办公室里传来了愤怒的声音,"哪个白痴把这都搞砸了? 你们这些人甚至都会忘记更换一个简单的水瓶。接下来,我们还能指望在战场上信任你们?"

教练冲向操场,抓住了他最先看到的两名倒霉的新兵。

"让全班学员马上到海滩上去。"他命令道。

针对这样的犯规,会有严厉的惩罚,教练们或许会让我们在沙滩上做三个小时的俯卧撑和上百个登山踢腿。

在基本水下爆破训练的早期，学员们就开始注意到，教练不仅仅是很严厉。有时候，他们看起来已经完全丧失了理性。他们会因为表现不好，或是某人把事情搞砸了而惩罚整个班级——大喊大叫，严厉指责，让每个人重新做一次练习。但是，很多时候，每个人都表现不错的时候，他们也会惩罚整个班级。有时，他们很公正、明智，给学员以鼓励，甚至偶尔会表扬一下，但是有的时候，最微小的事情也能引爆这些魔鬼。有时，什么都没发生，没有显而易见的挑衅行为，这些教练就会发狂。

我所说的"教练暴力随机行为"的例子屡见不鲜，一名新兵无论他是否罪有应得，或是对一些小错反应过度，都会得到令人畏惧的打击。这些暴行不是实际的身体攻击，实际的身体攻击在海豹突击队的训练中无立足之地。这些暴行是那些额外的体能训练，这无疑让人感觉像是遭受虐待一般。

"我们到底做错了什么？"在一些非常折磨人的演习之后，新兵们想知道。

"没什么，"教练耸了耸肩，"就是再来一遍。"再来一遍，周而复始。

看上去这的确很残酷，但同时也传递了这样一个信息：公正与战争无关。

摧毁新兵的希望，迫使他们应付失败、非理性和不可预测性是训练海豹突击队必不可少的组成部分。在风险极高的真实战场上，没有公正可言。

在战场上，随机行为确实很残暴。

你将每件事情都做得很好，但是仍然会遭受灾难性的失败。我的十几个朋友在阿富汗的两次直升机救援任务中被杀害就是最好的明证。叛乱者火箭推进榴弹射出的幸运子弹击中了那两架飞机，机上的人全部遇

难,任何一架直升机上的人都没有做错任何事。

很容易理解,俯卧撑、引体向上和浅打水如何能够使未来的海豹突击队队员做好准备面对战场上的困难。但是,心理上的训练同样至关重要,或许还有甚于前者。一名海豹突击队队员在训练中会面临数千次的失败、沮丧和变化的环境,在真实的战争中他们将会面临相同的挑战。在肌肉记忆和心理训练中,他们成功地克服了面临的所有困难。这些训练功不可没。

通过精心准备的课程,一种适应力文化永久地形成了。在基本水下爆破训练中,教练们那些令人发狂的随机行为,在高压环境下,是教会学生保持注意力和镇静的一种非常有效的方式。这些思想灌输能够挽救你的生命。

没有非常有才华的教练,所有这些都不可能实现。现在,那些正在经历基本水下爆破训练的学员,没有几个人意识到他们是多么幸运。他们现在的教练曾在热点战区转战多次,不止一次获得过银星奖章、铜星奖章和紫心奖章。当这些人告诉一名新兵:"你刚刚让你所在的排全军覆没。"对此,我们绝对不能掉以轻心。我们团队中的所有人都有好朋友,其中一些人的很多朋友在战争中被杀死了。

当我还是学员的时候,我想知道有多少教练参加过战斗。我没有勇气问,事实上也很难找到这一问题的答案。直到后来,我才意识到,在这坚如磐石、言辞犀利、消极厌世的一代人中,没有谁曾经真正地目睹过任何真实的战争。他们为了战争而接受训练,知道有关战争的一切。如果有机会,他们无疑会成为出色的战士,但是越战结束了,反恐战争还没有开始。他们生不逢时,面对的是一些小冲突和大量的训练。

如果你认为这会削弱他们的权威和声望,那你就大错特错了。对我们而言,这些教练就像神一样。

教练是榜样、顾问、传道者、长者和训练者,对新兵具有超强的控制力。毫无疑问,作为训练新兵的基干官兵,他们确实有能力阻止任何一名学员成为一名海豹突击队队员。作为学员,我们畏惧这些人。一名天生的教练会将他的新兵推至极限并超越极限。

学员和教练一起进行基本水下爆破训练,但是教练总是占上风。他们好像在与学员进行完全相同的锻炼,密切观注着学员。教练仅仅是与学员一起做1000个仰卧起坐,然后多次让学员冲下海滩,或是到海里冲浪。在让学员精疲力竭的时候,他正好喝口水喘口气,然后回来再开始折磨这些学员。

我的一个伙伴,他一成为教练,就喜欢布置一种被称为手臂搬运工的练习。你仰卧,伸出双手,把手举过头顶,然后再回到你的臀部,重复举过头顶再回到臀部。你躺在地上,像那样摆动你的手臂。但是没过多久,肩膀就开始刺痛。做50次这样的运动,身上就疼得要命,更不要说是1500次了。

我的朋友手握3磅的东西开始做这个练习,然后是5磅,最后重量达到了10磅,他能够不间断的做300次。一直做手臂搬运工的练习,没有一名学员能坚持下去。

对要求最多、喊得最响、似乎最不可能满意的令人可怕的教练,学员们用一个词语来形容:锤子——声大、坚硬、不屈服。与之相反的是"拥抱者",这些教练更温和、更友好、更宽容。事实上,在基本水下爆破训练中,两类教练都必不可少。"拥抱者"会以支持、鼓励和理解来激励学员,但他们在别的地方会被认为是"锤子"。"锤子"会以越来越多的要求来激励学员。当训练主管来监督这些教练的时候,我需要在两种方法中创设一种平衡。我工作中的很大一部分内容就是使这些教练不受影响,保护训练项目不受来自上级的最新的轻率观念的干扰。

当我负责第一阶段的时候，一名新来的高级军官在船上进行检查。在一次具有挑战性和危险性的训练演习过程中，我们要求学员将船划到漂亮的科罗纳多大酒店前的礁石中去，船员要安全登陆，转到陆上运输，或是带着他们的船绕过岩石，到陆地上去。在一二月，水温特别低。演习在晚上进行。浪花拍打着岩石，教练们站在上面，拿着电光棒指引学员找到他们的登陆点。

冬天，那些教练彼此站得很近。有时他们站在水里，穿着防寒衣，以防被迎面而来的海浪打湿。当时，我们在远处观望，这名新来的高级军官对我说："这是胡扯，如果我们希望成为这些年轻人的榜样并为他们做出榜样，我们应当穿着相同的制服，像他们一样感受寒冷和遭受痛苦，以此来向他们表明该怎么做。"

我用平静和充满尊敬的语气回答道："我要确定我理解了你的建议。"听起来有点像我第一天见到的那个教练以及那充满讽刺意味的"先生们"。"在冷水中待很长时间，他们的判断力和身体做出反应的能力将变得不能对不可避免的紧急情况做出反应，你想让我命令这些教练将他们自己置于这样的处境吗？在这种演习中，如果不会导致死亡，紧急情况意味着严重的伤害。我能确定的一件事是这将结束你的职业生涯，我清楚地理解了你的指示吗，先生？"

他走开了。我们照常进行。

尽管我们仔细挑选学员、对课程设置深思熟虑，教练们也很努力，但是我们不可能在每个人身上都获得成功。这是基本水下爆破训练另一个重要的秘密。从选择合适的原材料开始。对要寻找的受训人员，我们有一种直觉，知道在哪里可以找到他们。我们有一些可靠的选拔机制，将不合适的人排除在外。其余的一切，与其说是科学，不如说是一门艺术。最终，所有的一切都要立足于学员，即使是像这对双胞胎一样具有典型的海

／

豹突击队队员潜质的人也概不能外。

所有的人都喜欢这对来自伊利诺斯州南部英俊的双胞胎兄弟,他们看起来非常像。蒂姆(Tim)不得不将头发染成金黄色,这样我们才能将他与汤米(Tommy)区分开来。乐观的性格、一样逗人发笑的幽默感,他们会微笑着通过所有最难的训练挑战。

没有人能够打败蒂姆和汤米。"他们就是在一场糟糕的枪战中你希望站在你这边的人,"我记得其中一名教练这样说,"那时他们仍将保持微笑。"

一天晚上退潮的时候,大家离海滩太远,教练们分辨不出谁是谁。他们目力所及就是学员们携带的化学灯发出的灯光。忽然,其中的一盏灯朝着海滩上下晃动。灯光靠近,面容逐渐变得清晰。那是黄头发的蒂姆,他正跑向大钟。然后,像火箭般奔跑的汤米出现了,在距离海滩20码的地方揪住他的兄弟。我想到了我的兄弟,知道他们可能会说些什么。教练们并不干涉,汤米将蒂姆拽回队伍。

接下来发生的一切就像是一场渐渐失控的火车事故。仅仅一分钟后,蒂姆再次冲了出来,就像刚才一样,汤米在他后面跑着。

"你怎么能这样做呢?"汤米朝着他的兄弟喊道,"我们一直都在谈论海豹突击队。"

"你最好让那个蠢货回到队伍中,否则我们就把你们两个人都扔出去。"其中一名教练说。但是蒂姆已经下定决心,他的基本水下爆破训练结束了。他径直跑向大钟。

一名长官冲到汤米面前,抓住他的上衣说道:"不要让他影响你,你能通过。他没有准备好,但你准备好了。现在这是你的旅程了,与他无关。"

毫无疑问,这一切合情合理,但是这样做并没有什么好处。

三分钟后,回来冲浪的汤米也跑向了大钟。这对双胞胎都放弃了。

事情很少这么具有戏剧性。但是，放弃往往具有传染性，一个放弃者通常会拽走其他人。作为一名阶段性的主管和初级训练军官，我总是鼓励学员们不要被其他人的决定拖垮，要做出自己的决定。

多年以来，当快到"地狱周"的时候，我都会对新的基本水下爆破训练班的学员说："现在，你或许会坐在一个家伙的身边，这个家伙刚刚告诉你他去年参加过奥运会游泳比赛。或者，你旁边是一名专业的搏击拳师，他使你相信他会毫不费劲地通过训练。你会想他就是我们要寻找的人。可是你知道吗？两天之后，他们就会放弃。你将会看到他们放弃。你们中的一些人会说：'如果他不能做到，那么我也不能。'不要赞扬虚假的偶像。我向你保证，一个人与另一个人毫无关系。我不在乎你从哪里来，不在乎你的历史或背景是什么，你们中的每个人都能通过这门课程。你的体力允许你通过。能来到这里，你就已经证明了这点。现在你要相信事实就是这样，并且非常迫切地想要通过。"

起初，一切都很难预测。行动是唯一的证明。

"一些人，无论要求他们付出多少努力，他们的心中都没有放弃，"我说，"这些人就是我们需要的人。但是，直到将你们所有人扔进绞肉机看看结果如何，我们才能知道谁属于哪类人。可能是小人物，也可能是大人物，这都掌握在你的手中。通常，那些真正想要成为海豹突击队队员的人才能战胜困难。你必须想要赢，你必须非常想要赢。对你来说，失败是不可能的。如果你有了这种感觉，那么教练们设置在你面前的任何障碍你都会想办法克服。"

即使是可怕的"地狱周"也不例外。

三、地狱，是的

如果你感觉自己在走过地狱，走着别停。

——温斯顿·丘吉尔（Winston Churchill）

我们都看过优酷上这样的视频：在我们执行任务的同一地方，一个美国人或西方人被一个残暴的人用一把长长的、生锈的面包刀砍去了头颅。那些影像铭记在我们每个人的脑海中。

一天下午，在一场特别危险的枪战之后，我和我最亲密的五个伙伴老D、罗、洛佩、卡姆兹和雷德（Red）一起在一个屋顶上喘口气，我对他们说："我要问你们一件事。设想一幅这样的场景，所有的人都死了，只剩下你和你的游泳伙伴。你们被困在路边无法逃脱，200个坏人正在逼近你们。你们的弹药盒空了，用完了所有的子弹。你一只手拿着刀，另一只手拿着一枚手榴弹，拉出手榴弹的弹栓，随时准备赴死。死比做一个囚犯要

好，大家都同意这样做吗？"

所有的人甚至都不需要考虑，脱口而出："是的。"

"你们的亲人或许会说这是自杀，"我告诉我的伙伴，"他们会说，让他们把你当成囚犯吧，只要活着就有希望。"

"那里没有希望，"老D说，"我宁愿死也不愿意与他们在一起。"

"在与敌人战争期间，"洛佩赞成，"我不会投降。"

敌人知道我们是谁。他们知道我们是特种部队，知道我们与常规部队不同。与越南南方民族解放阵线（Viet Cong）知道"绿脸汉"一样，这些人认识我们。抓住我们，他们会得到更多的奖赏。无论他们做什么都会比让我们死了更糟糕，我们为他们提供了很好的材料，他们会把这些材料制作成更好的视频而炫耀。

"死无疑是一种更好的方式，"雷德说，"被折磨和断肢，玷污你的身体，这样你的家人能够在电视上看到？我不这么认为。"

对一些人来说，仅仅是想一想接下来会发生什么就已经够糟了。

"地狱周"之前的星期天晚上，教练让我们在海滩上的50人帆布帐篷中早点休息。风越刮越大，到处是沙子。我想没有人能睡好。躺在黑暗中，想象着接下来的五天会有多么残酷，我的几个同伴当时做出了改变命运的决定。他们不和任何人说一句话，只是爬下行军床，匆匆离开了帐篷。很快，钟声再次响起。没有人试图阻止他们。

"地狱周"是打了兴奋剂几乎不睡觉的基本水下爆破训练。从星期天晚上到星期五中午，身体上和心理上的挑战从未停止。"地狱周"是一个接着一个的令人痛苦的演习，有着难以言说的强度，并且添加了颇具新意的新的虐待。教练们非常疯狂。训练以两倍的速度进行。即使是天气也因为"地狱周"而发生了改变。我知道这难以置信,但我发誓这是真的。圣地亚哥仅仅只能享受连续70天阳光充足的日子。十有八九,到了"地狱周",乌云会突然出现,气温下降10~15华氏度。学员们摇着头咕哝:"教练们在某处一定有一个转换天气开关。"

教练们认为这很有趣。其中一名教练总是朝着即将到来的风暴会意地点头:"上帝一定是真的喜爱海豹突击队队员,他使'地狱周'更加艰难,只有最优秀的人才能通过。"

我的"地狱周"与所有的"地狱周"一样,真真正正地隆重开始了。

起初,我们听到帐篷外的沙沙声。

接着——砰!有人在我的行军床旁边扔了一枚模拟手榴弹。

忽然,三四名教练发疯似的东奔西跑,踢沙子,用MK-48机枪射击。机枪里没有装子弹,但是声音非常大,机枪喷射出一轮又一轮炙热的黄铜片。弹壳弹的到处都是,有一些弹到人们的背上。汽笛鸣叫,警笛呼啸,到处浓烟滚滚,我敢说这是有史以来最糟糕的叫醒电话,所有的感官都受到了过度刺激。我们昏昏沉沉无所适从。我们跳下行军床,站在地上。这就是突围,"地狱周"的第一次演习。

"冲浪!"其中一名教练喊道。我们都跑向冰冷的太平洋。这次奔跑几乎是我们这一周以来最后一次干爽或温暖的时刻。

教练们让我们从水里出来,将我们划分成船队,然后把我们带到操场上。操场已经变成了南加利福尼亚版的实景城市防火区。手榴弹从四周投射过来。烟幕弹使整个操场弥漫着刺鼻的烟雾,巨大的消防水管朝着每个人喷射水雾。一架.50口径、三角支架的机枪在屋顶上持续射击。教练们带着他们的MK-48机枪回来了,机枪仍然喷射着黄铜。基干官兵已经在操场的四周支起了看似狂欢节的舞台,每个人都面临特殊的挑战。船员们一起穿过浓烟,手挽手以防走散,浅打水、俯卧撑、蹲伏、分腿跳、匍

匍前进和伙伴牵引。

没有学员记得"地狱周"开局的混乱持续了多长时间,但是任何一个知道接下来会发生什么的人都绝不会希望最初的突围结束。

我们之前曾做过圆木体育训练。我们抱着圆木,向前跨步成弓步姿,将圆木抬至胸前前进,伸直手臂搬运圆木,合抱圆木做仰卧起坐。但是不知怎的,在"地狱周"开始的夜晚,圆木体育训练变成了非常邪恶的东西。步伐急剧加快。每名教练都有一个扩音器,在我们耳边大声喊叫。"我们将继续保持下去直到有人退出!"教练们不停地说。在大多数情况下,有些人会退出。可不知为何,即使是我们正确地做了这些练习,教练们也并不认为我们是对的。

然后传来喊声:"冲浪酷刑!"于是,我们再次回到水中。

班里的同伴排成长长的队伍,一直延伸到海滩,面向大海。

"挽手。"教练们命令道。我们用相互交叉的肘部将我们自己连接成一条长长的人链。我们将手紧握在一起,放在身前。

"齐步——走!"

我们一起走进海里。水温不超过52或53华氏度。我们继续向海洋深处走,直到水淹没到我们大多数人胸部的位置。

"立定!"教练说。

然后教练喊:"坐下!"

此时,真正的折磨才算开始。

我们挽着手漂浮在海中,在太平洋汹涌的巨浪中上下颠簸,有机会的时候就喘口气,海浪不断撞击着我们的头。

轰隆轰隆的,海浪不断扑向我们。

我们用尽所有力气紧紧相拥,在太平洋巨大的波浪中努力挺胸抬头,伤痕累累的身体在水中无助地翻滚。海水冲向我们,涌入我们的眼睛、嘴巴和鼻子。沙子和海洋生物混合在一起随着海浪打转。一浪接着一浪，海浪推着这一排长长的、漂浮着的未来的海豹突击队队员，队员们拼命地想要抓紧，越来越接近海滩。

现在描述这些经历，我不知道听起来感觉如何。但是，这是一个非常令人无所适从的经历。冰冷的海水劈头盖脸浇下来，我们控制不住身体，随波逐流。这项训练的关键，是要看看我们是否能够保持冷静，而不是惊慌失措。要相信同伴能帮助我们保持直立，战胜海浪，构建凝聚力。最终，我们会带着这种凝聚力走上战场。

"地狱周"才刚刚开始。令人不可思议的是，教练们还会给第一晚塞进多少折磨人的训练！

让每个人备受嘲弄的是，海豹突击队的大钟一直挂在第一阶段教室门外的操场上。大钟用钩子固定在一辆福特4×4皮卡车后部的一个L形的金属支架上。在"地狱周"期间，无论我们到哪里，那辆卡车就停在附近。从海湾到海滩再到训练场，当这口巨大的黄铜钟被拉响的时候，你能够听到偶然的一两声，就好像"地狱周"的女巫对学员们大声喊道："在这里，小伙子，钟就在这里，它一直就在这里。"

多年以来，"地狱周"并没有什么改变。现在，"冲浪酷刑"正式更名为"冲浪浸没"，我猜这在政治上更容易被接受。很多学员仍然使用旧名字，请相信我，这种经历从头至尾都和以前一样折磨人。当冲浪结束的时候，你的眼睛、耳朵、鼻子和嘴巴里会充满很多沙子和海水，但是，一个班又一个班接受这种训练。"地狱周"的最初几天是人们退出最集中的时期。

无论何时，当我们从海里出来的时候，教练们都喜欢喊："霜糖饼干！"我们知道那是什么意思。我们必须立即倒在干燥、粗糙的沙子上，向下滚动，直到黏糊糊的、潮湿的身体裹满沙子。然后我们继续进行下一个演习。无论喊多少次"霜糖饼干"，教练们似乎总能从这一命令中得到特殊

的快乐。他们知道我们会感到有多痛苦。多年以后，一想到它我仍然感到发痒。"霜糖饼干"仅仅是一件使人感到烦恼的事情，而"钢铁码头"让人感到的是真正的生命威胁。

一个星期一的晚上，教练们让我们排成一列纵队，将全班带到一个巨大的钢筋水泥码头上，这个码头向圣地亚哥湾延伸了75码左右。

当我和其他人一起穿着绿色制服上衣和裤子站在码头上的时候，心想，让我们开始吧！我们都听说过这个"钢铁码头"颇富传奇色彩。

我们从码头的混凝土部分开始。在码头上，每隔五步就有一个粗大的消防水带和巨大的工业风扇。这种风扇就像一个炎热的周五晚上，中学足球比赛球场边线喷射水雾的风扇。在那个码头上，你一定不会觉得热。教练把我们带到了通向海洋的钢格栅上。

"开始。"一名教练喊道。我们像一长排巨大的旅鼠，一个接一个地从码头的边缘跳入水中。

那里的海水很深，很容易就漫过了我们的头。海湾的水温比海洋的水温要高一两度，但是肯定不会超过55或56华氏度。跳入冰冷的海湾，我们的头部仅仅能浮出水面，靴子和绿色军装都湿透了。一名教练拿着扩音器在我们上面的码头上踱步，给任何一名想要出来的学员提供特别的优待。

"这里很暖和，"他的话听起来是如此让人感到温暖，"如果你现在放弃，卡车里有热咖啡和甜甜圈，你不喜欢甜甜圈吗？你再也不会潮湿或寒冷了。"

"现在放弃，避开高峰，"另一名教练说，"我们立刻让你到温暖的床上去。"

我知道，如果在水里待得足够长，体温会降得很低。我们都会体温过低。教练会让我们在这里待多久呢？我们不知道是否有一个时间限制，是否在等待第一名学员淹死。一两分钟后，人们开始放弃。

从水里，我看到他们被毛巾裹起来，被带到有咖啡和甜甜圈的卡车上去。

我们大约踩水踩了十分钟。我想说，每一秒钟都感到非常麻木和寒冷。我能肯定我比一些同伴要好一些。看看那些小家伙，我对自己说，同时瞥了一眼那几个个头较小的人。我是一只大北极熊，他们没有我这样的体重。与他们相比，我确实具有有利条件。

那样想并没有使我的体温升高一度，或是使我感到暖和一些，但是这确实给我带来一些安慰。而且，我一直提醒自己，冰冷的海水是一种消炎药，医治创伤并帮助我的身体从前几轮的虐待中恢复过来。

就在那时，传来一声响哨，拿着扩音器的教练喊道："好的，都出来吧。"

我们从水中爬出来，急匆匆地爬上水泥码头上的金属格栅。与夏天水泥会变热一样，冬天它会变冷，与外面空气中的温度一样。就在这个码头上，我们即将学习热传导课程。

"脱下你们的绿色上衣。"拿着扩音器的教练命令。

我们照做了。

"躺在水泥地上。"他说。

"伸出双臂，仰卧。这是你们的休息时间。伸出你的手臂，这样在水泥地上你既好看又凉快。"

这样做并不会十分悠闲自在。

"不要试图通过靠近你的伙伴而变得暖和起来。"他警告说。

那时，有人打开消防水带和风扇，让那些寒冷的雾水喷到我们所有人身上。在海湾中待过后，我们的休息和热身间歇就是躺在码头上一摊冰冷的水里，风扇将水雾吹向水泥地面和我们。一名教练沿着这一排颤抖

的身体来回走动,让学员们的手平放在水泥地上。这并不容易。一些人的身体像手提钻那样抖得厉害。他们实在不能保持四肢平放,肌肉痉挛,胳膊失灵了。说实话,很难比较哪个更难以让人忍受——在约50华氏度的海湾中狗刨,或是躺在冰冷潮湿的水泥地板上。

但是,我们没有时间考虑。"回到水中。"拿扩音器的教练命令。我们跳回水中,这次没有穿我们的制服上衣。

我们就这样来回折腾。从海湾到码头,再从海湾到码头。每一轮都脱掉一件衣服。扔掉我们的T恤,然后是靴子、裤子,直到只剩下泳裤,再也没有别的衣服。这一经历使我们对寒冷和潮湿有了全新的认识。

"地狱周"并不是为了杀死你,它是为了使你希望自己死去——或是至少将你推至体力和心理承受力的边缘,看你如何反应。虽然提出的要求在很大程度上都是体力上的,但旅程都是有关心理的。因此,无论教练让我们做什么,我都有相同的反应:"好的,我能通过,毫无疑问我能。如果他们愿意,让那些人放弃吧。我不到其他任何地方去,无论他们让我们经受什么磨难。"

作为基本水下爆破训练的一名学员,我决不允许自己想:我在这里有选择。我决不让那个念头在任何程度上进入我的意识,甚至不存在我或许不能通过"地狱周"和基本水下爆破训练这种极小的可能性。这并不像用"我要留下"来回答"我应该离开吗"这一问题,而是这样的问题从来不用问。

多年以后,当我开始指导基本水下爆破训练,包括"地狱周"的时候,我开始更加清楚地理解艰苦与折磨之间的分界线。走在那条线上时,我们总是小心翼翼。作为教练,我们精确测量风速、水温以及学员们可能会多么疲惫。多年以来,我们帮助新兵通过"地狱周",知道以多大的力度去推进他们,将他们推至那个极限的边缘。

教练们暴力的随机行为的确开始于"地狱周",而且教练们的行为也变得更加随机、更加暴力。"锤子"和"拥抱者"都一样,所有的教练似乎都相信这是他们击垮我们的大好时机,他们不想失去这个最容易的机会。教练们从来没有温和过,他们似乎真的着了魔。太阳落山的时候,这种着魔变得更加变本加厉。

在"地狱周"期间,每天的24小时被三个班次的教练分隔开:A班从下午4点到午夜,B班从午夜到上午8点,C班从上午8点到下午4点。时间越晚,教练就越残酷。

在下午4点之前,在整整8个小时的C班训练之后,就是A班时间了。教练们跳上工作卡车。当卡车缓缓到达的时候,他们用扩音器宣布他们的到来。"太阳很快就下山了,"卡车靠近我们的时候,其中一人会说,"A班教练来了。再也不会有白天的废话了,夜晚属于我们。"

然后他们就开始证明这一点。

无论A班有什么样的标准,B班的标准都不可避免地更加严格。一名B班教练在午夜前会宣布:"你们觉得A班不好,那么B班的训练会更加寒冷、更加艰苦、更加潮湿。"

"狗娘养的,"学员们明白了,"真正的魔鬼在这里。"时间一分一秒地过去。

这种全天候的残酷无情的训练就是"地狱周"最艰苦的地方。夜以继日,演习从未停止。从一个可怕的磨炼到另一个,中间几乎没有间歇——命令以严肃而深刻的方式考验着我们。在星期一早上到星期三中午期间,训练之所以会中断,只是为了吃饭。我们有丰盛的早餐、午餐、晚餐和半夜的给养。教练们就像疯狂的高中食堂监视器一样围着桌子,确保每名学员吃饱。他们朝着任何一名没有吃下足够食物的学员大喊大叫,然后监督他,直到他狼吞虎咽地吃下几大口。那些不愿意吃饭或不能吃饭

的人会被带走，如果他们能吃的足够多，就会到后面的基本水下爆破训练班级中继续训练。我经常看到这种情况。

"地狱周"整整五天五夜，整个课程当中只安排两次短暂的睡眠。在我的班级里，我们几乎没有机会睡觉。在星期三的下午，浑身颤抖和麻木的我们最终被带回帐篷，瘫倒在行军床上。谢天谢地，没有人有办法隐藏那里的气味。30个人躺在臭烘烘的帐篷里——赤身露体的、邋里邋遢的、打着呼噜的。一些人甚至懒得起床小便——像僵尸一样睡上一两个小时。

如果知道教练们会再次冲进我们的帐篷，我根本就不会打盹。他们吹哨子，尽量大声喊叫。我的脚踝、膝盖和双腿肿胀得很厉害。与之前相比，我一点儿也不觉得暖和。我的神经系统似乎陷于混乱，功能严重紊乱。我们都是处于巅峰状态年轻而强壮的人，但是仍然难以承受"地狱周"的折磨。

等到全班再次冲浪并返回来进行下一个演习的时候，几乎每个人看起来都精疲力竭。我们班大概有一半的学员已经放弃了。在每个阶段，都有学员认为海豹突击队的训练并不适合自己。无论做出何种选择，他们都会走向大钟并拉动绳索。现在，我能够看出谁是真正的中坚力量。他们就是那些仍然与我在一起的人。这是一个不断缩小的群体，仍然有很多人不能获得成功。

周四晚上，我们将小充气艇放到水中进行"地狱周"最折磨人的多赛程划船比赛，我们称之为"环游世界"。那时，我的7名船员看起来已经精疲力竭了，库伯的情况最糟糕。他是一个英俊的男孩，一个真正的团队合作者。他的手在颤抖，目光因缺觉而变得模糊，说话含混不清。我们的船队在"地狱周"有惊人之举，赢得了一场又一场小船比赛的胜利。那种努力正是教练们想要寻找的，但是我们也付出了代价。

库伯是一名全能选手。他是那种任何方面都不拔尖，但是在每件事情上都很有实力，而且工作非常辛苦的人。但是，"环游世界"的每个赛程都极其苛刻，我不知道库伯这次如何才能做到。

"喂，马特，"我说，朝库伯的方向点点头，"你怎么看？"

马特的父亲是一名医生。在基本水下爆破训练最初几周内，马特成了我们非正式的医疗顾问，那些够聪明的学员都听他的意见。他向我解释在细胞层面上，降低体温是如何发生的。现在我希望他凭直觉给库伯诊断一下。

"他已经精疲力尽了。"马特说。

我不确定这是否是一个正式的医学测定，但是我知道马特在说什么，我相信他是对的。现在我必须将这给库伯解释清楚。

"库伯，"我说，"我希望你蜷缩在船中睡一觉。"

库伯试图反对。"不，我很好，"他微弱地说，"请稍等一下。"但是他已经没有力气拒绝了。

他蜷缩在小充气艇的船头附近，比赛刚开始不久他就睡着了。当我们其他六个人疯狂地划船的时候，库伯睡了一个多小时。

奇怪的是，他在船上蜷成一团，改变了我们在水中的角度，实际上使我们划得更快了。我们获得了那一赛程的胜利。

当我们最终到达岸边时，库伯已经完全恢复过来了。对这场比赛，其他任何人都没有注意到我们是六个人的团队。但是，即使是胜利了，库伯似乎仍然心力交瘁。

"我对自己感到非常生气，"他说，"不能相信我把事情搞砸了。"

马特和我都试图告诉他那很荒谬。"每个人都有陷入绝境的时候。"我说。实际上，库伯这场计划之外的小睡根本没有影响我们，但是那并不能使他感到安慰。

"我感到很害怕。"他说。

后来,库伯成为一名具有传奇性的有战斗力的海豹突击队队员,参与了一些我们最受瞩目的行动。多年以后,当我见到他,无论我说什么,他似乎仍然对那场"地狱周"的划船比赛略感失望。他就是那样的人,虽然我告诉他,他无须为任何事而道歉,但是一想到他曾经没有完成自己的任务,他仍然不能接受。

那种品质,是海豹突击队兄弟情谊如此强烈的重要组成部分。像库伯这样的人,即使是在30年之后,在他非凡的职业生涯中,仍然能注意到现在看来是一个微不足道的不足——对任何失败彻头彻尾的拒绝。我一而再再而三地看到这种例子。通过这一训练的人都会产生一种不可动摇的欲望:不能辜负这种兄弟情谊。他们对自己提出了不合理的要求。评价他们自己的时候,他们残酷无情。长久以来,库伯都放不下此事。我们了解他,他已经在我们小队赢得了应有的地位。一旦你成为小队中的一员,我们几乎可以为你遭受任何磨难。我们会带上你穿越沙漠走100英里。你值得我们这样做,知道你同样也会为我们这样做。

"地狱周"快结束的时候,事情似乎有了变化。大钟不再频繁地响起。

很多人已经离开了,留下的人似乎不会离开了。无论这一过程多么折磨人,多么不可思议,他们都会顺利通过。

事情确实变得越来越不可思议。

在"环游世界"的一次赛程中,我们的船员轻快地划过海湾。突然,我注意到队友特里的眼神很可怕,划得格外疯狂。不知何故,他比刚才加倍努力划船,很快我们的船就疯狂地转变了方向。当我试图将船引回航道时,我并不知道发生了什么。

"特里,特里,发生了什么事?"我喊道。

"我们快走,伙计!"他向我喊道,"我们快走。继续划船。快!快!

快!"

我完全糊涂了。

"什么？发生了什么事?"我喊道。

"我们赶快行动,这样那个小丑就不会抓到我们了。"特里说。

"什么?"

"那个骑自行车的小丑,他正逼近我们。我不想让那个笨蛋抓住我们。"

"地狱周"四天以来,特里相信在圣地亚哥湾,一个骑自行车的小丑要抓住我们。他不能让那样的事情发生。他求胜心太切,有太多的豪情壮志和雄心。一个骑自行车的小丑正逼近我们——这在头脑中确实是一个可怕的幻象。

虽然我没有看到过这个小丑,但是我还是回过头查看,我不太确定后面有没有小丑。此时,我得承认,我也有点紧张。

我对自己说,真无聊！我们继续划船,我也不希望那个小丑抓到我们。

并不是所有人都能像我们这样疯狂地划船,我们赢得了划船比赛那一赛程的胜利。然而,在基本水下爆破训练中,胜者为王。无论有没有小丑,我们坐在海边的高处,穿着一套干爽的绿色制服吃晚餐,而班里的其他人,按名次高低排列,穿着潮湿的绿色上衣或是穿着潮湿的绿色上衣和裤子吃晚餐。那些最后掉队的人,则坐在1英尺深的水里吃晚餐。无论是否相信小丑的存在,但特里的小丑确实帮了我们一把。

经历过长时间的紧张状态,加之期间睡眠太少,特里不是唯一一个浮想联翩的人。在那天晚上的另一场比赛中,我的另一名受到惊吓的船员开始向我喊,让我避开距离我们至少半英里的一艘航空母舰。"那艘航空母舰径直开向我们了。"他兴奋地喊。

我并不担心那艘航空母舰。我在船尾掌舵，试图在头脑中想出我们如何能够绕过一条护栏。我能确定这条护栏径直穿过圣地亚哥湾。这条护栏我之前从未见过，之后也再没见过。

到达护栏时，我在头脑里盘算，如果我们都站在小船的一端，就能够使船头划过护栏。马特和我打过水球，因此我们可以到水下将船推过护栏。然后，如果我们屏住呼吸的时间足够长，或许可以从水下游过去，抑或是利用船桨越过护栏，抑或是……

现在，这些听起来很疯狂。我所看到的护栏，实际上是跨越海湾的可以停靠大船的码头。但是，一双疲惫的眼睛和一颗疲惫的心看到、感觉到的东西是非常令人惊奇的。当我们划向它的时候，它看起来的确像是护栏。越过护栏对我来说就是非常紧迫的事情。

我就此事询问马特。我能肯定，马特并没有看到护栏。但是，他做了我所做的事。无论这个问题是什么，他本能地试图帮助伙伴解决问题。我与我极易在战场上再次见面的一群人在一起，这些人将成为海豹突击队队员，我们的基本水下爆破训练班会成为一个兄弟会。

除了强大的凝聚力和强烈的竞争欲，"地狱周"真正的救赎是日历。无论超人的要求是多么令人疲惫，周五终于来临了。

那天上午晚些时候，教练让我们将船划到基本水下爆破训练场地前的水位线那里。那里有巨大的沙堤，挡住你的视线使你看不到经过沙滩的任何东西。

"在岸边将船排成一行，"一名教练命令道，"将船排齐，精神抖擞整装待发。"然后，军官开始让我们进行一次特别艰苦的冲浪训练，跑回海滩；再冲浪，再跑回海滩。他们让我们做"霜糖饼干"训练。然后，我们必须再次冲浪。我们就那样来回折腾，感觉有1000次。

最终，当我们再次从海里出来的时候（潮湿、精疲力尽、寒冷），一名教练站在水边命令道:"向后转,面向大海,挽起手,再回到海里去。"

我才不在乎再回到海里去呢。

此时此刻,没有人会放弃。如果一名教练说:"我们刚刚从海军上将那里得到消息,'地狱周'是两周而不是一周。"即使这样,也没有人会离开。这些人能够坚持一年。现在,留在这里的任何人都会永远留下来。另一轮的冲浪折磨也不会使任何人离开。我们按要求挽起了手。

这一次,命令听起来似乎格外地紧急:"齐步走! 齐步走! 走向海浪!"

但是,我们刚刚踏入水中,那名教练就说:"立定。"

然后,让我们向后转。我们都转过身来。

在整个海滩的滩沿上,我看到一些非常美丽的东西,我想它或许是一个幻影。就在一天前,特里看到了自行车上的小丑。但是我发誓:所有的教练都站在海滩上,穿着制服;所有的长官都穿着卡其制服,12名高级军官与他们站在一起。一名教练拿着一面巨大的美国国旗,国旗在凛冽的海风中迎风招展。

这一切不全然是惊喜。每个人都知道会发生什么。现在可以算是周五的中午了,但是,我仍需要停顿一秒,镇静一下。

就要结束了,我想。

我参加训练的那一年,马可(Mac)上校负责"地狱周"。八年后,我成为他的副官。我们回到操场,围在他身边。他向全班发表讲话。

我了解马可船长,我能肯定他说得非常流利。他可能引用了苏格拉底、亚伯拉罕·林肯,或是修昔底德的话语。他是一位出色的演讲家,一个知识非常渊博的人。

但是,他说了什么,我一点儿也不记得了。

我睡眠不足,精疲力尽,情绪低落;我瑟瑟发抖,浑身湿透并布满沙

子；我精神恍惚，整个人迷迷糊糊。我站在那里，手挽着我的伙伴，站在通往奇幻之地的道路上，这正是我们渴望去的地方。我们轻轻地左右摇摆，互相倚靠以支持自己。当船长讲话的时候，无论他说什么，我只听到几个简单的词。

船长最终致谢。

"223班，"我听到他说，"'地狱周'成功通过考验。"

听到这句话，挤作一团的充满希望的海军海豹突击队队员大声欢呼，相互拥抱。此刻，这个团队只剩下不到40人了。然后，我们像傻瓜一样，转过身，奔向大海，跳入海中。

四、出色的本领

　　没有带上斧子和剑之前绝不要出门。你不能从内心深处意识到战争或是预见战争。

——《哈瓦马尔》(The Hávamál)

　　在一次夜间演习中，两架陆军NH-60直升机在巴哈马群岛水域8或10英尺的上空盘旋着，海豹突击队第四小队B排成员在直升机上向下扔黄道橡皮艇。每次，跳伞长割断绳索，倾卸橡皮艇，向站在直升机门内的两人说"Go!"接到跳伞长的指令，海豹突击队队员跳入黑色的河水中，游在小船的后面。

　　这种快速浸入演习被称为模拟潜水。它是一种常规训练演习，你也可以将晚上10点从直升机上跳入漆黑一片的水中具有信心的飞跃称为"常规的"。说它是常规的危险更加合适。

　　接着，悲剧发生了。

不知怎的,其中一只船被提前倾卸,不是在距离水面8英尺的地方下落,而是从165英尺的高空下落。这相当于从15层高的楼上跳下。出于本能,甚至在听到跳伞长喊"Go"之前,两名海豹突击队队员就紧随着小船跳入了黑暗之中。

"在空中我有时间去思考。噢,我的天哪,比我们想象的要高,"一名队员后来告诉我,他仍然对这次经历心有余悸,"随后我想,噢,我的天哪,当最终落入水中,我们都会死的。"

他是个幸运儿,只是摔断了几根骨头。他狼狈不堪,但奇迹般地得以生还。虽然感到头晕目眩,但他仍是一名真正的海豹突击队队员。他向游泳伙伴游去,将伙伴托出水面,长时间地等待海豹突击队医务兵前来救援。

但是,另一名海豹突击队队员的伤势过于严重,甚至都不需要送往医院就死了。

我们对事故进行了详细的分析。海军上将、海军特种作战司令部(Naval Special Warfare Command)司令埃里克·奥尔森(Eric Olson)总结道,事故的根本原因是"不充足的情景意识",以及"在从指定的跳伞长那里得到明确的'Go'信号之前两个人就跳出直升机的倾向"。

是的,我们所有的教训都是用鲜血换来的。

训练并不意味着没有任何风险,事实上这种风险大量存在,我们的一些训练演习与战区一样危险。跳伞是最容易导致死亡的演习。一些人的降落伞没有打开,两个降落伞缠在一起,在能见度低的情况下误判了距离。我们做的任何事情几乎都不是绝对安全的。过分自信会导致马虎。这些教训必须不断地强调,让大家彻底了解。一名海豹突击队军官在一次海豹突击队迷你潜艇的潜水中死亡。在萨尔瓦多的一次训练演习中,一名海豹突击队指挥官死于距离水泥机场上空100英尺的直升机快速滑绳事故。当他走出黑鹰直升机，抓住悬挂的绳索时，不知怎的，他的手打滑了，直接落到了水泥地上。他是一名经验丰富的跳伞员，只是没有抓住绳子。

疲惫不堪和精疲力竭，这两个成语都不能充分表达我们那时的感受，"地狱周"结束了，我没有倒下。

我们跌跌撞撞地跟着教练，由他们带领我们排队从海滩回到营地洗了个热水澡。热水澡像硼酸一样，让我擦伤的皮肤得以放松。每个人都得到了彻底的医疗检查。这种情况下，这是个好主意。医生和医师为我们准备了静脉注射药物器、绷带、抗生素和抗菌药膏——刮伤、擦伤、脱水和极度疲惫是最常见的疾病。我们班上没有人需要立即住院，尽管多年来这种情况多有发生。

"地狱周"的幸存者一个接一个地走出医疗办公室。他们有的慢慢地走回操场，有的一瘸一拐地走回操场，还有人是爬回操场的。操场上的庆祝活动几天之前就开始了。

终于到了睡眼蒙眬的欢庆时刻了，令人伤心的是，没有人有足够的精力来享受这一刻。

遵循长久以来海豹突击队的传统，我们的下一届为我们每个人准备了一顿传统的晚餐——一个巨大的奶酪、香肠比萨和一份64盎司的柠檬—酸橙佳得乐饮料。像麦当劳欢乐套餐配有奖品一样，每个"地狱周"的胜利者都会得到一件背后印有自己名字的棕色T恤。我打开我的T恤，上面写有"丹佛"(Danver)两个字。

现在，这件T恤尤为特别。它毫不起眼，但这是我生命中收到的最要的一件T恤。我知道我受之无愧。

整个"地狱周"期间，所有学员都穿着白色的T恤。在通过"地狱周"

训练之后,T恤变成棕色的。这样一个小小的认可意义非凡,真是令人不可思议。

我们吃着比萨,狂饮佳得乐。这些是为"地狱周"庆典准备的东西。没有人会感到无所事事。我们被送上汽车,径直开回营房。在营房,我们将房间布置的井井有条。我们大约有五天没有回营房了。现在,营房里有很多的空房,收拾得很整齐。自愿放弃的那些再也不会使用这些房间的学员已经为我们准备好了一切。实际上,我们唯一想做的事就是睡觉。

教练和高年级的学员送给了我们一些危言耸听的警告和特别的建议。

"用枕头垫高床尾,这样你的腿会感到放松。将毛巾放在床边。"一名教练强烈建议,"如果你躺在床上,胳膊从床边掉下来,那么你的胳膊会化脓。"

"你应该放一个空的佳得乐饮料瓶在旁边,"几名高年级的学员说,"即使离洗手间只有12英尺,你也不想走过去。"

我最大的遗憾是忘记了最后一条。晚上,当我试图起床上厕所时,我晕头转向地转了15分钟才找到厕所并回到床上。一名学员发现特里熟睡在厕所里。很显然,在被找到之前他在厕所里已经待了一段时间了。

星期五中午1点多,我们终于上床睡觉了。直到星期六早上8点,19个小时之后,我才起床,而我不是最后一个起床的人。

"地狱周"之后,我们都希望教练能放松一点。在很多方面,他们是这样做的。由于训练的重点从对蛮力和耐力的检验转向战争的真正技巧,基本水下爆破训练中所有的折磨无疑也逐渐减少——换句话说,按照海豹突击队的标准,折磨不会时时存在。几名真正的"锤子"教练似乎仍能从比以前更加严酷地压制学员中获得一些扭曲的快乐。他们养成了在每顿饭之前提出荒谬挑战的习惯。当我们被送到圣克莱门特岛进行轻武器、爆破和陆战训练的时候,教练们提出的挑战不仅仅是做50个俯卧撑、50个仰卧起坐和你的船员跑上 Frog Hill,再跑下来,然后吃饭。他们开始让我们背着一个4×4大小的金属货盘上山,货盘在背上像一个巨大的翅膀。货盘不是非常重,每个大约50磅,但是难以控制平衡。背着这种货盘上下山,我们应该"请求允许降落",就好像我们正在靠近世界上最脏的航空母舰的飞行甲板一样。

"这是海军少尉丹佛,21航班,"我说,"翅膀平稳,副翼向下,请求允许降落。"如果教练对我的表现感到满意,他们会允许我降落;如果不满意,教练会回答:"甲板已满。拒绝落地,拒绝落地。"那意味着再跑一个来回。

当教练真的不满意,或是不知什么原因而脾气暴躁的时候,他们会紧急回应:"左发动机着火了,将火扑灭。"这意味着你得背着这个金属货盘跑800码到海边,跳入海中,然后再跑回来。

我们不是做不到。在"地狱周"的大淘汰之后,每个人都能也愿意这样做。但是没有人喜欢那些饭前的挑战,或是没有达到要求之后的惩罚。那些首先完成任务的人可以直接去食堂吃一顿干燥的室内餐,落伍者必须再次跳入水中,然后浑身湿淋淋地坐在外面风餐露宿。

这件事不会比我们所经历的事情更痛苦了。它仅仅是令人恼火和不舒服。一个不祥的早晨,教练们表现得尤其让人忍无可忍。"你们今天都要在外面吃东西。"其中一人说。当全班默默抱怨的时候,我的游泳伙伴霍斯(Hoss)决定挺身而出。他走到教练们跟前,提出可以做一笔交易。

霍斯看起来就像他的名字。体重230磅,身高不到6英尺,整个人看起来就像一只梵天牛,双腿像树干一样粗壮。看着霍斯,你会认为他在水

中行动不会敏捷。实际上,在早期的基本水下爆破训练中,在我们成为搭档之前,他在通过一些游泳训练方面有困难。他失败了好多次,以至于真正面临被淘汰的危险。但是,霍斯的确是名非常好的游泳运动员,他在水中与在陆地上一样强壮。他只是不能沿直线游泳,一直向右偏。一旦我们成为搭档,我能使他保持在正确的线路上,他就能证明他是这个班里较好的游泳者之一。

霍斯指向山脚下地面上的一条巨大的锚链。这条链子非常粗大,一个普通人甚至不能用手握住。"我想我能将这条链子带上山再带下去,"他告诉教练,"如果我做到了,每个人都在屋里吃饭;如果我没有做到,任你处罚。"

霍斯身体强壮,但是教练不能确定他是否是认真的。"那条链子、那座山——那是豪言壮语!"一名教练对此惊叹道。

Frog Hill 几乎与双黑钻石滑道一样陡峭。在正常情况下,如果你要徒步走下去,你会希望带一根手杖。链子足足有120磅重。霍斯是认真的。考虑到事情发展的态势,我们剩下的大多数人都愿意将我们的命运寄托在他结实的肩上。

两个同伴才能将沉重的链子放到霍斯的肩上。伴随着几声零星的欢呼和大量道义的支持,他开始向山上跋涉。

霍斯刚开始时,一步一个脚印,平稳而缓慢,但是走了大约30步,他看起来确实像是在苦苦挣扎。他明显地摇晃,摇晃了一两次,步履维艰。不久之后,他就沮丧地摇着他冒汗的头。我猜他这个大胆的提议比他想象的还要大胆。我看着霍斯,使我想起一只攀登阿尔卑斯山的汉尼拔大象,抑或是在骷髅地(Calvary)的耶稣。他在道义的一方,但是没有人能完全确信站在道义的一方一定能获得成功。

我们其余的人尽我们所能来鼓励霍斯。我们在他身边围成一个密实的小圈,只留给他足够的行走空间和呼吸。

"霍斯!霍斯!霍斯!"我们有节奏地喊道。

他汗流浃背,不断呻吟。他离山顶还很远。我越来越担心,不希望霍斯伤到自己。我非常了解他,知道他多么想做到——为他自己,为我们其他人,为了至少是干燥的一顿饭。我知道霍斯希望我能帮他一把。

"我们能够接受失败,"我凑近告诉他,"但是,说实话,你能做到,兄弟,我深信。你能恢复精神,再次发力。"

霍斯看着我,好像我疯了一样。然后,他板起面孔,咬咬牙,继续前进。

他又向前迈了一步,然后又一步。现在,他的脚步越来越迟缓,更像是在跺脚。尽管困难重重,但他咬紧牙关坚持,直到到达山顶。在那里,他站稳。不知怎的,他终于找到了最后一次爆发力。

他从肩上卸下这条庞大的锁链,完全举过头顶。胳膊上举时,他发出了一声悠长的怒吼:"呼——呀哈!"

全班所有人都爆发出热烈的欢呼和喝彩。我们知道霍斯完成了最艰难的任务,知道我们都会在屋里吃饭,因为从此以后都是下坡路了。

霍斯将铁链放在肩上,迈着沉重的脚步回到山脚下。与上山相比,下山更快、更轻松。到了山脚,当链锁最终落地时,全班爆发出极度兴奋的、祝贺的欢呼声。我们欢呼的不仅仅是一顿干燥的、在食堂里就餐的承诺。这是我们中的一个人取得了几乎不可能取得的成就。每个人都冲向霍斯,他健壮的身体几乎不能承受大家的拍打和拥抱。教练们没有像我们这样欢呼雀跃,但是即使是他们也露出了笑容。

我要表扬教练们,他们兑现了承诺。那天我们都在食堂里吃饭,接下来的几天也是如此。又一个基本水下爆破训练的传奇诞生了。

　　基本水下爆破训练中,身体和心理的挑战只是海豹突击队训练的基础。要成为世界上最出色的战士,所有的海豹突击队队员还需要掌握大量的战斗技巧。在基本水下爆破训练的第二和第三阶段,在此后的一两年里,这些新人需要成为现代战争专业技能的专家。

　　他们需要精通出色的本领,还有很多东西要学,如射击、爆破、潜水、导航、攀绳下滑、在交战和伏击中进攻和撤退、在酷热的沙漠或是雪峰上存活下来、从直升机上跳下和从一艘行进中的船上跳入水中、使船沉没或是袭击一艘船。现代战争是一门复杂的艺术和科学。作为没有发言权的海军陆战队队员的日子已经一去不复返了。对海豹突击队来说,课程生动活泼。如何带着战斗装备和光学夜视仪跳出飞机(就像那些后视镜所说的:"警告:物体比他们看起来的要近一些"——尤其是快速接近的地面)。如何才能在水下游几英里而没有一个气泡浮上来(了解你的德尔格呼吸器)。如何在蛇遍布的丛林中建立营地(第一个问题是:"难道没有别的地方过夜吗")。如何将房门从生锈的铰链上炸掉(如果铰链已经生锈了,你可能不需炸药。一根撬棍或一把大锤将会更容易、更安全、更迅速。但是,如果需要炸药,我们有很多炸药供你选择)。如何用手枪、刀、园艺工具,或是手边的扼流线圈杀死一个人(这都是关于为工作选择合适工具的问题)。

　　海豹突击队的教练队伍中,有一些知识非常渊博且经验丰富的老师。如果我们想要超越他们的专业领域,我们会邀请一些世界级的外部优秀人才。无论什么技能,我们都必须成为掌握这门技巧最优秀的人才。我们寻找能使我们达到最优秀的最好的专家。美国顶级搜索向导之一定期向我们展示他最擅长的追踪技术。对他来说,一座森林就像是一个数字GPS显示装置。每一根折断的树枝、每一片弯曲的草叶都告诉他该往何处去。每走一步,他都在听、看和闻。

"一旦你知道自己在寻找什么，"他告诉我们，"环境就能与你对话。追踪人的时候，我所描述的一切同样会起作用。"

实际上，效果会更好。

"人类远不如大多数动物那样步伐轻盈。"他告诉我们。

他能读懂泥土中一只鹿或是耐克鞋的脚印：目标跑向何处、速度多快、多久之前路过，以及自那时起目标大概走了多远。这真是令人惊奇。

一名顶级 Baja 1000 赛车手与我们分享了他的一些最具进攻性的越野驾驶技能。仅仅是与他一起开车就是一次令人心惊胆战的冒险了，在高中绝不会有这样的驾驶培训。但是，他使我认识到很多用来处理危机情况的驾驶方法是多么不合常理。踩油门是为了保持平稳和安全。想让车右转的时候要向左冲。"好像道路规则都是反着写的。"他一边耸肩一边说。

事实证明，伊拉克西部的乡间小路与墨西哥西部的路没有太大的区别。当处境危险时，司机和我们都非常重视在超速状态下掌控局面的能力。

我们想了解这些专家掌握的所有知识。我们向世界级的枪手、刀战专家、电脑黑客、炸药专家学习，向懂波斯语、乌尔都语和最难懂的阿拉伯方言的语言学家学习。一群海豹突击队队员飞到瑞士的阿尔卑斯山，在那里，他们与一流的峡谷跳跃者一起练习高难度的自由下落技巧。

我最喜欢的训练之一，也是很多海豹突击队队员最喜爱的训练——是我们从综合格斗者那里学到的肉搏战。战场上有许多高科技武器，但是我们仍然不能忽略格斗术。有时候，即使有枪，你也不能使用；有时候，战争将要爆发，但战争不是以子弹击中某人的头而结束，或者说一股致命的力量并非一定要阻止某人的前进。你必须快速思考，掌握情况，做出反应。根据不同情况，你并不总是实施杀戮。几名综合格斗界的顶级选手

在他们的训练场地招待我们的突击队，我们也在我们的场地招待他们。

"很显然，你们这些人具有体力和积极性，"一名拳击手对我们说，"但是，我们在八角广场学到的一些击头和锁喉动作，对战场上遇到的近距离作战来说是非常有用的。"

我们所有人都渴望学习这些技能。

在接下来的一个星期中，他教会我们一些摔跤动作，这些动作曾经被用在其他人身上。这些人不仅仅是令人惊讶的运动员，他们的脑子里还塞满了致命的人体解剖学知识。

"用你的胳膊环绕脖子，就像这样，"一名综合格斗冠军（Mixed Martial Arts，MMA）对满满一健身房专心听讲的特种部队人员说道，"挤压——用力，对抗很快就会结束。"

我从这些人那里学会了很多动作。我最喜欢的一个动作是飞跃式锁喉。当对手试图逃跑，需要被制服的时候，这一动作非常有效。你从他背后跑上去，当拉近你们之间的距离时，腾空而起，落在目标的背上，与此同时从后面用胳膊挤压他的颈前部位。这与综合格斗人员所说的裸绞（rear-naked choke）类似。这一动作将你的对手放倒在地，以这种方式你不会杀死他——除非你打算杀死他。

如果你想使某人不再反抗，你需要制服技术，例如关节技和窒息，这些技术能使对手不再好斗。在搜查行动中，我们使用了很多我们学到的技能。使某人陷入被控制或窒息的状态，仅仅是为了使他们冷静下来，为接下来有序的搜身做准备。我们这样做，是为了减少威胁，控制局势并保护他们和我们自己。

我要让大家清楚一件事：我们不把这一动作或是任何一种动作运用在不受管束的平民，乃至敌方战斗人员身上。我们把它们留到确实需要的地方。练习的最好办法就是运用在强壮的、好战的、不合作的海豹突击队队员身上。海豹突击队队员绝不会轻易放过另一名队员,当然这样做是为了训练效果更好。

在海豹突击队内部,存在我们应当拥有什么类型格斗项目的一些争论,双方都有狂热的支持者。一些人说:"你不能假装你在没有武器的情况下战斗,那绝不会发生。我们不是在填塞软物的八角广场上打仗。""海豹突击队应当准备好在最坏的情况下战斗。"

但是,我认为,所有的争论都没有抓住要领。对战斗精神来说,最好的诠释就是战斗。仅仅是拥有那些技能,就可以在海豹突击队中建立强大的信心。

成为一名格斗专家能培育吃苦耐劳的精神,塑造我们的性格,使我们变得坚强。格斗是具有历史意义的勇士技能。我们之前的所有其他的战斗文化,日本武士、斯巴达战士,他们都是肉搏战中自豪的专家。

海豹突击队也是如此。

这些外来教练似乎真的喜欢与海豹突击队一起工作。一些人主动给我们打电话,向我们提供他们的专业技术。我们还会主动找其他一些人,向他们请教。他们都说我们是接受力很强的学生。他们知道,我们也知道,我们所学的技能很有可能使一名突击队成员安全回家,回到他的妻子和孩子身边。

在很多场合,即使是我们带来外援或是使用其他人的训练设备,最棒的专家还是来自于我们共同体内部。多年来,我们已经获得了一些独特的教育方法,来教给我们的队员所需的东西。我们的队员在密西西比、北卡罗来纳州和德克萨斯州学习射击,在亚利桑那州进行自由下落练习,在弗吉尼亚海滩、圣地亚哥、新港和罗得岛州练习潜水,在加利福尼亚州塞拉斯山脉学习山地作战,在阿拉斯加学习在寒冷天气中作战。我们发现,加利福尼亚州帝王谷的沙漠地形与伊拉克和阿富汗很相似,可以作为一

个很好的替代场景进行训练。针对 MOUT 训练——城市地形军事行动
（Military Operations in Urban Terrain），我们去路易斯安那州波尔卡堡和加
利福尼亚州圣克莱门特岛，在初具规模的模拟城市中提高我们的技能，通
过黑暗的小巷，沿着只有一个出口的楼梯追捕武装坏人。当我们最终身
处城市战区时，这种训练产生了明显的效果。

例如，在近距离作战（Close Quarters Combat）中，我们学习如何冲进
一座房子和一栋大楼，清除障碍并掌控环境。这是一项复杂的行动。每
支特种部队都有自己的方式来完成这一任务。海豹突击队看重速度。攻
破房门，从一个房间到另一个房间，在一座房子或是其他封闭的空间中作
战。我们冲破房门时，如何使用应急手榴弹、如何袭击一个目标很关键，
这样你能抓住坏人而他们却抓不到你。这一切都是从一个有效的突破开
始的。你必须通过那扇门、窗户、墙壁，或者是屋顶，无论代价如何，你必
须到里面去。

学习基本的突破技术需要 12 周的课程。几乎所有房子的大多数门
都是一个简单的突破问题。我们知道如何使用预制的条状炸药，或是固
定在门上的爆破炸药。破门手引爆炸药，炸断铰链。此时此刻，我们已经
进入室内并四处行动。

棘手的是建有防御工事的建筑物。他们知道你就要来了，在楼内设
置障碍物来保护自己。针对这种情况，有这几种选择——机械、炸药、大
锤、链锯、街头恶棍的工具——消防员和窃贼喜欢使用的金属撬棍。使用
快速锯和等离子体焰炬来切割金属，使用散弹枪将门从铰链上炸掉，而与
此同时，有人会从门里向你射击。

每个训练环境都有它自己独特的挑战，其背后都可能有疯狂的故
事。对空军来说，尤其如此。海豹突击队的一系列跳伞训练简直让人叹
为观止。就我所知，没有一名海豹突击队队员从航天飞机上跳下过。但

是,如果航天飞机在空中飞翔,海豹突击队很有可能会跳出航天飞机,或是将某些东西扔到地面上。跳伞训练从固定拉绳式跳伞开始。你的降落伞装有固定拉绳,与飞机内部的缆索相连。你跳出C-130、C-17或是C-141,以你体重的任何速度飘落。那个大大的圆形降落伞会任你飘荡,没有可以拉动的绳索,没有刹车,没有方向盘。风、温度、天气和地形会突发奇想,把你带到它们想把你带到的任何地方——田野上、森林里,或是又大又粗糙的长着尖刺的提华纳仙人掌上,那将使你一整天都痛苦不堪。我从未撞上过仙人掌,但是很多人都撞上过。在接下来的两个小时里,他们要靠钳子拔出他们手上、胳膊上、脖子上和其他任何身体裸露部位的刺。由于大多数的训练都在沙漠进行,因此我们也要小心臭虫、蝎子、响尾蛇和其他不友好的物种。这里是它们的地盘,我们实际上只是匆匆过客。

地面非常坚硬。如果你伸直双腿,试图预测你是否可以落地但是时间不对,那么你会摔断脚踝或摔碎膝盖。但是,如果你蜷缩双腿,眼睛盯住地平线,保持身体直立,那么每次跳伞你都能安然无恙。

我们用降落伞降落到地面的东西都令人不可思议:吉普、悍马、突击艇、巨大的供应包、执行任务中海豹突击队赖以逃生的所有东西。我们已经非常擅长安全地、正确地将重物从飞机上扔下。

但是,真正的控制和精确来自自由下落。每名海豹突击队队员必须学会控制他自己的跳伞,捆扎自己的降落伞,检查自己的用具,1、2、3,灯变成绿色。这也意味着你一只脚已经迈出了这次1.2万英尺的空降。这是心怀信仰的人类所发明的最伟大的跳跃之一。接到跳伞长的命令,你将自己猛投出飞机,并相信自己会活着。在空中旋转,检测你的高度,做几次手部活动,拉动开伞索打开降落伞,希望你捆扎的正确。然后砰的一声,降落伞的冲击力使你慢慢减速,你会看到一堆丝绸

在你的头顶。你处于极限速度中,直到停下来为止。在空中这样操作,是一种令人啧啧称奇的感觉。

我们有很多种跳出飞机的方式。可以成组的飞行——六个、八个、十个海豹突击队队员,排成钻石形或楔形,这样每个人都能看到彼此。集体打开降落伞,避免与其他的跳伞者缠在一起。出于战争目的,这样的跳伞方式通常在晚上采用。一个摞一个,体重较重的人在队形的底部。你已经知道彼此的下降速率。在空中像一架巨大的手风琴,彼此紧跟着,所有人都落到同一个事前计划好的地方。这需要很多的练习,但这是一件令人赏心悦目的事情。

对高跳低开(High Altitude-Low Opening, HOLO)跳伞来说,你要从2.5万英尺或更高的空中跳下,但是在约2000英尺的地方才拉动开伞索。在这期间,你没有多少余地犯错误。你很难被声波或雷达发现,很快就会到达地面,站起来并跑开。在高跳高开(High Altitude-High Opening, HAHO)跳伞中,一离开飞机,你就要拉动开伞索——从此风载着你飞翔。降落伞下有15个人,在黑夜中飘浮。只靠风来推动,他们能够在阿富汗上空飞翔40英里,地上的任何人都不会察觉到他们。

潜水是海豹突击队训练的核心。我们就是从这里开始的。海洋仍然是地球上最艰苦的环境。目前,海豹突击队战斗潜水几乎从不使用常规潜水设备,我们依靠LAR V德尔格呼吸器。该设备采用闭环系统,而不是嘶嘶作响的压缩空气罐。最重要的是,它不会将气泡送到水面上来。这对任何一个进行秘密潜水的人来说都至关重要。没有什么东西能像气泡一样让你被抓住。

德尔格呼吸器制作精巧,它能将二氧化碳从你的呼吸中滤掉。它送回的是纯氧气,而不是普通的空气。但是你需要花一点时间来适应它,一旦你使节奏运转起来,这种呼吸器就会成为你的第二个肺。你潜水面罩里的空气都是纯氧气。有了德尔格,你可以在水下待几个小时而不被发觉。炸毁诺列加将军私人炮艇的海豹突击队第四小队的成员,就是戴着德尔格呼吸器在未被人发现的情况下游入巴尔博亚湾的。凭借普通的潜水设备,他们绝不可能那样做。

在训练池中训练几周后,就到了在开阔水域进行训练的时候了。我们要学会使用指南针,策划一条路线,控制深度与浮力。

在开阔水域训练,很容易脱离正常的轨道。在德尔格呼吸器训练的开始,每个人都会把事情搞糟,在原地打转、迷失方向、撞上桩基或是其他的游泳搭档。在开始看起来像一名海豹突击队队员之前,大家要进行大量的练习。

水下沟通绝不是件易事。收音机和手机在水下都不工作,两个游泳伙伴必须使用点头、挥手示意和轻推这些语言。一切都是心有灵犀一点通。但是,即使是在计划最好的行动中,你也总是能遇到出人意料的事。一次,我和伙伴在圣地亚哥湾潜水,忽然,水开始震动。在水下20英尺,这感觉像是地震。隆隆声越来越大,越来越猛烈,水在四周打旋。我不知道可能会发生什么。我的耳朵里充满了巨大的咆哮声,好像是某部恐怖电影中的巨大海怪朝我们冲过来。

这就是当头顶有拖船开过的时候潜水的感受。

拖船看起来并不十分危险。相对于自身的体积,它们开的并不快。但是,它们的大型柴油发动机和巨大的螺旋桨非常强大,足以推动一艘航空母舰或是一艘堆满钢材的驳船。当这样的船咆哮着向我们开过来时,我们不知道该做什么。我们直接潜入湾底,潜入泥浆和淤泥中,待在下面直到海怪拖船突突地开走。但是有时候,水下没有地方可以躲藏。

水下还有其他意想不到的危险。

这个海湾是海军海洋哺乳动物项目研究基地,基地在这里训练海豚

来保护港口的安全。凭海豚的智慧和能力,它们有干扰怀有敌意的游泳者的特殊本领。但是有时,我们的身体会受到海豚的攻击。被海豚攻击,就像被邻居家活泼的狗闻了闻——而且这只狗体重600磅,并一定要从你那里得到回应。

从来没有一名海豹突击队队员被失控的宽吻海豚蹭死,我们也从不使用致命的武力来保护我们的队员不受海豚的攻击。但是,水中最擅长运动和最任性的动物朝你做一个进攻性的俯冲,这可一点儿都不有趣。这也很有趣,但是只有当这发生在别人身上的时候才有趣。

在弗吉尼亚海岸的小溪基地,有人在海湾中放置了一个巨大的集装箱,就像你在半拖车或火车后面看到的一样。我们在这个箱中度过了无数恐慌和欢乐的时光。这个没于水中的箱子一头是敞开的,人很容易无意中游进去,有几名新兵曾经进去过。这个箱子全是金属的,在里面,你的指南针开始胡乱跳动。如果你游进了那个箱子却不知道那是个箱子,那么感觉好像你游进了一口棺材。夜晚训练的时候,你所能看到的唯一东西就是照亮你战斗导航板荧光棒的微弱灯光,这个时候,你就很容易进入那个箱子。那里比月亮的暗面还要黑。忽然间,你被金属包围着,你的指南针到处乱跳。你在想,这到底是这么回事?就像你处于某处的一个漩涡中一样。

事后,人们对此大笑。"是的,我碰到过那个箱子一次,"一名队员告诉我,"我待在那里面有半个小时,试图想出这到底是怎么回事。"

所有这些训练都令人兴奋和有趣,对于我们的生存来说,这也是至关重要的。日复一日,海豹突击队努力学习,在每个可以想象到的战场技能上都精益求精。我们训练,我们实践,我们犯错误并纠正错误,我们进一步提升自己。最终,最初的海豹突击队新兵变成了其他人只能梦寐以求的人——在任何意义上的勇士。

五、年轻的勇士

> 只要兄弟们相互支持,相互帮助,敌人就永不会战胜你
> 们。但是如果你们分崩离析,那么就会像一支脆弱的箭,被逐
> 个击溃。
>
> ——成吉思汗(Genghis Khan)

如果我能带一个未经训练的新兵排,我会给他们来一次狂热的演讲。

在我们被调动的前一晚,站在篝火旁边,我将引用罗马或是斯巴达的神话。普鲁塔克(Plutarch)说:"斯巴达战士不问有多少敌人而是问敌人在哪里。"为了面前的激烈战斗,我会竭尽全力从精神和体力上鼓舞他们。

但是,和一群海豹突击队队员在一起,你完全不需要那样做。

与罗、老D、卡姆兹、洛佩和其他人一起站在海滩上,我们紧紧地、安静地围成一个圈,我反而谈到了镇定。"在明天上飞机开始这场战役之前,"我说,"我们要确保家中的一切都得到了照顾。你们的未婚妻都安顿好了,你们的家人丰衣足食,一切如愿。无论将去向何方,我们都要

彼此照顾。因此,如果有人家里还有什么需要安排——账单、房屋维修、孩子的玩具,无论什么,我现在就帮助你们安排,长官也可以帮助你们,尽管告诉我们。从现在开始,我们不能往后看。在战场上的每一秒,我们都必须全心全意。"

不存在激励海豹突击队的问题。海豹突击队队员迫不及待地要奔赴战场,亲眼看到敌人在哪里,然后面对他们。海豹突击队队员是勇士,一些人就是为此而生的,战斗是他们存在的一部分,否则,他们的人生就不完整。

我生来就是一名勇士,只花了二三十年就成为委派军官。20世纪七八十年代,我在加利福尼亚州北部距旧金山以南35英里一个名叫洛斯阿图斯(Los Altos)的地方长大。洛斯阿图斯在西班牙语中是"顶峰"或"丘陵"的意思。当我来到这个地方的时候,洛斯阿图斯仍然还有几个杏园和桃园,这里曾经是古老的西班牙政府赠地农场。但是,以往平缓起伏的地形正在变成广阔的郊区。因为计算机公司如雨后春笋般地在该地出现,所以人们将该地区称为硅谷(Silicon Valley)。苹果(Apple)、奥多比(Adobe)、直觉(Intuit)、惠普(Hewlett-Packard),这些公司在附近都有工厂设施。在洛斯阿图斯有很多聪明的孩子,随着时间的推移,也出现了一些富有的成年人。

我的父亲汤姆·丹佛(Tom Denver)是一家业务繁忙的律师事务所的合伙人,他是一个非常自律和执着的人。在大学期间,他加入学校划船队,现在仍然每天坚持跑步。他喜欢马拉松和越野比赛,在很多方面都是守旧派,严厉公正且才华横溢。我没有对太多的人这样说,但用才华横溢来形容他的确再恰当不过了。他总是脚踏实地,平易近人。当我们还是孩子的时候,到了晚上,他给我和弟弟读书,如《希腊战神》(Jason and the Argonauts)、《汉尼拔与大象》(Hannibal and the Elephants)、《亚历山大和马其顿人》(Alexander and the Macedonians)、《霍比特人》(The Hobbit)、《指环王》(Lord of the Rings)。这些都是关于斗争、战争、骑兵和个人艰难险阻的故事。在那些故事中,主人公通常是一个领导者,他们的勇气和品格都历经考验。回首往事,我知道那些故事将一些观念灌输到我心中,对我的未来产生了重大影响。我从父亲那里学到了很多东西,包括努力工作、坚强勇敢和自信。

我当然感激把我送给迪安娜·丹佛(Deanna Denver)的仙鹤。我的母亲一直都是一个梦想家。她的工作五花八门,当过牙医、体育教师、婚庆摄影师、发明家、家庭顾问。她是一位有天赋的艺术家,绘画、木工样样精通。她能制作美丽的彩色玻璃,每个圣诞节都制作惊艳的手工艺品。她是一名优秀的网球运动员、有进取心的降滑选手,一个始终自由自在、非常自我的人,总是准备着冒险。她的兄弟迪克(Dick)和戴夫(Dave)说服祖母,给他们的妹妹以勇敢的邻家女孩明星迪安娜·德宾(Deanna Durbin)的名字命名。她给我和弟弟灌输的思想就是,在人的一生中,一切皆有可能。

我的弟弟纳特(Nate)比我小三岁。小时候,我们关系亲密,彼此从未疏远过。他是一名音乐家、作曲家、木匠、阶梯攀爬冠军、世界旅行家、受赞助的滑雪运动员、自行车运动员、诗人、作家、艺术家。在我所见过的人中,他和文艺复兴时代的人几乎差不多。他具有惊人的完美体态,总是表现得像个绅士。与我相比,纳特更爱学习。我们都非常热爱体育运动,愿意待在一起,在一起我们有着无穷无尽的快乐,弟弟一直都是我最亲密的朋友。

多年之后,在关系紧密的海豹突击队兄弟会中,我立刻就融入其中,

很大一部分原因在于我们亲密的成长过程。队友、游泳伙伴、船员这些称呼不同但身份相同的海豹突击队队员，从不会使一名失败的队员掉队。由于纳特，我本能地理解这一切。如果我需要纳特，即使大力神的十二磨难（labors of Hercules）放在他的面前，他也会在一天之内打败他们，然后站在我身边，精神抖擞，准备好为我而战。他是我永远的游泳伙伴，无论发生什么，我都知道我的兄弟会支持我。

我们五岁和八岁时，住在楼下两间紧挨着的房间里。一天，我决定给纳特理发。纳特信任我，当我给他剪头发的时候，他安静地坐着，直到我差点剪掉他的左耳。他大声叫喊起来，母亲跑过来。对我来说，母亲在楼梯上的脚步听起来像是会有严重的麻烦。想都没想，我跳窗而出，一路狂奔。母亲就是母亲，她看了看纳特的耳朵，保持冷静，从洗手间拿了一些绷带，设法在一两分钟之内止住了血。当母亲询问发生了什么时，纳特只是说他不小心剪到了自己。他不会出卖我。事后我承认了，但是我明白了一个道理，这个小家伙一直在照顾我，我确定我也必须照顾他。

在学业上我刻苦努力，尤其在低年级的时候。老师们说我足够聪明，但是我的思想四处游走。像我这样的孩子，他们过去称之为亢奋，现在人们称之为注意缺陷多动障碍（ADHD）。一旦涉及文化课，我就很难集中注意力，这使我受到其他孩子的嘲笑。我一贯喜欢阅读，但对数学一无所知。实际上，现在也是这样。在海豹突击队训练中，唯一一次我认为自己遇到了麻烦，就是潜水资格考试中的物理和数学。我必须补考，在我的室友通宵指导下，我才通过了补考。

但是有一个领域我非常出色，那就是体育。即使是一个小孩子的时候，这一领域也是我的乐园。体育集中了我分散的精力，就是体育让我最终成为一个酷小孩。因为体育，我知道我在做什么；因为体育，我不再与人疏远。把一个球放在我的手里，我就能控制局面，我的体育才能是天生的。就我的年龄来说，我强壮而迅速，喜欢竞争并充满获胜的渴望。我不确定我仅仅是讨厌失败还是非常喜欢成功。无论是哪种情况，母亲仍然能讲出很多我小时候发脾气的故事。输掉任何比赛，我都会非常难过。打篮球、踢足球、玩棋盘游戏，无论什么——如果其他人获得第一名，我会让每个人都不好过。我那自由自在的母亲并不认为她将这样的性格传给了我，父亲也没有。父亲强调自律和努力工作，但是从未推销胜利就是一切的观念。我得承认，那种超级好斗的性格埋藏在我基因密码的深处，仅仅属于我一人。

我们住在一条死胡同里。我们的街道名叫 Mariposa 大道，是一条由青豆状的沥青铺设而成的粗糙沥青路。在我五岁的生日派对上，我们进行了一场赛跑。五六个孩子，绕着胡同一圈，大部分路程中我都领先。然后，一个男孩超过了我。不！我一定要赢。我以超人的姿势猛冲过终点，粗糙的沥青刮伤了我的手、膝盖、肘部和下巴，疼痛，鲜血，我不在乎。失败的感觉是如此糟糕。

父亲说，早在我参加银带(Silver Streaks)青年足球队的时候，他就知道我有些与众不同。我们参加一场大型比赛，比赛最终打成平手。这场比赛不得不以加时赛点球的方式来一决胜负，每队三次。教练的儿子也在我们队，他踢第一个点球，球向左偏出球门很多没进。教练的儿子踢第二个点球，球撞到了守门员的胸口也没进。教练的儿子两次都没踢中，教练让我踢点球。

在靠近球之前，我瞥了父亲一眼。像往常一样，他站在边线上，给了我一个他之前给过我的信号。他举起双手并摇动双手，似乎是在说："保持放松，细心而放松。"

父亲暗示我时，我冷静地靠近球。裁判吹响了哨子，我将球直接送入

球门。银带队暂时领先，但是这还不足以赢得比赛。对手得了一分，比赛打成了平手。下场时，我飞奔向父亲。"如果教练让我踢三个点球，我们就会赢的。"我说。父亲至今对此惊叹不已。"你有一种自信，"多年以后他告诉我，"在很多八岁孩子的身上看不到的一种一定程度的自信。"

大概就在那时，我的父母离婚了。

我从不怀疑父母对我和纳特的爱。我的母亲尤其让我们确信他们爱我们。"这是大人的问题，与两个优秀的孩子没有任何关系。"她告诉我和纳特。我们与母亲住在一起，父亲住的离我们很近。每周两次，父亲送我们上学，带我们出去吃晚饭。我记得父亲参加我和弟弟的运动会，一次也没有漏掉。但是，由于父母离婚，在蓬勃发展的硅谷，我们在布利斯-普瑞斯玛小学属于低收入群体，但是我们没有住在汽车里、在垃圾桶边吃东西，或是做类似的事情，因为母亲是个理财高手，她精打细算，并最大限度地利用信用卡。她设法带我们去滑雪旅行，与东部的亲戚一起去避暑胜地。当然，我们没有很多其他孩子所拥有的全部奢侈品——电子游戏、名牌运动鞋、春假去夏威夷旅行。

你知道一些孩子会有多么残忍，无情地刺痛那些没有安全感的孩子。他们总是能找到一些可以利用的东西。唉！我们学校的一群男孩真的是开始跟我过不去。直到今天，我仍然感激那两个为我而站出来的大人，而他们两人碰巧都是海军陆战队队员。

读六年级的时候，我是一名童子军。每周一次，我必须穿童子军制服去学校。在我的学校，没有人认为这是件很酷的事。他们喜欢拿我的制服开玩笑。我没有逆来顺受，我开始发泄，惹是生非，不断地被送到校长办公室。

一天，校长巴里（Barry）先生给我父亲打电话。

"罗克已经被暂令停止参加战斗，"他告诉我父亲，"但是罗克做得对，那些有钱人家的小孩是自讨苦吃。"

事情就是这样。

我讨厌被人戏弄。我把我的童子军衬衫扔进垃圾桶，告诉巴里先生和父亲，我再也不会穿着童子军制服上学了。

但是巴里先生还有最后一招。"在你放弃之前等待一周，"他告诉我，"你愿意再穿一次你的制服吗?"

"好吧。"我并不是很热情地答应着。

下周我们集会举行升旗仪式。我穿着童子军制服，能够感觉到那些坏蛋已经盯上我了。因为来得晚，巴里先生自然引起了轰动。他穿着美国海军陆战队的蓝色海军制服，上面挂满奖章，还佩戴了一把剑。这简直是疯了，之前学校里的人从未看到他穿成这样。

他对大家说："升旗，是一项非常特殊的任务。今天，我需要一个助手和我一起来做。"

他向外扫视着学生。

"我，我，我。"孩子们喊道。他们举起手来，好像每个人都想承担这项任务。

"让我来检阅一下部队，"巴里先生说，声音听起来比平时更加严肃，"我要看看谁符合要求。"

他在学生队列里走来走去，走走停停，然后停在我身边。"升起星条旗的人，"他说，"应当是另一个穿制服的人。"

他和我走到大家前面，我们将国旗升起并一起敬礼。在我回到队列与同学们站在一起前，他从制服上摘下一枚奖章，别在我的胸口。

仅凭这一点，并没有使那些坏蛋完全安静下来，但是这给了我迫切需要的自信。我再也不害怕穿童子军制服了。

多年以来，母亲与一些非常优秀的人以及一些性格鲜明的人约会。

父亲是对我影响最大的成年男性。但是,我总是感觉我是很多父亲共同的杰作。母亲的男朋友和我的各种各样的教练无疑也影响了我。从他们身上,我和弟弟学到了一些关于如何做人的非常重要的课程。回想起来,我几乎无法想象,对于有两个过分活跃的男孩的母亲来说,工作、读研究生,使充满爱的生活继续下去该有多么艰难。

拉斯(Russ)体重250磅,是一名已退休的海军硬汉,他曾当过副警长。就是拉斯教给我如何从眼睛看一个人,如何给出一个坚定的、充满自信的握手,他精通此道。拉斯给我和纳特剪军队风格的平头,我们讨厌平头。他总是试图让我们相互对抗。他回家以后肯定想破头也想不明白,因为无论他怎么努力,都不能把我们分开。他当然不是父亲般的那种人,但是他的确爱竞争,喜欢获胜。因此,当我母亲告诉他,我与学校的坏蛋闹纠纷的时候,他决定教给我和弟弟一些基本的拳击动作。"以防万一。"他说。我们觉得拳击很有趣。当拉斯听说我们学校要举办特殊的职业体验日(Career Day)时,他果然马上活跃起来。其他学生的父母会告诉孩子们医生、律师,或是电脑主管是怎样的,我母亲这位健壮的男朋友说他会来并向孩子们展示拳击手的所作所为。

我不认为巴里先生对拉斯的好意感到很高兴。布利斯–普瑞斯玛小学有多少学生会追求拳击事业呢?但是自大的拉斯来到了学校,带来了一个大行李袋、永恒牌拳击手套和一口又大又亮的钟。他在操场上设立了一个临时拳击场,在真正开始展示之前,他简要介绍了拳击的基本知识——勾拳、刺击、迎击和上勾拳。

"我们进行一分钟的回合战斗,"拉斯宣布,"获胜的人留在拳击场中。"

他偏偏选择了我来打第一回合。他让厄尼(Ernie)与我搭档,厄尼是我最不喜欢的坏蛋之一。其他几个参加职业体验日的家长走过来观看。

我永远忘不了当拉斯敲响开局钟时我心中的兴奋。

我勇敢地扑向厄尼。啪！啪！啪！打向他的胸口和头侧，直接打向他的脸。是的，提前训练是一个巨大的优势，我很高兴这堂课我很小就学会了。我还没有为金手套决赛做好准备，但是，与我那些困惑的同学相比，我就是迈克·泰森（Mike Tyson）。15秒钟之内，这个坏男孩的鼻子开始流血，他很快就放弃了比赛。然后，我与接下来和我搭档的四个男孩继续打，把他们打出血、打青，有时三者皆有。他们一个接一个泄气地离开了拳击场。唯一一个我不想打的人就是最后一个与我对战的人，伊什梅尔（Ishmael），他是我真正喜欢的人。我要让人看上去是在打他，与此同时确保没有伤害到他。对我来说，那是特殊的一天，从那时起，再也没有人欺负我了。

体育一直使我感到满足，它帮助我树立信心并找到认同感。在球场上、赛场上，或是泳池里，我总是感到舒畅并自然而然地掌控一切。在未来的岁月里，我在任何运动队里都被选为队长。在那里，我初次感受到了当领导的滋味。我喜欢那种角色，从中学习，但很多人不是这样。数学课上，我或许会坐在教室的最后面，希望老师不要叫到我。但是在赛场上，我从不畏缩不前，希望成为领导者。当比赛进行到关键时刻，我希望得到球。当一切都取决于我的时候，我喜欢把握住最后的机会。那意味着很多责任。很多人担心，如果他们失败了，每个人都会对他们发疯的。在那个位置上，我感到的只有舒畅，只要有机会，我就把最后的机会抢过来。

"只管投篮，"记得一天我父亲在篮球场上告诉我，"不投篮你就不会赢。有人需要把球送入篮中，有人需要把握住机会。"

不知不觉中，我将自己看作是海军军官和海豹突击队的指挥官。

直到去了洛斯阿图斯高中，我才开始找到我的位置。与很多高中一样，我们学校也有很多小集团，聪明而勤奋的人、酷孩子、吸毒者。我与大

多数的小集团都能和睦相处。但是,只有在体育中我才真正找到了自己的位置,尽管我并不完全是一名专业运动员。在高一的时候,我的身体变得更强壮了。我开始打水球并且喜欢上了水球。我留长头发,这是我对自大的拉斯海军士兵幻想的个人反抗。我穿着灯芯绒裤子和凉鞋,喜欢老式套衫和艳色T恤。我们不像那些富有的孩子在高端的诺德斯特姆(Nordstrom)公司购物,但是我心怀加利福尼亚州的平静心态。我从来不喜欢看到其他的孩子被取笑。

水球是一项艰苦的体力运动,有点像在泳池的深水区搏斗几个小时,中间几乎没有休息时间。要打好水球,需要大量的精力。大一时,教练问我是否想在校队打球。我与父亲和其他几个人谈论此事并决定:"不,相反,我要在资浅代表队(JV)打球。"直到今天,我都后悔那个决定。校队更加强大,我想我能与那些大家伙相抗衡。在队伍里,我总是比其他任何人都更加卖力。与我的同龄人相比,我有巨大的优势。父亲的声音常常在我的脑海中回响:"你能做到,只管全力以赴。"

在练习中,我从未输掉过一场短跑比赛。其他所有人都会感到精疲力竭,但是我只是更加努力。这基本上是一场谁拥有最大勇气的测试。我上大四的时候,大家都知道,在训练快结束的时候,你跟不上丹佛。然后有一天,我们进行短跑比赛,校队和资浅代表队在一起比赛。每次短跑,我都能看到一个男孩在水池的远侧,在我之后仅仅一瞬间就触碰到墙壁。我猜测,他很快就会落后,很快我就见不到他了。

但是在最后的短跑中,他仍然没有落后,我们两人领先其他人一个身位。我们最后一次触碰到墙壁,相差仅仅一秒钟。到终点后,我想看看是谁能跟上我。是纳特,我上大一的弟弟。总是拼尽全力——那就是丹佛男孩。

我在加利福尼亚州大多数的大牌大学赛事中打水球。但是,到了我必须做出决定的时候，我也不能确定我想走那条路。早在我八年级的时候，在纽约州北部一个避暑小木屋里，母亲给弟弟和我带来几根长曲棍球棒。我们不知道这项运动，但是母亲教给了我们一些基本知识，如何用球棒兜接橡胶球、如何来回扔球。我们学校在我大二的时候成立了长曲棍球俱乐部，我报名参加了。在大学里，大多数继续打一级长曲棍球的学生都是从他们刚刚能拿起球棍的时候就开始打球了，而我仅仅打了三年。但是，我在锡拉丘兹大学参加过为期一周的长曲棍球夏令营。我父母和祖父都在锡拉丘兹大学读过书。夏令营快结束的时候，我被那里的教练招收为新成员。曲棍球上位，水球被放在了一边。

锡拉丘兹大学拥有美国最具优势的长曲棍球球队，约翰·霍普金斯大学、弗吉尼亚大学和普林斯顿大学次之，还有其他一些东海岸的学校。与其他任何学校相比，锡拉丘兹大学拥有更多的美国全国大学生体育协会（National Collegiate Athletic Association，NCAA）全国冠军。我知道，如果我决定到其他任何一个曲棍球强队，我很有可能在大一就进入主力阵容；我也知道，如果我去锡拉丘兹大学，我就必须与精英中的精英一起力挽狂澜，这些深深地吸引了我。

我是加利福尼亚州第一批被招募到东海岸打球的孩子之一。这项运动发展起来的时候，所有的大项目都从全国招募选手。但那时，我是个异类。当我在招募会中露面的时候，看起来并不是很像一个典型的东北部中学的运动员。穿着我的冲浪T恤、登山鞋，留着厚厚的黑色披肩发，我更具加利福尼亚州风格。不要去搜寻任何那时的老照片，我已经把它们都烧掉了。

在凯瑞尔体育馆（Carrier Dome），穿着橘红色的16号运动衫，作为传奇教练小罗伊·西蒙斯（Roy Simmons Jr.）的长棍前卫和防守队员打球，我感到很荣幸。西蒙斯教练教会我们很多东西。没有什么比拒绝平庸更重

要的了。我与我的锡拉丘兹队友科尔西（Colsey）、菲图（Photo）、萨米·杜克斯（Sammy Dukes）、托比（Toby）、K-9、我最好的朋友奥克（Oak）关系非常亲密。他们就像我的兄弟一样，教会我做一个团队成员要相互照顾。在锡拉丘兹的四年里，我是两个全国冠军队的队员。我是队长，全美国都有我的高级赛季。就是在锡拉丘兹，我有了一个绰号，这个绰号伴随着我度过了海豹突击队的岁月。我到校的时候体重180磅。当意识到这个体重达不到一级选手要求的时候，我开始在健身房里花费更多的时间以增加体重。那年春天，州北部—州南部练习赛划分小队时，我的体重已达200磅，感到精力充沛。

赛季过半，一个过去经常戏弄我的来自加利福尼亚州的高年级学生在传球中表现突出。守门员发给他一个挑高球。他转过头向后张望，我站在一个开式的、十步本垒打的位置上，给出了干净利落的一击。对我来说，这是一个梦幻般的时刻，正当地击溃一直嘲笑我的人的一个机会。我放低肩膀，狠狠地撞上他，他倒在地上，看起来有些茫然。

西蒙斯教练跑过来。

"老兄，我不知道什么撞了我。"高年级学生说。

"看样子你被一辆加利福尼亚州牌照的柴油皮卡车撞到了。"西蒙斯教练说。

那天晚饭时，队员们还在讨论我那一撞。"该死！丹佛，"里基（Ricky）说，他是我们球队真正的明星之一，"你比你实际体重还要重20磅。教练说得对，你是一辆柴油皮卡。从现在开始，我叫你柴油。"这个绰号就一直被叫下去了。在锡拉丘兹及以后，柴油有时被缩写为D。我的家人仍然叫我罗克，但是几乎没有一个朋友这样叫我。

来自加利福尼亚州，并且刚来的时候看起来有点不修边幅，并不是使我从我们那些表现出色的橙色队友中脱颖而出的唯一东西。我不是一个

酒鬼,在大学长曲棍球队,不喝酒绝对是特例。如果其他人喝酒,我绝不介意。我认识的大多数人,包括我的大多数亲戚,都喜欢来一杯,但是我从不喝酒。我从不相信喝酒可以使我成为一名更加强壮的运动员。我认识几个酗酒者,包括我母亲的一个男朋友。我只是从来不想开始喝酒。

在锡拉丘兹,不喝酒对我来说是一个现实的问题。长曲棍球是出了名的疯狂派对运动。如果在大一的时候就进入团队,那么你会收到邀请去参加由高年级学生举办的聚会,这被称为"新秀带一瓶酒之夜"。每个大一新生都要带一瓶烈酒来参加聚会,你最好仔细挑选,有可能到了那天晚上你要喝掉大半瓶酒。我不打算在那天晚上开始喝酒,但是考虑到高年级学生的热情,我十分明确我需要制订一个计划。

队伍里最坚强的人是队长之一,他叫雷吉(Reggie)。我的储物柜就在雷吉的旁边。他是一只野兽,是我的偶像之一。他来自当地一个传奇硬汉的家庭。他比我强壮很多,是前摔跤冠军。但是,在某天的训练中,我会给他坚实的一击,我想这会为我赢得一些勉强的尊重。"你知道,丹佛,"他那天晚上对我说,"我比我们认为的更加坚强,来自加利福尼亚州。"

我发现雷吉喜欢杰克丹尼威士忌(Jack Daniel's)。我带了一瓶去参加派对,稍微迟到了一会儿。我进来的时候,看到高年级的学生正看着我。我很清楚他们在想什么。

我从每个人身边走过,在后面找到了雷吉。我把杰克丹尼放在他面前的桌子上。

"这是给你的,"我说,"我不喝酒,也不会从今晚开始喝酒。如果你们想试验一下,那就把你们都带上。不管谁先向我动手,他都会后悔的。"

雷吉只是笑了笑,一句话都没说。

我回到走廊,在那里,我大多数的大一朋友都已经喝醉了。我等待

着，无论接下来会发生什么。从走廊，我能看到四五个高年级的学生，他们都在征求雷吉的意见。我听不到他们说什么，但我喜欢他们的身体语言。雷吉好像告诉他们，如果他们想打垮我，那就一展身手吧，但是他不感兴趣。那天晚上，没有人碰我。我知道，这是很幸运的。我坚持自己的立场，对抗大多数的长曲棍球球员。这是我生命中最棒的夜晚之一，这证明如果有一个考虑周详的计划，做任何事情都可能成功。

最终，我把艺术选为我的大学专业。我的体育学术顾问建议我主修言语交际，他说很多锡拉丘兹的运动员发现主修这门课程不需要浪费很多时间。但是，我不是来寻求捷径的。我选了几门艺术与艺术史课程，我喜欢它们，我还要选更多的课程。我喜欢接触伟大的思想家和伟大的思想。对认真的长曲棍球球员和未来的海豹突击队队员来说，艺术不是一门常见的主修课，但是艺术最终对我很有帮助。在毕业后的日子里，我周围都是数量型的人，他们在大学里学习数学或科学，他们倾向于以黑白分明的眼光看待世界，每个组织都需要那样的人。但是，学习艺术使我在处理真实生活的细微差别和复杂性时更加得心应手，正如任何一个领导者都必须做到的那样。

直到大四，我都没有认真考虑过参军。我中学和大学的同学没有多少人对参军表现出很大的兴趣，我的父母也没有。越战期间，我父亲去美军选拔办公室报名参军。但是，从医学上讲，他厚厚的眼镜和近视眼使他没有资格参军。当了几天大学船员教练后，他就去法学院深造了。

我们家族确实有一位战斗英雄，我听过一些有关他的故事。我的祖父托马斯·罗克（Thomas Rorke）是一名二战空军领航员，驾驶B-24解放者大型轰炸机。在一次非常成功的飞行任务之后，他死于太平洋战场的一次任务中。我当然不认识他，我父亲也不认识他，因为当祖父死的时候，我父亲只有两个月大。父亲十岁的时候，祖母嫁给了一个名叫丹·丹佛(Dan Denver)的纽约警官,祖母和她的孩子们就用他的名字命名。但是,我父亲长大了,他知道他父亲是一位战斗英雄。作为一个成年人,父亲很少谈论我祖父,但是父亲的确是用他亲生父亲的名字给我起名的。当父亲与他叔叔、表兄弟聚在一起的时候,他们喜欢讲述非凡的家族故事。罗克家族拥有坚强、有趣、爱吵架的爱尔兰移民血统。他们从奥法利郡来到美国。我的曾祖父是一名纽约警务督察。除了我的名字,我想我的内心还有很多罗克家族的影子。

但是,仅仅是祖先荣耀并没有使我产生参军的念头。参军的想法来自父亲寄给我的一本书。在整个大学期间,父亲都给我寄书。我认为这些书都是《大象》(Elephants)、《阿尔戈英雄》(the Argonauts)和其他那些我们小时候他给我们读的书的续集。大四那年,他寄我一本丘吉尔的《我的早年生活》(My Early Life)。我知道丘吉尔是英国首相,是第二次世界大战时期的重要人物。但是,大四之前,我从未读过有关他的书或是任何他写的书,当然也没有模仿他的生活。我很清楚父亲并不是让我模仿丘吉尔的生活。在这本书中,丘吉尔描述了他在英国军队中作为一名年轻的前线军官在战场上的时光以及作为一名海外战地记者的时光。他描述世界的方式,听起来是不可思议的令人兴奋,并且对我产生了深刻的影响。

这个黎明异于平日。摸清真相之前15分钟里是战争中最紧张的时刻。山上是否有敌军把守?我们是否穿越黑暗进入无数敌人的包围中?每步都有生命危险,但又无暇做出过多的防范。大部队从身后袭来。黎明破晓,我们爬坡时天已蒙蒙亮。山顶会有什么呢?这段时间让人既紧张又兴奋。

他谈到在桑德赫斯特皇家陆军军官学校（Royal Military Academy）以及在古巴、南非和苏丹作为一位真实战斗领导者的激动人心的岁月。凭借后见之明，他提出了战场决策背后的战略以及这些战略的影响。他令人感动地详细解释了当他去战场然后回家时，脑子里在想些什么。他表达了自己对英国作为一个庞大但衰落了的帝国的希望和失望。他描述了自己怎样使敌人吓破胆以及鼓舞士兵的技巧。他详述了自己给自己设立的高标准并认为自己有责任达到这些标准。丘吉尔的言辞重点突出，立意高远，还有一种浪漫的冒险感，令我醍醐灌顶。他如此深刻地思考，且非常擅长英语写作。

我知道，说我感觉我在丘吉尔那里找到志趣相投的人，这听起来多少有些冒昧，但是对他说的事我能产生强烈的共鸣。他凭借我从未体会过的洞察力、情感和灵性来分享他的体会。他对我直言不讳。

来吧！世界上所有的年轻人！现在最需要你们去填补被战争夺去的一代人的空缺！你们不能失去一分一秒！你们一定要在生命之战中找到自己的位置。20~25岁正是你们大显身手之时！不要安于现状。"地球及丰盈其中的万物都属于你们。"继承前辈的遗产，承担起你们的责任！重新举起光荣的旗帜，向新的敌人挺进！人类的前方总会有敌人，只要进攻就能击败他们！不达目的誓不罢休，绝不向失败低头！不要被个人的成功冲昏了头脑！你们会犯种种错误，但只要你们心胸宽广，以诚待人，又勇猛无比，你们就不会伤害这个世界，更不会让她痛苦！世界本来就是年轻人追求和征服的对象！只有不断征服，世界才会生存，才会繁荣昌盛！

面对这样的雄辩,我只有一个念头,我该去哪里报名?

丘吉尔认为,在英国当士兵是日后成为一名政治家的绝对必要条件。他描述这一准备过程的方式,对我来说完全有道理。寻找冒险、荣誉和荣耀,所有这些都深深地吸引了我。他和我一样,感到有责任分享他曾经有幸学到的东西。

读着丘吉尔的书,我立即意识到有一天我将参军。

六、原材料

一百个人里面,十个人甚至不能上战场。八十个人不过是炮灰。九个人是真正的战士。我们有幸拥有他们,因为他们使战争成为战争。啊,但是只有一人:他是一名勇士,能让其他人活着回来。

——赫拉克利特(Heraclitus)

我带到伊拉克的排,我们彼此多么了解,这真是可怕。我知道他们每个人如何移动、如何呼吸,在晚上他们的气味如何。森林中漆黑一片,我们戴上夜视仪。一个家伙站起来,开始四处走动。在黑暗中,他只是一个轮廓。我清楚那是谁,整个排的每个人都知道。我们在一起跑的那么拼命,工作了那么久,冒了那么多风险。在那个团队中,没有什么可以算得上是秘密。我们都知道谁的疯狂的叔叔给他施加了压力,谁和妻子或女朋友有纠纷,还有那个和妻子以及女朋友都有纠纷的愚蠢的混蛋。

我不是男孩,我是长官。他们的生命掌握在我的手中,我有命令的权力。作为一个军事单位,我们之间的关系相当随意。他们不叫我先生，也不叫我罗克。他们会用LT来代替上尉（lieutenant），或是叫我D先生。

对在伊拉克的高级陆军或海军陆战队军官来说，那样做会使他们起鸡皮疙瘩。他们按照个人等级来称呼彼此，即使在私下里也是如此。我们不太讲究那些细节。针对我们的战斗装备，我们采取非传统的方法，大家做出个人选择。我穿着一双所罗门突击鞋去追赶目标，而不是穿军队的沙漠靴；另一个人穿欧克利（Oakley）靴子，因为他喜欢；其他人则穿着耐克。一个人将帽子反戴在头盔下面，他认为这会给他带来好运。在常规部队里，这样绝对行不通。

我们事事都全神贯注：我们武器的状态、任务方案的细节、在危险的战场上如何保证每个人活着等。我们对战争极其严肃。但是，以个人的小办法使自己感到舒服——那只会使我们成为更好的战士和更加自信的人。

沙漠靴或是耐克、LT或是D先生，我非常确定敌人不会以那些细节为基础来决定是否杀死我们。

每年，全美国成千上万的年轻人看着镜子里的自己，他们看到一名未来的美国海军海豹突击队队员。无论这种想法是如何生根的——对海豹突击队冒险的电视报道、一个刚刚从战争中回来的朋友、在枪战片视频游戏获得了不起的分数，乃至邮寄给你的一本书，但问题总是相同的："为什么不是我？"

他们来寻找刺激，表现出考验自己的希望，被海豹突击队的神话所吸引。他们想成为这个长胜团队中的一员。他们或许已经，或许没有在海军或军队的其他分支中服役，但是出于这样或那样的原因，他们使自己确信，他们或许具有成为一名海豹突击队队员的条件。

他们中的一些人是对的。

在我自己成为一名海豹突击队队员之后,我花了14年的时间来评估、训练和领导海豹突击队。我已经认识到,几乎不可能提前预测谁会成功谁会失败。很多情况下,他们不是你期待的那些人。

我们有来自堪萨斯州的从未见过大海的家伙,他成了非常有才华的海豹突击队队员;我们有奥运会水平的游泳选手,他们在第一天就放弃了。在我成为海豹突击队训练军官之初的一天,我们接受了一个来自密歇根州的聪明孩子,他是大师级的象棋冠军。即使战场不是以64个黑白方块铺设的,他也证明了自己是一个聪明的战术家。但是我们拒绝了一名未来的美国橄榄球联盟(NFL)的球星,我们认为他不是一个真正具有团队精神的人。结果证明我们是对的。

不管什么时候和海豹突击队在一起,你肯定会注意到:我们并不都是身高6英尺3英寸的肌肉男。我们确实也有健身迷,但是海豹突击队队员有各种体型的人,高矮胖瘦都有。我们觉得这样挺好。仅仅瞥一眼酒吧或是扫一眼食堂,你不会发现一名海豹突击队队员。

在海豹突击队的任何群体中,大帅哥都有可能和瘦长结实的家伙站在一起。人们来自不同的地方,有不同的背景。有可能一个来自俄勒冈州的拳击手紧挨着一个来自宾夕法尼亚州的矿工、来自德克萨斯州的牛仔、来自新罕布什尔州研究天体物理学的长者和像我这样读着丘吉尔的书出生在加利福尼亚州的长曲棍球球员。

大多数海豹突击队队员并不过多地谈论他们为什么会成为海豹突击队队员。直到最近,我才问马特他为什么参军。他列举出四个原因,按照顺序,依次为:民众、见多识广、做与众不同的事、服役。但是,多年来,我注意到一些典型的海豹突击队人物,他们总是不断地再次出现。我们有我所说的蓝精灵(Smurf)海豹突击队队员。他身高5英尺,是中学足球队的首发中后卫球员，但是他知道他和那些个头较大的家伙一样坚强。他整个赛季都在证明这一点。我们有举止粗野的海豹突击队队员。他们来自南波士顿、洛杉矶的黑社会，或休斯敦的贫民区。在那里，蛮横仅仅是一种生存方式。加入海豹突击队是使他活下去的一种更加健康的方式。还有斗殴者海豹突击队队员。像那样的人，你知道，如果不在这里，就在监狱里。斗殴者海豹突击队队员不是纯粹的反社会暴徒。一个真正的暴徒绝对没有精力或是纪律达到我们的训练要求。没有人坏的足以使30、40或70名海豹突击队队员不敢实施我们的行为准则。

最近，我们见得更多的是玩家海豹突击队队员。他们花大量的时间玩第一人称射击游戏（first- person shooter）、电脑枪战游戏，例如使命召唤（Call of Duty）、细胞分裂游戏（Tom Clancy's Splinter Cell）、SOCOM（美国海军海豹突击队，游戏软件名——译者注），或诸如此类的正在进行基本测试的游戏。这些玩家们已经尝到了虚拟战争的滋味，他们想要体验比最好的游戏更加震撼人心的冒险。我只是必须提醒他们："你要意识到，干这行，我们可没有二十条命。"

还有常青藤海豹突击队队员。他们是罗德学者（Rhodes scholar）、全优荣誉毕业生（straight- A honors graduate）、军事学院杰出人才。有时，他们对自己说："在华尔街我马上就能发大财，但是我想做一些更有意义的事情。"服兵役，尤其是加入像海豹突击队这样的精英军事组织，深深地吸引了他们。这些常青藤海豹突击队队员是我们军官的关键组成部分，但是他们必须使其他海豹突击队队员相信，他们到这里来不仅仅是为了使自己熠熠生辉的简历再增添一点军事色彩。

不要忘记祖传的海豹突击队队员。在美国，参军通常是一个家族传统。这些候选人的父亲、叔叔或兄弟就是一名海豹突击队队员。他们了解文化，理解那种期待，不畏牺牲。第二代和不久之后的第三代海豹突击

队队员是我们最好的榜样,但是这些家族传统也有相反的一面。我们经常会问具有海豹突击队家族传统的新兵一个问题:"这是你的梦想还是你父亲的?"无论他们如何回答,我们都会在训练中了解到他们的真实意图。

毫无疑问,我们也有一些我喜欢称之为典型的海豹突击队队员的人——那些你希望在海豹突击队招募广告或是麦片盒子上看到的坚如磐石、希腊诸神般的人物。在很多方面,他们体现了海豹突击队的力量、骄傲、荣誉和一点点战场威慑力。相信我,阿基里斯(Achilles)、赫克托耳(Hector)、埃阿斯(Ajax)或亚历山大大帝(Alexander the Great)在战场上都没有展示出下垂的肩膀和啤酒肚。他们的战士们立即就知道一名勇士就在他们身旁战斗。敌人也知道。

对我而言,我总是认为自己是一个海豹突击队的杂种狗、几个类型的混血儿。

这种多样性使我们与许多其他的精英组织区分开来。大多数人根本不能在全美篮球协会(National Basketball Association,NBA)打球,即使他们努力奋斗一生想去实现这个目标。几乎这个联盟的每个人都具有一定的身高和跳跃能力。要成为一名奥运会游泳选手,身材像迈克尔·菲尔普斯(Michael Phelps)确实有所裨益。在很多特殊的俱乐部中,都需要难以改变的基因条件。对我们来说,却不完全是这样的。你的身高可以是5英尺2英寸,长得非常丑陋,但你仍然可以成为一名海豹突击队队员。尽管多年来我从年轻女性那里听说,她们认为我的海豹突击队朋友是多么粗犷英俊。有一年,当我把母亲带到海豹突击队在加利福尼亚州的圣诞聚会上时,所有人都洗了澡梳了头,她当然注意到了。"这是一群长得非常好看、自信的年轻人,"她笑着说,"海豹突击队是否考虑过为慈善机构拍摄一份男子健美照日历?"

我认为母亲在开玩笑。

　　无论我们是如何来到这里的，即使是考虑加入海豹突击队的人都是一个了不起的人。这些年轻人完全不受他们的背景和环境的影响，决定接受挑战。他们知道这项挑战将会极其困难。对这些人来说，困难重重是使挑战变得如此有吸引力的一个重要原因。

　　15年前，我就是那些崇拜者之一。

　　在锡拉丘兹上大四的时候，丘吉尔的那些话语仍然在我脑海里回响。未来的首相由一名在印度、苏丹和南非的英军军官变成他那个时代最重要的政治家，一路走向唐宁街10号，带领英国度过了第二次世界大战期间最黑暗的时刻。他确信，部队的早期经历使他成为所有这一切独一无二的人选。我也想在人生的银行里储存下那样的经历。那就是为什么我能够建立自己的信誉，在日后能够提取的原因。正如丘吉尔那样，我知道我必须尽自己的一分力量。在我的生命和迅疾发生的大事件从我身边逝去之前，我渴望尽快开始。对我来说，正如对丘吉尔，服兵役是最佳的途径。这样做，赌注最高，风险也是最大。我辛苦努力的代价或许就是不能回家与家人待在一起。但是，保护自己的国家不受外来敌人的侵犯似乎是最纯粹的服务国家的方式。那是何等荣耀呀！

　　但是，为哪个部门服务？以什么角色服务？我知道我想成为一名军官，而不是士兵。由于多年来参加体育运动，我自然属于领导者——我认为我善于领导。但是，这并不好似年轻的丘吉尔在《我的早年生活》的封底贴了一个标签："嘿，如果你想像英国斗牛犬一样勇敢无畏，这就是你要找的人。"他描写的是20世纪之交的英国，而我生活在21世纪之交的美国。他看不到他心爱的祖国面临的挑战，就像我看不到摆在我前面的是什么一样。当我们各自开始绘制蓝图的时候，无法想象的战争即将发生——对丘吉尔来说是世界大战，对我来说是9·11之后的战争。我们两

人都不可能预测那些战争的激烈程度、持续时间以及范围。无论未来会怎样，我们唯一能做的就是出现在合适的位置上，使自己做好充分的准备。丘吉尔有对战争的渴望，就像我一样。我们都认为战争会以某种方式到来。

我知道海豹突击队是海军特种部队，倍受尊重。我听说，海豹突击队（SEAL）这个名字是单词海（Sea）、空（Air）、陆（Land）的组合，这包括了海豹突击队能够执行任务的所有领域。我从未亲眼见过一名海豹突击队队员。我当然不知道，就在肯尼迪总统郑重声明美国人将登上月球的同一次演讲中，他还宣布了一项非常规战争议案，带领海军建立一支加强装备的反叛乱军队，最初配备的人员是来自老水下爆破队（Underwater Demolition Teams）的蛙人。那时，距离我出生还有11年。

17岁的时候，我读过一本书，那本书是四五个关于特种部队故事的汇编——绿色贝雷帽（Green Beret）、空军空艇部队（Air Force paratroopers）和海军狙击手（Marine sniper）。书里面也有海豹突击队的故事。这个故事强调海豹突击队多么能干和神秘，它深深地吸引了我。大二的时候，我读了《海豹神兵》（Rogue Warrior）一书，理查德·马辛克（Richard Marcinko）在该书中对"绿脸汉"做了引人入胜的描述。越南南方民族解放阵线就是这样称呼这些不遵循常规战争原则的能干的美国勇士。马辛克描述了越战时期海豹突击队战士是多么坚强勇敢，这些勇猛的战士都是典型的美国士兵。这些突击队做的大多数事情似乎都笼罩在神秘之中，那使他们更加引人注目。记得当时我在想，这真酷，海军蛙人的秘密部队，他们会偷偷溜出水面袭击岸上的目标，然后回到水里。不但如此，他们从飞机上跳下，自由下落到危险的地方，使用非凡的技术和战斗技能抵达目标，杀人。

海豹突击队不仅仅是在书本中。20世纪七八十年代电视上的半数硬汉——《天堂执法者》(Hawaii Five- O)中的史蒂夫·麦克格雷特(Steve McGarrett)海军少校、《私家侦探马格侬》(Magnum P.I.)中的汤姆·塞立克(Tom Selleck)等，看起来似乎都是海豹突击队队员或前海豹突击队队员。编剧们似乎相信：海豹突击队队员是最坚强、最敏锐、最狡猾、最粗野，在各个方面最为训练有素的战士。海豹突击队是你最想与之较量的一支部队。它是一个强大的神话，似乎具有真真切切的、超凡的优势。

　　我本可以加入其他的精英部队，但是我始终放不下海豹突击队。对我而言，海豹突击队看起来似乎是最好的。海豹突击队不断地参加战斗，就像丘吉尔那样。我也喜欢这一观点，即海豹突击队来自海洋。我在海边长大，与海洋在一起我感到很舒服。听说被海豹突击队录取很难，但是我决定尝试一下。

　　临近毕业，职业招聘人员不断地来到校园，在金融、会计和其他各种领域为我们提供有吸引力的职位。他们告诉我们，如果在华尔街这样的地方工作，我们能挣多少钱，会结识很多大人物。锡拉丘兹的长曲棍球队有一个强大的校友网络，那些人似乎很想帮忙。但那时我对那些职业没有任何兴趣，只想成为一名海豹突击队军官。

　　我把我的决定告诉队友时，他们甚至没有从视频游戏中抬起头来。他们说："是的，这听起来有点道理。"当时，他们已经非常了解我了。

　　多年以来，年轻人多次问我："被海豹突击队初级训练录取会有多难呢？"他们通常会对我的回答感到吃惊。"通过海豹突击队的训练是非常困难的，"我告诉他们，"在任何地方，它都是最难的军事入门项目。入学，我不想说很容易，多年来它变得越来越难，但是与你一到这里就面临的困难相比，它就微不足道了。想试一试吗？"

　　有一些基本的入门要求。总的来说，你必须是18~28岁之间的健康

男性,视力能够被矫正到2.0~2.5,思维敏捷,有学习能力。你不需要是一名训练有素的战士或是世界级的运动员,但是你必须通过我们的训前体能甄别测试(Physical Screening Test):2分钟之内做42个俯卧撑和50个仰卧起坐,在没有时间限制的条件下做6个引体向上,12分钟半以内在泳池内游500码,11分钟内跑1.5英里。

不过,请注意,如果你仅仅是努力达到了最低标准,那么你对待这一问题的方式就是完全错误的。它给一个珍惜来之不易的精英地位的组织传递了一个错误的信息。如果你奋力拼搏仅仅达到最低标准,那么即使你受到邀请前来尝试,你也将经历一段非常艰难的时期才能通过海豹突击队的初级训练。要变得有竞争力,你的目标应当明显高于最低标准,即使这意味着超越你认为的极限。

有很多锻炼有助于让你的身体变得健康。我热衷于一种被称为全面健身(Cross Fit)的开放资源项目,消防员、警官和很多特种部队人员都钟爱这项运动。近年来,整个行业已经成长起来了,有许多与此相关的书籍、录音带、网站和私人教练项目,其中只有少数是由前海豹突击队设计的。他们承诺引导学生接近海豹突击队所要求的健康水平,无论受训者希望加入海豹突击队还是仅仅是为了看起来像海豹突击队队员。其中一些资源是好的,一些并不好。事实上,你不需要花一分钱或是雇任何人。如果你希望成为一名海豹突击队队员,那么你应当做的是在你前来应试之前,使自己保持最佳状态。

在2分钟之内做75~100个俯卧撑和仰卧起坐,快速做12~25个引体向上,而不是仅仅勉强达到最低标准。做得少是"普通的",做得多是"最优秀的"。以高标准为目标,像一名海豹突击队队员那样。努力在8~9分钟内游500码,在9~10分钟内跑1.5英里。那样,一旦你进入海豹突击队的初级训练,你就不会为了仅仅通过体能基本训练而耗费所有的精力,你将保留精力来应对那些必将到来的所有精神和心理上的挑战。刚来的时候要保持健康、强壮和精力充沛，然后整装待发。

当人们问起的时候，我告诉他们，在学校里进行体育运动的确会带来优势。运动员知道如何鞭策自己，知道成为团队的一部分意味着什么。但是，我并不是说你不能从辩论队或是童子军那里学到类似的东西。

按照过去的经验，要成为一名海豹突击队队员，五种运动能提供非常好的基础：橄榄球、摔跤、长曲棍球、水球和铁人三项。那五大项目提供了训练、韧性和团队合作的理想组合。我开始打曲棍球和水球时，从未想到过海豹突击队，但是这些运动会使你变得更好。这些运动培育出的技能和心态，在未来的军事突袭行动中很有用。

但是，比试图分析背景模式和体育花名册更重要的事是知道自己对什么感兴趣。任何一个感兴趣的人，或是你的孩子对此感兴趣，作为父母都必须从一开始就意识到：这份工作需要你全力以赴。其中包含的全是奉献，它不仅仅是一份工作，它与你决定去做的其他任何事情都不同，你不能漫不经心地工作。如果你没有奉献你的全部，那么你不会做好，几乎肯定你不会通过训练。

初级训练期间，你将离开家人大概一年。在感恩节或是圣诞节，你可能会回家。除此之外，直到你毕业的那天，你也别指望见到家人。当你进入海豹突击队小组，你就处于高级训练阶段了。接下来的一年，你几乎都不能见家人。一旦被分配到一个排中并且被调遣，那么你一次要在国外待六七个月。即使所有那些困难都没有阻止你，请明白，不要认为这样做是为了挣很多钱。我们的工资级别以常规的海军工资为基础。与工作相比，我们的工资低得惊人。你有可能在世界上最危险的地带追捕基地组织高层首领，而挣的钱比一个麦当劳夜班经理都少。我们这些人确实因为具有潜水、自由下落和爆破资格而得到一些额外的收入。那些额外

的津贴是重要的,但是不足以使任何人变得富有。我们的总部或许会在豪华的科罗纳多岛,很多CEO和退休了的海军上将在那里都有豪华的房子。但是相信我,我们没有一个人能够很快买起那些房子。

的确,参加这个具有挑战性的兄弟会只有一个很好的理由:因为这一想法是如此引人注目,不能放弃。

我第一次申请成为一名海豹突击队军官时被拒绝了。

海军招募人员提醒过我。"别费神了,"在我前往锡拉丘兹市中心的办公室并打听此事的时候,他对我说,"从来没有一个申请人成为海豹突击队的军官。"

"你就照我说的做吧,"我告诉他,"不管怎样,让我交些书面材料。"

我的朋友都不是海豹突击队军官,因此我试着找到一些能够给我提供一些指导或建议的人。我给父亲律师事务所合伙人的姐夫打电话,他叫阿尔(Al),是越战期间的海豹突击队队员,退休时是一名指挥官。

"我是罗克·丹佛,汤姆·丹佛的儿子。"我告诉他,"你的姐夫皮特(Peter)是我的水球教练,所以我有你的电话。我要申请海豹突击队军官职位。我想知道你是否能给我一些建议,让我申请成功。"

阿尔用深沉、洪亮的声音回答我,没有一丝鼓励。"我姐夫说你或许会给我打电话,"他说,"我不想浪费你或我的时间。即使我和你通话,坦白说我也并不认为你具备一名海豹突击队军官的素质,我不会费神帮你申请的。"

然后他挂断了电话。

我不相信他会那样做。那段简短的谈话在我脑海里盘旋了一周左右,然后,我打电话给他。

"我就是想回复你,"当他拿起电话的时候我说,"我不想让这件事不了了之。我想我真的不需要你的帮助。无论如何我都要申请,因此不用费心了。"然后我挂断了电话。

两天后,他打电话过来。这次他笑了。"好吧,"他说,"你知道,你或许真的具有成为海豹突击队军官的素质,我们谈谈吧。"

我们谈话进行到一半的时候,他说:"你真的要厚着脸皮来做这项工作,这是些非常好胜和粗野的家伙。如果你要负责海豹突击队,你需要成为男孩中的男人并有一些独特的地方。我不能很快帮你完成这件事。这是你自己要走的道路。但是如果我能帮得上忙和解答问题,我愿意。这将是一次艰难的旅行。"

"太好了。"我说。这正是我感兴趣的原因。

他给了我华盛顿特区海豹突击队招募办公室的电话,以确保我提交正确的申请表。

锡拉丘兹的招聘人员负责体能测试。招聘人员给我做智力评估,这很像一次经过改良的高考,还有一个基本心理测试。招聘人员没有提供太多的指导,但是我并不很担心。我是一级大学运动员,身体非常健康。我成绩优秀,有教练给我写的令人印象深刻的推荐信,而且我有参军的强烈愿望。他们每年能招收几个像这样的候选人?

招聘人员将我的一套申请材料送到华盛顿。接着,一连几个月我都没有听到一点儿消息。大学毕业我搬到科罗拉多,那是我母亲居住的地方。我想无论如何我会接到电话,告诉我下一期海豹突击队班有一个军官的职位等着我。我夜以继日地锻炼。每天早上在落基山脉稀薄的空气中跑步,下午在健身房举重。每天晚上睡觉之前,阅读军事战略书籍,从丘吉尔到卡尔·冯·克劳塞维茨(Carl von Clausewitz)的《战争论》,克劳塞维茨非常生动地对"战争迷雾"提出了警告,还有杰出的中国战略家孙子(Sun Tzu)的《孙子兵法》(The Art of War)。我尽自己最大的努力来理解他们敏锐且具有挑战性的思想。拿破仑·波拿巴写道:"反复阅读亚历山

大、汉尼拔、恺撒（Caesar）、古斯塔夫斯（Gustavus）、蒂雷纳（Turenne）、尤金（Eugene）和弗雷德里克（Frederic）的战役。"这是"掌握战争艺术的秘诀"的不二法门。

　　丘吉尔也做了同样的事情："我订购了哈姆利（Hamley）的《战争的模式》（Operations of War）、克拉夫特王子（Kraft）的《给步兵的信》（Letter on Infantry）、《骑兵和炮兵》（Cavalry and Artillery）和梅因（Maine）的《步兵灭火战术》（Infantry Fire Tactics），还有很多有关美国内战（American Civil）、普法战争（Franco-German war）和俄土战争（Russo-Turkish war）的历史书。当时，这些都是我们最新的、最好的战争范本。"他说："我很快就有了一个小型军事图书馆。"

　　后来我收到了信。

　　信寄到加利福尼亚州父亲家里。"我实在不知道该怎么和你说，"他在科罗拉多与我取得联系的时候说，"恐怕你没有入选。"

　　他妈的。

　　这对我来说是一个沉重的打击。感谢父亲让我知道了这个消息，然后我告诉他我必须走了。"我不能总是打电话，"我说，"我需要多的训练。当再次提交申请的时候，我的状态必须更好。"

　　在最终加入梦寐以求的兄弟会之前，我等了一年。我只是继续埋头苦干，确保第二次会做得更好。我第一个电话打给了坏脾气的阿尔指挥官。

　　"嘿，我没有被选中，"我告诉他，"但是毫无疑问，我会再次申请。任何你可以告诉我的有关这一次如何才能做得更好的事情，我肯定会非常感激的。"

　　阿尔立刻精力充沛起来。听说我不想放弃，他似乎很高兴。这一次，他给了我几个有价值的、实际的建议。

"我的建议，"他说，"是你在科罗拉多总部做体能测试。在纽约的家伙也许做得不好。你将有机会见到一些海豹突击队队员。这或许有助于你宣传一下自己。"

我问阿尔他是否愿意给我写一封推荐信。听起来他有点犹豫。"我不想使你看起来像一个超级候选人，"他警告说，"我只是非常了解你。但是，好吧！"

我遵从阿尔的建议，在总部进行体能测试。实际上，我一周做了两次测试。第一次是在周二，时间安排得不好，我必须在半小时之内开上我那破旧的吉普车匆忙赶到那里。别找借口，但我真的是考砸了。

"我知道我的分数完全达不到你们的要求，"我对进行面试的上尉说，"那没有反映出我的能力。我向你保证，如果你让我再测试一次，我的分数会翻一番，我知道我能做到。"

上尉深吸了一口气，靠在椅背上。"我协调一下，"他说，"让一位教练明天给你做测试。但是我以明天的分数为准，无论分数更好还是更糟。"

"说的在理。"我同意了。

周三上午，我恢复了状态大获全胜。俯卧撑、引体向上、500米游泳，我做得甚至比我想象的还要好。"天哪，"负责测试的教练说，"第二天再来，毫不费劲地使自己进入状态，这真是令人钦佩。"

我的分数和阿尔的推荐信一起被寄出。一个月后，终于传来了好消息，我被佛罗里达州彭萨科拉海军后备军官学校录取。随后，我接到参加海豹突击队训练的命令。

现在，真正的工作即将开始。

第二部分 实践

七、良好的合作伙伴

记住：大家的命运取决于每个人的操行。

——亚历山大大帝

"海豹突击队。"戴帽子的人说。

没有海豹突击队一队、海豹突击队三队或其他任何海豹突击队。

只有海豹突击队。

这并不是那个在酒吧尽头搬动凳子的男人唯一让人觉得有些与众不同的地方。战斗靴、突击队夹克、飞行员墨镜，在一个郊区汉堡鸡翅小酒店停留一下，似乎没有一样东西是十分必要的。现在还不是万圣节，没有必要打扮成那样。

当他进来的时候，我们都出去吃晚饭了。

"你认识海豹突击队的人?"我问服务员。

她转了转眼珠。

"噢,是的,比利(Billy),"她说,"他把大家都吓跑了。"

"好吧,这是你的幸运之夜。"霍尔(Hall)长官告诉她。

冒牌的海豹突击队到处都是,这些人渴望别人的关注,或是渴望得到与海豹突击队有关的硬汉名声。其中一些人将这些要求转变为精心策划的、长达几十年的诡计。这或许不是世界上最糟糕的犯罪,但是对很多真正的海豹突击队队员来说,这种模仿并不是诚挚的褒奖。

长官派娃娃脸的艾里什(Irish)上前。

"请问,先生,"艾里什对酒吧里的海豹突击队先生说,"你是一名海豹突击队队员吗?他们是历史上最伟大的战士。"

这个人从啤酒杯里慢慢抬起头。"瞧,孩子,"他说,"别整晚缠着我。但是,是的,我是一名海豹突击队队员。"

艾里什的眼睛一下子瞪得很大。"我不会占用你太多的时间,"他保证,"你在哪个队?你干什么活?"

"我是他们说的爆破兵偶像,"那人说,"一个爆破专家,用炸弹杀人。我在海豹突击队C4队,来自康涅狄格州格罗顿。"

现在,康涅狄格州格罗顿确实有一个海军基地,潜水艇在那里下水。我能确定海豹突击队曾去过格罗顿,但是那里没有海豹突击队。C4是一种塑性炸药,不是海豹突击队的名字。

"饵雷,"这个大言不惭的人继续说道,"在小轿车、摩托车、房屋里和建筑物下面放置炸弹。"

"好的,"艾里什说,"我的朋友和我想请你喝一杯。"当艾里什回到桌边向我们讲述刚才的谈话时,那人朝我们这里点了点头。

服务员回来的时候,长官告诉她:"请给那边的比利一杯啤酒,告诉他这杯啤酒来自真正的海豹突击队战斗部队——不是某些虚构的废话。"

"非常乐意。"服务员说。

她送啤酒的时候，我们都看着。

那人自信的点头中掺杂着一点困惑，然后，他看起来极度恐惧。他再次瞥了我们一眼。我们都咧着嘴笑，挥了挥手。

他大概应该站起来离开饭店，相反，他躲到洗手间里去了。

罗恩(Ron)跟着他进去。罗恩是一名海军军士，身高6英尺5英寸，体重270磅，身材有点吓人。

没有暴力发生，我向你保证。但是不到一分钟，那个人就从洗手间跑出来，直奔停车场。他再也不戴帽子了。

由于这样或那样的原因，这顶帽子最终出现在我们办公室的墙上。战斗刀的刀刃卡住了帽舌。

"海豹突击队。"戴帽子的人说。

我到海豹突击队第四队报到的那天，我猜想我会走进弗吉尼亚州弗吉尼亚海滩小溪海军两用基地(Naval Amphibious Base)，几个年长的家伙将我拉到一边。"好的，"他们说，"这里全都是绝密任务。"到了第二天下午，我们会碰上一个紧急事件，前往波斯尼亚、阿富汗或索马里执行一些全世界对此一无所知的秘密任务。或许基本水下爆破训练的教练们对一些疯狂的举动保密，因为他们还没有对我们进行忠诚审查。如果他们将那些秘密任务告诉我们，他们就不得不杀了我们。

我知道，那些事现在听起来有些疯狂，但是海豹突击队的神话就是那么令人信服。

以前，在基本水下爆破训练中，教练反复问我们："你去东海岸还是西海岸?"作为一名新兵，你不会不加思索地选择你的第一次团队任务，但是

领导们试图协调人们的普遍偏好。你有可能在第一个团队待四五年，你去的第一个团队通常就是你总会认同的团队。我在西海岸花的时间比东海岸多，但是自从开始在东海岸工作，我总是认为自己是一名东海岸的海豹突击队队员。

两个海岸都有他们自己的特性和陈规陋习。二者都被随意地夸大，但又不是完全没有根据。东海岸的蛙人会说："如果你想染发、打排球玩冲浪，那么你无疑应当待在西海岸；如果你想打仗，去东海岸吧。"相信我，西海岸的海豹突击队根本不这么认为。他们认为他们付出了同样的努力。东海岸的海豹突击队只是从未学会释放和寻找乐子。公平地讲，西海岸的家伙们做的远比打排球多得多。

我申请去东海岸，被分配到第四队。

尽管我急于战斗，但是我们不会急匆匆地上战场。考虑到我入伍的时间，我没有任何急着要打的战争。这是9·11事件之前的日子。我们都不知道接下来会发生什么。反恐战争被搁置在某处，蓄势待发。美国还没有进军阿富汗或伊拉克。因此，我暂时留在弗吉尼亚海滩。目前，我的工作是让自己的体形保持的比其他任何人都好，尽我所能成为世界级的勇士。比任何人更加努力，更加平直地射击，更有效地炸毁东西，精准地潜水和跳伞，无论召唤何时到来，都为之做好准备。我一直希望召唤能立即到来，就算不是当下。

大多数时间里，我们都在进行一些刺激性的、喧闹的娱乐活动。每天早上醒来，我穿上伞兵制服，用剃须刀在脸上刮几下，在场地里和一群优秀的小伙子锻炼两个小时。某天，我们从场地后门出去，带着一艘快艇到切萨皮克湾，或是追逐船只，进行攻击训练。我们用一根绳子从直升机上快速滑落到船甲板上。我们玩绳索下降，在海滩上跑步。我们总是在训练，总是在旅行。我们在密西西比和北卡罗来纳州练习射击，在新港、罗得岛州潜水，我们进行爆破旅行。这就像你二十几岁的时候只和很酷的人一起去夏令营。我们晚上泡吧，每个周末在海滩上大吃烧烤。

实际上，这就像成为一个优秀的兄弟会成员。这是由世界上最优秀的人组成的俱乐部，或许是最后一个这样的俱乐部。弗吉尼亚海湾并不像圣地亚哥那样是一个全年度假天堂，它远不及圣地亚哥大。去弗吉尼亚东部沿海地区的一家咖啡店、酒吧或饭店，你一定会碰上其他几个你们队或是其他队的海豹突击队队员。但是即便那样，我们的体验也会很强烈。我们所做的一切都令人愉快。即使你愿意，你也无法摆脱这个团队——你为什么要摆脱这个团队呢？我们是年轻人，大多数人单身，尽情享受我们人生的巅峰时刻。

每当有点安静的时间，我都会再去阅读有关战争的经典著作。每个勇士都应该读。我钻研《尤利西斯·S·格兰特个人回忆录》(The Personal Memoirs of Ulysses S. Grant)和修昔底德的《伯罗奔尼撒战争史》(History of the Peloponnesian War)。我对两位杰出的天主教圣徒托马斯·阿奎那(Thomas Aquinas)和奥古斯丁(Augustine)的正义战争理论提出质疑。他们深思熟虑地思索关于战争何时在道德上可以接受这些严肃的问题。

"战争只能因为侵略者的不公正而成为正义的，"奥古斯丁写道，"对任何一个好人来说，这种不公正应当是悲伤的来源，因为这是人类的不公正。"

"一场正义的战争要具备三个条件，"阿奎那反驳说，"第一，统治者的权威；第二，一个正当的理由；第三，合法的意图。"

我贪婪地汲取古希腊人、苏格拉底、柏拉图和斯多葛派(Stoic)哲学家爱比克泰德(Epictetus)的思想。我阅读史蒂文·普莱斯菲尔德(Steven Pressfield)的《火之门》(Gates of Fire)，这部书已经成为现代勇士的经典著

作。每次我重读丘吉尔的著作,他的话听起来都颇有先见之明。

我还有一个意外的收获。事实证明,在我的职业生涯中,这一意外的收获对我有很大的帮助。在等待下一轮高级海豹突击队训练开始的时候,我被派往乔治亚州本宁堡的陆军游骑兵学校。我完全被他们折服了。为期两个月的步兵领导力课程与基本水下爆破训练有很大的不同,它们不是跳进跳出大海和进行划船比赛。这些未来的游骑兵背着沉重的背包,连续几天依靠饥饿的食物配给维持生命,行进数英里。提到步兵作战技能时,这些人都是令人惊叹的专家。我回到小溪基地时,那些训练给了我很大的帮助。从此,我一直骄傲地将游骑兵标牌佩戴在我迷彩服上衣的左肩上。

每周五下午回到弗吉尼亚,海豹突击队会以穿越首次登陆州立公园(First Landing State Park)并返回海滩的10英里长跑作为一周的结束。如果你是队伍里的新人,那么你必须在长跑中赢得你的声誉。一次,我们跑步的时候,一位名叫汤米的指挥士官长,同时也是一名富有传奇色彩的坚强的海豹突击队队员,对我们说:"你们这些年轻小伙子最好每次长跑都能赢。"我认为他不是随便这么说的。在下次集体跑步中,我们三个年轻人跑在了大部队前面。我之前从未连续10英里保持过那样的速度。这就好像我们将健身跑步压缩成了一小时全速跑。抵达终点时,我喘得非常厉害,几乎不能说话。

"刚才到底发生了什么?"我问我的朋友艾斯(Ice),"我们为什么跑的这样快?我们遥遥领先。"

"我不知道。"艾斯说。

"我也是,"我们的队友菲什(Fish)说,"我认为你加快了脚步,所以我也加快了脚步。"

海豹突击队从未错过一次竞争机会。如果没有什么好竞争的东西,

没关系,我们会凭空编造出点东西来。如果三名海豹突击队队员跑步,那么这就不再是跑步,而是一场竞赛。海豹突击队队员在临时组织的跳马比赛中也会争的流鼻血。对我来说,这种过度竞争的态度并不陌生。这让我重新回到了童年时代那次生日聚会的赛跑上。一些孩子永远不会长大。任何一个不想面对身体难以承受的挑战的海豹突击队队员最好是单打独斗,待在海豹突击队大篷车外面。你永远不会知道何时会发生一场大篷车争吵。

每个人都知道大篷车争吵的规则,只有一条:不许打司机、不许伤害司机,或以其他方式与司机打交道。此时,司机正试图拉着这些精力充沛的男孩去潜水、跳伞,或是进行其他训练。

在移动的大篷车里,争吵的关键是什么? 这么说吧,当无聊、好斗、块头过大的男孩被迫紧挨着一坐就是几个小时,他们已经过剩的睾酮就会处于失控状态。有时,他们只是难以自制地动手打架。

我想普通人不会和同事一起做这些事情。显然,我们在很多方面异于常人。

海豹突击队在大篷车里的争吵不是开玩笑。这种争吵通常会导致牙齿断裂、肋骨折断和各种擦伤。有时,上级军官会努力使每个人平静下来,但是当八个或十个疯狂的"幼兽"在拳打脚踢、掐脖子,互相在对方嘴里掏,那就祝他好运吧。抓头发、抠眼睛被认为不像男人,但是我看到二者都派上用场了。

几乎由于任何原因,或是根本没有任何原因,大篷车内的争吵就会爆发,如有人打翻了饮料、路途漫长无聊,或是一些愚蠢的争论——最好的喜剧片到底是哪部? 足球运动中最糟糕的防线是什么? ——变得只是有点激烈的时候。有时,一些恶毒的长官会回到座位上,大声喊:"大篷车争吵!"只是为了看看他的手下都是怎样的人。

等你成为上尉或排指挥官时,你就会希望避开这种争吵。但是,当我是海豹突击队第四队的一名年轻少尉的时候,我从头至尾都是这些争斗的一员,而且是起重要作用的战斗人员。

这都只是海豹突击队文化的一部分。当这些新人适应了第四队的生活,老练的队员就会不断地出谋划策。这就像你从你哥哥或疯狂的叔叔那里学习人生课程。在酒吧斗殴中,如何控制你自己:"先出手,狠狠地打,准备好离开。"在女人面前如何表现:"与脱衣舞女约会,但是不要与她们结婚。"一些建议是明智的,一些建议只能让你轻易地被杀死。

所有这一切背后潜在的信息就是海豹突击队兄弟情谊的超凡力量和重要性。似乎对任何问题都有一个特殊的海豹突击队式的回答,你最好知道答案是什么。一天,我和我的三个导师在训练室里,这三个导师在这个小队里待了很长时间。我抓起一本电话簿。

"你干什么?"乔斯(Jos)问。

"我刚买了一辆道奇2500柴油皮卡,"我告诉他,"我想在上面装一个罩子,这样可以把我所有的装备放到里面。我不想要一辆敞篷皮卡。"

"知道了,"他说,"但是你拿着电话簿到底想干什么?"

这是谷歌时代之前的办法。"我还能在别的什么地方找到卡车罩子吗? 我在找卖罩子的地方。"我说。

"让我告诉你,"乔斯说,"地球上最好的电话簿就是海豹突击队。合上电话簿。"

我合上电话簿。

"袖手旁观,年轻人,"他说,"让我证明给你看。"

他拿起电话,而我坐在那里。他给第八队的高级军官打电话。我听到他说:"这是二级准尉乔斯。我需要你通过1MC广播一些事情。谁有给卡车后部装罩子的联系方式,这是我的号码,让他给我打回来。"

他挂断电话，但没有停下来。他给小溪基地其他的团队——二队和四队的高级军官打电话，发布了相同的信息。"给我打电话。"他说。

他刚挂了最后一个电话，电话铃就响了。

"是的，我是乔斯，"他说，"好，给我他的号码。他在哪？弗吉尼亚海滩大道和独立城拐角？太好了，谢谢！"

他挂断电话，看着我就像看着一个孩子一样。"好吧，准备好抄写。"他说的时候，我取出一张纸，他把电话号码给我复述了一遍。"吉姆（Jim）是我朋友比利的叔叔，"他说，"他在街角卖罩子，队员半价并免费安装。他现在在等你，去吧。"

自此之后，事实上，我想凡是我需要的一些东西，都能通过海豹突击队获得。

但是，我在小溪基地不单单是为了学习海豹突击队的文化，增强竞争性。如果没有获得三叉戟徽章，那么你就不是一名海豹突击队队员。

这枚闪闪发光的金徽章告诉全世界：美国海军海豹突击队。我们还没有获得。

特别作战资质勋章（Special Warfare Insignia），它的正式名称是海豹三叉戟徽章（SEAL Trident），是美国军队中最为广泛认可的战争专业徽章之一。一只金鹰抓着一个老海军锚、一支三叉戟和一把燧发手枪。有时，你会听说海豹突击队把三叉戟称为百威徽章，它确实有点像另一个强大的美国机构的著名徽标。

不管叫什么名字，那枚小小的三叉戟徽章都充满了象征意义。那个古老的船锚提醒海豹突击队他们的历史可以追溯至第二次世界大战期间勇敢的水下爆破队。三叉戟，海神（Neptune）或波塞冬（Poseidon）海洋之王的权杖，强调了海豹突击队与大海的联系。鹰，美国自由精神的经典象征，指的是海豹突击队从空中迅速进入水中的能力。鹰的头低着，这意味

着海豹突击队的谦逊。翘起的准备射击的手枪,指的是海豹突击队在陆地作战的能力和意愿。传统、海洋、天空、陆地浑然一体,成就了海豹突击队。

1970年首次颁发三叉戟徽章时,银色的发给士兵,金色的发给军官,但是那种区分很快就被取消了。现在,每个人都是金色的徽章。这是为数不多的在一个单一等级上颁发的徽章之一。但是即使这样,也是有含义的,它强调了海豹突击队的军官和士兵是如何肩并肩地训练和作战的。

在获得我的三叉戟徽章之前,我必须通过最后一个障碍——三叉戟徽章资格考试。这是一场笔试,随后还有一场集中口试和一场操作考试。我并不是说在这次考试中我遭受的折磨和"地狱周"一样,但是这是一场艰难、严格和紧迫的考试,并持续了很长一段时间。然后,我生命中最好的时光来临了。

父亲和弟弟坐飞机来到小溪基地,很多其他即将成为海豹突击队队员的家人也来到这里。这是三年多来我梦寐以求的一天。那个星期五上午,我们全队集合,进行一次格外艰苦的体育训练。我们沿着小溪基地的O形训练场跑了一圈。当家人在海边一边等我们一边吃茶点的时候,我们又进行了一次10英里长跑,穿过州立公园最终回到海滩上。你知道我们都会潜水,那些已经获得三叉戟徽章的人穿着短裤和脚蹼跳入水中。我们这些新手继续穿着全套的迷彩服,到海滩上进行最后一次游泳。对我们三个人来说,游泳让人倍感精神。

即使知道这一天很特别,但是从海里出来的时候,我们还是没有完全做好准备迎接我们的祝福。第四队的指挥官在海滩上等着我们,队伍里每人都叫他Father War。与他站在一起的是军官和士兵,是我们整个团队,家人们站在他们的后面。

Father War是我们这个共同体中的超级传奇之一。他是前海军陆战队军官,36岁时参加了海豹突击队的训练。在一次自由下落跳伞中,他失去了一条腿,但是就这也没能使他落后。他给假肢装上脚蹼去游泳,用这条与众不同的腿穿上鞋去跑步。他继续指挥几乎每支海豹突击队的战术分队,退休的时候他是一名海军上校。他关于如何领导下属的课程鼓舞了我,我为自己设置了很高的标准。

我们站在及膝深的水里等待着,与此同时,指挥官和我们一起站在水里。他发表了关于成为这个兄弟会一员的非常感人的讲话。

"赢得你在这个勇士共同体中的地位,这是一项挑战,一项艰难的挑战,"他说,"你们训练非常刻苦,表现出难以置信的奉献精神。现在,你们成为这个兄弟会的成员,真正的工作开始了。你们为自己赢得了三叉戟徽章,现在你们是真正的队员了。"

"这些三叉戟徽章被打磨得如此金光闪闪,原因只有一个,"他继续说,"因为每个人都不去玷污它,恪尽职守,没有辜负那种期待,每个人都照顾到了别人。这个国家依靠你们去做那项工作。那不是一句口号,不仅仅是你在海报上读到的内容,那是真实的。"

站在那里,完成了一些最艰难的训练,加入了美国勇士这个独特的群体。我知道我们所有人都能感受到这份荣誉。我可以肯定Father War也确信这一点,这是对全体人员简单的,但却表达完美而诚挚的欢迎。他沿着我们这一排人走下去,将三叉戟徽章别在每个人迷彩服的上衣上。我们的家人在一旁骄傲地看着,队伍里的每个人都走上前与我们握手,与我在其他人那里的握手一样真诚。它让人感到非常非常特殊,既是祝贺的,也是严肃认真的。那时,在这个精英兄弟会中,你是一个成功的人。我感到骄傲和它的重要性。

迄今为止,能与Father War一起开始我的海豹突击队生涯,我感到非常幸运。他对我们所有人都非常感兴趣,大大小小的问题都能应付自

如。在一次难忘的粗暴的大篷车争吵之后，管束我们的责任甚至一度落到了他的身上。汽车坐垫被撕开了，车窗被打碎，门被撞落。在这次前往肯塔基州诺斯克堡进行陆地作战训练的特殊旅途之后，他要求见见B排的三名军官。

"你们这些人有成为第四队最优秀排的希望，"他说，"但是，与我见过的任何白痴相比，你们破坏的车最多，用的时间最短。无论如何，你们弄坏的下一辆车——我不管是否是当你停车的时候有人破门而入——你们三个人自掏腰包修理。现在滚出我的办公室。"

很大程度上，是Father War让我成为一名军官。他的指导、经验、洞见，他对创造性观念一贯的接纳态度以及他亲身实践的指挥风格——我与他在一起的这段时间改变了我的人生和职业轨迹。

其他事情也是有条不紊。被B排选中，我感到很幸运。排长B确实是最后一个干净利索的超级英雄。他和天天管理B排的军士长霍尔，两人都是有创造力、紧迫感，决心把事情做好的人。

长官和年轻的少尉之间有一种特殊的关系。从理论上讲，从他宣誓任职的那天起，一名新上任的少尉的级别比士官中最资深的长官的级别还要高。但是，在美国海军中，没有一个长官会和像我这样的少尉废话。

尤其是霍尔长官。他在这里待得太久了，非常了解海豹突击队日常的实际操作。与他一起服役的每个人，军官和士兵，都忠于他。他用古老的方式赢得了大家的忠诚。他非常擅长照顾这些男孩，确保我们都有最新的装备和很好的仪表。他知晓这个体系内的行情，能得到我们所需的一切。他总是确保将最好的新人招到他的排里。

B排刚刚完成一轮现役的换防，他们损失了几名成员，包括在一次训练中跨出距水面180英尺的直升机而丧生的那名队友。他们必须招一些新人。长官召集了一个令人惊叹的团队。蛙人是你所见过的最有战斗力的狙击手和野外作业专家之一。你不会希望他们在森林里或是丛林里追踪你。我们在海里进行2英里游泳时,他是队里唯一一个不戴脚蹼游泳的人,但他第二三个就到达终点。

埃迪(Eddie)是一名长得好看的古巴裔美国人,他一直都是班里的开心果。他总是爱开玩笑,给其他部队的指挥官打骚扰电话——这是无伤大雅的特长,但是很滑稽。排里有一半的人都是通过埃迪才见到他们的妻子的。他是世界上最好的僚机驾驶员。

艾里什和托罗(Toro)是排里的两位年轻人,高中毕业仅仅一两年。他们不算矮,不足以当蓝精灵海豹突击队队员,但是他们确实也不高大,身材并没有成为他们的障碍。就是这些年轻的小伙子们抬着沉重的M-60机关枪,穿过森林,跨越河流,翻越山岭。他们具有伟大的人格魅力,每个人都喜欢他们。如果他们没有放弃的话,他们就是来自基本水下爆破训练的那对双胞胎。

桑尼(Sonny)和乔希(Josh)是肌肉结实的典型的海豹突击队队员,招募海报上的那种身强力壮的样本男。桑尼是一名爆破专家,他身上的脂肪非常少。在冷水中,他真的会沉下去。我从未听过他抱怨过任何事,一次也没有。至今,酷的诠释——那就是桑尼。乔希爱好交际,有趣、热情而好斗。他就像一条猎犬,总是在追逐自己的尾巴,对朋友非常忠诚。当你看到这两个家伙端着机关枪跑向你的时候,你不会希望自己是他们的敌人。

费斯·曼(Face Man)似乎擅长任何事情。他是一名天才射手,体格非常好。他擅长制定战术,每次跳伞着陆的时候,他都离X点更近,但看起来他根本没怎么努力。他是一名军官。作为一名军官,我喜欢他,也想杀了他。我经常说:"费斯·曼,你说得对,但是请你闭嘴好吗?这样我们就能继续干我们的了。"他是我最喜欢的朋友之一。

泽西(Jersey)仍然是我最好的朋友。他整个儿就是一个无拘无束的人。他在隆冬季节穿凉鞋,会弹吉他,酷爱冲浪。他有时会去印度蒸汗屋,做一次寻梦之旅。他是少数几个能找到办法规避海军规则留胡子和长发的人之一。他爱哈哈大笑,极富感染力。他非常聪明,如果你是泽西的朋友,那么他能为你做任何事。

泽西伪造了一些文件,以便进入高级驾驶课程班学习。这门课程是专门留给有专业驾驶经验的候选人的。一名学员学过六门战术驾驶课程,另一名曾在美国全国汽车比赛协会(NASCAR)开车。当老师问起泽西驾驶证书的时候,他有备而来。

"我来自新泽西。"他回答说。

老师抬头又看了他一眼时,泽西接着说:"7A出口。"

我们几乎做任何事情都在一起。B排的所有16个人开车去肯塔基州诺斯克堡学习为期六周的陆地作战课程。一天晚上,我们一群人一起去路易斯维尔一家名叫Have a Nice Day的酒吧。我喝我通常喝的瓶装水,埃迪与在场的每个年轻女人跳舞。他的舞伴包括一个个子高高的、非常漂亮的、充满朝气的大学生和她的室友。

埃迪看到我在东张西望——没有看他,他朝我挥手示意。

"我让我的朋友D过来,"他对这个名叫特蕾西(Tracy)的年轻女人说,"我想让你见见他。"

她知道该怎么做。她事后告诉我,好吧,她心想,这就是长相平庸、身材走样的壁花朋友出现的时候。我敢肯定这个D将会是一个真正的意外收获。

说实话,我一点准备都没有,我知道她也没有。我刚刚结束一段我生命中最糟糕的关系。她当时仍处在一段糟糕的恋爱关系中,周五晚上出来与她的朋友一起跳舞。

我走过去和她一起跳舞。从那一刻起，我的眼中就再也没有别人了。"你整晚都在跳舞，"我对她说，"有时，喝一瓶水也不错。"我们在酒吧时她的一个朋友走过来。我不知道她是否是喝醉了，还是妒忌，还是别的什么。她说："你知道，她有男朋友。"

我毫不在意，他不在这里。

那晚聚会结束后，其他七个人和我一起开车送这个年轻的女人回宿舍。在我朋友的注视下，我和特蕾西走下货车。不知是什么让我如此狂热，就在货车外面，我拉起她的手，像上世纪的绅士那样亲吻了她的手。我之前从未这样做过，之后也没有。从她看我的眼神中，我知道我的行为起了作用。我想我在朋友面前的这个计划之外的动作算是我的第一次约会。

我们进展得很缓慢。我们给彼此打电话。我去肯塔基州看望特蕾西。春假的时候，特蕾西同意来弗吉尼亚海滩看我。我想那是一个好兆头。

但是，就在她即将抵达的那天，因为要进行训练演习，B排处于戒备状态。像那样的训练会花费一天、一个晚上或是一周，甚至在首次到访前，特蕾西就了解了与一名海豹突击队队员在一起的生活会是怎样的。

我不得不很快通知我的伙伴，要他去机场接特蕾西。"你好，我是罗克的室友。我很抱歉地告诉你，他正在野外训练，周三以前他不会回来。我把你安排在我们的宿舍里，除非你宁愿回家。"

特蕾西留下了。自那以后，我认为我每天都是幸运的。

八、和平时代的勇士

最有力量的两个战士：一个叫耐心，一个叫时间。

——列夫·托尔斯泰（Leo Tolstoy）

我想警官并不喜欢我的态度。

"护照。"他用西班牙语说。

我把车窗打开2英寸，把护照复印件递给他。我确定车门锁了。

"下车。"警官命令并怒视着我。

"不。"

砰！他用警棍敲我的车门。

"绝不。"

我们在厄瓜多尔给当地军队教授战斗技术。这是我们作为美国南方司令部（U.S. Southern Command, SOUTHCOM）待命排的一项任务，帮助南美国家建立反恐部队。执行这项任务的有艾里什、我和其他九名队员，没有人知道我们在瓜亚基尔。我们的合作部队，厄瓜多尔海军提醒过我们，当地警察一直都从外国佬那里敲诈巨额贿赂。如果有任何问题，海军队长说，立即打电话。

艾里什和我刚刚离开他的司令部，开车回我们的旅馆。

"如果你不下车，我们就开枪。"表情严肃的警官威胁道，并掏出了枪。我的手慢慢移向内藏式腰带皮套里的 SIG Sauer P226 手枪。当时，警官的搭档通过电台呼叫支援，用猎枪指着我们。慢慢地，艾里什摸到了电话，给厄瓜多尔骑兵打电话。他大腿上放着一个双肩包，里面是一把小型 Heckler & Koch MP5-SD 冲锋枪。只要区区两秒钟，冲锋枪就能到艾里什的手里，把周围的人都解决了。

"不。"我再次对警官说。当时，又有两辆警车停了下来，我摸到了冰冷的枪托。

我一直想知道，被海豹突击队救援的感受是什么？一个突击队从门口冲进来的时候，作为一名戏剧性地从一个肮脏的外国监狱冒出来的美国公民，或是一个绝望的人质，这感觉是什么？那天晚上在厄瓜多尔，情况并不完全一样。但是，我的确喜欢看到后视镜里的一切朝着有利于我们的方向发展。

那是一辆大大的敞篷军用卡车，载着35个厄瓜多尔海军士兵从街角呼啸而来。他们挤在车后部，戴着头盔穿着防弹衣肩并肩地站在一起。还有6个人，有的拿着机关枪，有的紧握着大砍刀，在两边踯躅不前。

卡车砰的停住，正好停在第一辆警车前面。

士兵跳下卡车，冲向那5个当地警察，对他们拳打脚踢，用枪托打他们，粗暴地将这些寡不敌众的警察推倒在地。这就像旧式飞车电影里的情节，用战斗靴踢他们的屁股，使这些措手不及的警察浑身是血倒在地

上,很难想象他们刚才还颐指气使地走来走去。

"你们选错人了。"我听到队长说。

当他走向货车的时候,我放下车窗,松开了手枪。

"我相信这种事不会再发生了,"他用几乎完美的英语说道,"平安回家吧。"

我们的第一次海外部署是去波多黎各赛瓦罗斯福路海军基地,我们是美国南方司令部的待命排。我们负责中南美洲以及加勒比地区共19个国家,足足占全世界领土的1/6。墨西哥南部和火地岛北部发生的任何事都是我们的工作任务。

我们投身于美国的毒品战争,教授当地人如何搜查船舶以及其他一些反走私的军事行动。我们利用现代的反叛乱技术训练他们的部队,包括那些胸怀宽广的厄瓜多尔海军士兵。我们密切关注哥伦比亚革命武装力量(FARC)游击队、秘鲁的光辉道路游击队(Shining Path)以及各个地方的国际毒品走私贩。我们像疯子一样,继续保持我们自己的训练。

美国并不是与这个地区的所有人开战。我们还不知道,但这是我们在和平年代成为特种部队战士的最后一个大好机会。那并不意味着这一地区是安宁的。很多坏人都在外面闲逛,他们只是没有被组织起来进行一场合法的战争。在Roosey路(大家都这样叫我们的基地),我们与哥伦比亚、厄瓜多尔、智利、玻利维亚、特立尼达和多巴哥及其他国家的军队合作,分享我们的战斗经验,并且总是试图保持低调。

我们教当地的特种部队装配炸药,策划突袭,更精准地射击。他们的技术差异很大。哥伦比亚士兵博闻多识,厄瓜多尔士兵心存感激但是缺乏经验,智利士兵善于陆战但不善于水战。

无论去哪，我们都穿着便服。我们尽量不在公共场合亮出我们的武器。我们编造精心设计的托词，来解释为什么十几个二三十岁体格健美的美国男人会在圣地亚哥、基多或波哥大的商务酒店里逗留几个星期。在哥伦比亚沿海城市卡塔赫纳这个充满乐趣的地方，我们放出话说，我们是来自北美洲的一群足球教练，在这里切磋我们的技艺。我猜没人会相信我们。

"我会保管你的枪，直到你和那个漂亮的哥伦比亚女人跳完舞，"晚上在酒吧里，我必须和不止一名队友这样说，"我不想她拍你腰的时候感觉到有金属。谁是那个在酒吧远处角落里监视你们的人？"

在整个地区，都是如此。表面上有趣又友好，但是空气中弥漫着危险。

卡塔赫纳是一个看似美丽的海滨度假胜地，这里是毒枭、游击队头目、国际贸易运营商的家园，守法的、不守法的都有。他们很容易就混迹于海滩和饭店。有很多钱在四处飘浮。有时，在没有特别警告的情况下，真正的麻烦就会突然找上门来。

我们酒店对面的自动取款机在一次大爆炸中被炸毁了。几名队员刚从那里取钱回来，从那时起，我们都在银行里面处理所有的业务。

一天下午，桑尼、我和艾里什坐在出租车里，我们觉得可能被跟踪了。

"在下一个转角左转。"我用西班牙语告诉司机。一辆黑色的奔驰车一直跟着我们。

"右转再右转，现在加速。"我说。

司机按照我说的做了，但是奔驰车仍然跟着我们。即使此刻，我们的路线是毫无目的的。当时，我们的司机看起来非常惊恐。

我们在红灯前停了下来，眨眼间，桑尼跳下出租车，冲向司机的车

门。他猛拉开车门，将受惊的司机推到另一边的座位上。正当司机疯狂地喊着"不，不，不"的时候，桑尼抓住方向盘冲过卡塔赫纳人群拥挤的街道。

几个快档和急转弯之后，奔驰车不见了踪影。我们下了车，付给司机三倍的车费，然后迅速消失在人群中。

在整个地区，做每件事情我们都需要一些小技巧。

如何使爱打探的接待员猜不透——换酒店，如何在不熟悉的社区找到我们的路——带一个可靠的当地人。在我们之间，也需要以一种方式来谨慎地交谈。

我们所有人都在努力学习基本的西班牙语。我们达到了一定程度，只要人们慢慢地说，我们就能与当地人相当好地沟通。但是，如果他们说得很快，瞬间我们就会傻了眼，再次不知所措。

"如果我们反其道而行之会怎样？"桑尼建议。

这是个聪明的主意。当不想让别人听懂我们说话的时候，我们不会使用只有我们懂的暗语或复杂的代码，我们只是很快很快地说英语。

"看看那个站在街角穿黄衬衫的家伙，我想他手里有一把枪。"我不确定五角大楼的密码破解专家是否会惊诧于我们的创造力。但是，我们能使那些词在半口气之间就说出来，只有一个英语非常流利的人才有可能听懂。

在我们离开智利的两天前，智利海军特种部队为我们举办了一场送别烧烤会。这是他们对我们给予他们战术和爆破训练帮助说谢谢的方式。

烧烤期间，弗洛格（Frog）和杜克（Duke）与他们的一位高级指挥官展开了激烈的讨论。这位指挥官一个劲地控诉美国。按照他的说法，在过去的200年里，华盛顿导致了这个地区的每个灾难，今后仍然还会有一些大的灾难。

对于这个人的批评，弗洛格和杜克并不很感兴趣。实际上，几乎动用了全队的人才把他们控制住，避免冲突转化为打架。

但是这些男孩最终还是表明了自己的看法。第二天晚上，海豹突击队和智利特种部队为高层人员进行最后一次联合演习。我们仍然对昨晚抨击美国感到愤怒，收集了大量的C4炸药、导火索、烟剂、特大的炮弹，整个基地所有的炸药，然后杜克邀请一位智利最高海军上将来点燃水下炸药。

"你愿意按动开关吗，阁下？"杜克问。

在炸药引爆的一瞬间，一股高达150英尺的水柱从海洋射向空中，足以震碎六七家商店的窗户，轰鸣声震耳欲聋。我发誓，500条休克了的鱼浮到海面上来。

"我们本来打算把所有多余的炸药留给你们，"杜克非常满意地说，"但是昨晚之后，我们决定把它们全部炸掉。"

是的，我们有工作要做。加勒比海滩真的很完美，海水清澈透明，比圣地亚哥海湾甚至弗吉尼亚海滩要暖和得多。我们"去捉虫"，就是用手捞取龙虾。从Roosey路出发，离圣胡安的夜生活只有一段很短的车程。基本水下爆破训练的记忆并未走远，我们在一个废弃的干船坞上建造了适合于海豹突击队的超越障碍训练场。

我们在弗吉尼亚的上级似乎远在千里之外。

作为一名初级军官，我开始发号施令。"喂，柴油，指挥这项任务，"排指挥官B经常告诉我，"这是你的。"

"谢谢，兄弟，"我说，"我正在跟进。"

这可能是一些不重要的事情——在丛林里的一次训练演习或是登船搜查毒品，但是我负责此事。我喜欢那种感觉。几个月过去了，我不知不

觉成了团队的领导。霍尔经常保护我,以惯常的资深长官—年轻军官的方式保护我。他并不是听从年轻人的指挥,更像是在培养我,使另一名初级军官逐渐学会领导和训练士兵。我们之间的信任,不是金钱、军衔和学院所能换得的。在此之前,如果我把事情搞砸了,我总是耸耸"少尉的肩":"我是一名新少尉——我知道什么呢?"

但是作为一名部署官和海豹突击队第四队的成员,霍尔长官监督我、批评我。慢慢地,我希望知道我在那里做了些什么。我代表我的国家、我的排、我的团队,最好不要把事情搞砸。

"看,"霍尔长官说。当时,他正将货车开过一条泥土路,开往海湾远端一处灌木茂密的地方,"我知道你们还缺乏经验。我不想给你们施加额外的压力。但今晚游泳,你们不光背着一个双肩包,还背着B排的声誉。"

没有压力? 谢谢,长官。

这辆货车是辆一文不值的丰田85,浅色窗户,左尾灯已坏,本地车牌,一个塑料的圣母玛利亚像挂在后视镜上,调频广播播放着某种拉丁音乐——梅伦格舞曲,我想是。这辆货车的全部意义在于,混入社区,带我们到水边而不引人注意。实际上,两个穿着潜水衣、长相有点吓人的男人很快就会在夜深人静之时潜入宁静的海湾。

"蛙人任务是我们的传统,"长官严肃地说。即使20年过去了,他的声音仍然像新泽西北部的沥青一样沙哑,"可以追溯到二战期间那些清理奥马哈海滩赤裸的勇士。"

"是的,长官。"托罗说。

"那些人甚至没有穿潜水衣,"长官继续说,"他们在身上涂上油脂,在脸上戴上面具,腰带上系上刀具。他们不知道德尔格是什么。他们带着他们需要的任何爆破器材,清理海滩,使登陆部队上岸。"

"我们知道这个故事。"我说。

20年的职业生涯中,霍尔长官是一个强大的人。我们是他带的第六个排。他全身都受过伤。在一次自由下落事故中,他摔碎了一个膝盖。他的一只脚踝受过五次伤。他努力挺直背部,但他很难像他喜欢的那样与这些男孩们一起奔跑和射击。这么多年来,他辛苦努力,付出了代价。但是,尽管这样,没有什么能像这个大胆的任务一样使他精力充沛,他希望、祈祷年轻的托罗和我能以某种方式成功。

我们是新兵(Fuckin'New Guy, FNG)。我最终发现,"新兵"这个词一半是侮辱,一半是差强人意的爱慕之情。我们最近才赢得三叉戟徽章。对我们两人来说,这是我们的第一次行动部署——无论从时间上,还是从地点上来说,都是第一次。我是海豹突击队第四队资历最浅的军官。托罗刚离开学校不久,看起来他还需要妈妈的忠告。如果你开一家酒吧,你肯定会要求他出示身份证。

但是那晚穿上黑色潜水衣,把脸涂黑,戴上黑色的潜水面罩,套上黑色的脚蹼走下货车的时候,我们看起来的确很勇猛。我检查了一下我背包里的水下爆破弹,一切正常。这些水下爆破弹被精巧的小磁铁固定住,只等我们准备好将它们利索地拿出来,娴熟地安放到停在海湾另一边大船的钢板上。

"在水中你们都很强大,"就在我们跳入水中之前,长官说,"你们是野心勃勃的家伙。所以,去吧,大胆进取,你们必须付诸实施。"

随后,托罗和我拉下面具,开始了这次穿越海湾的路途遥远的、悄无声息的游泳。我们采用经典的蛙人预备游泳姿势。我们在训练的第一周就学习了这种水下侧泳姿势,之后几乎每天都会练习。这种姿势使我们游很远的距离,而且不会激起太多的水花。我们知道,从海湾伸出一个混凝土码头,离我们不足1英里远。我们的目标船只就停在那里,尽管现在

我们还没有看到它的轮廓。

"这次任务不能出错。"离开岸边几码以后,我低声对托罗说。

"可能是我们第一个和最后一个军事行动,"他同意,"海豹突击队历史上两个从业时间最短的军人。"

易击中的目标(sitting duck),这样叫是有原因的。在敌方水域里游泳是一名勇士可能碰到的最易受攻击的地方之一。你被发现的时候,权力平衡变得对你极为不利:坏人在你上面,你在下面;他们有掩护,你没有;你会被击中且完全没有机会回击;如果你设法在水下潜水,杀伤人员手榴弹很容易就会找到你。迄今为止,蛙人最好的防御措施就是没被发现。被发现通常只是被杀死的另一种说法。

我们的水下呼吸设备使潜水更加容易,它能让我们潜水而没有气泡浮上来。没有人有机会看到我们,即使是用双筒望远镜或是高倍潜望镜朝我们这边看过来也看不到。但是这次游泳我们没有带德尔格。

托罗和我游到半路的时候,我们终于能够看到码头远处目标船只的轮廓了。今晚并不是满月,但是月光足够使我们看清一些东西。一排高瓦数的探照灯布满整个码头。

即使从这个距离看,这艘船也很大,比我俩想象的都要大。在码头的映衬下,这艘船高大、神秘和不祥。船尾的舰楼拔地而起,像一栋组合式的公寓大楼。国旗在船头迎风飘动。除了一架起重机和一些大型机械设备外,甲板上几乎空空如也。像那样的船能拉满满一船的设备。

托罗和我决定,余下的路程采用仰泳姿势,那样会更加安静。躺着游泳,只有涂黑的脸浮在水面上。我们有力地、平稳地划水。

就在这时,我们找到了第一个幸运突破口。在目标船只和海岸之间的码头,我们发现有两盏探照灯灭了,在整个海湾中留下了一条清晰的暗道。对我们来说,这就像是一个极好的入口坡道。

在黑暗的掩护下，没有人发现我们离船越来越近。很快，我们就靠近船只，足以听到码头上哨兵的声音了。

"有什么动静吗？"其中一个问。

"什么也没有。"另一个说。

他们想必是在谈论我们。

我们沿着那条黑暗的水路游泳，一直游到大概离船头300码的码头下面。

夜晚，在码头下面总是让人感到可怕，然而对两名寻求冒险的海豹突击队队员来说却是一个绝好的环境：桩基在水面留下倒影，光柱从上面射下来，穿过格栅，潮涌产生回声。在我们最初几个周的蛙人训练中，好像我们所做的都是在令人毛骨悚然的树林和水泥码头易受攻击的区域游进游出。这一次却与众不同。我发现了几张被藤壶撕破的旧渔网以及一个破损了的半开着的蟹笼，这很容易刮破游泳者的潜水衣。我们能听到头顶的脚步声和说话声。

那些哨兵都处在高度戒备状态，积极地寻找着我们。

夜晚的船只有它自己的节奏和特别的心跳。尤其是在港湾中，这么大的船听起来就像一个有生命的东西，好像是在和我们说话。船只碰着码头上的橡胶防护垫，发出咯吱咯吱的声音；一个巨大的污水泵正在喷着污水；燃油管流淌着柴油；机械发出吱嘎声，就像人体消化的声音；船上传来钟声、汽笛声和呼喊声；海鸥和其他海鸟在远处嘎嘎叫着。

我们想到船尾去，那里有螺旋桨、推进装置、发电站和发动机。炸药在那里爆炸，损失将是灾难性的。码头的那一部分碰巧也被点亮，就像周五晚上的高中足球场一样明亮。

我和托罗决定最好采用传统的方法。我们必须在水下游泳，从一个桩基到另一个桩基，在码头下面慢慢地前进。每个桩基相距30码，我知

道,如果视线清晰,我们有足够的肺活量轻松地游两倍于这个距离的路程,但是这里漆黑一片,如果偏离哪怕一点点,我们就会完全暴露。

"不成功便成仁。"托罗耸耸肩说。

我们深吸几口气。我说:"听我的命令,1、2、3。"托罗和我在水下滑行,我们手挽着手游泳,不想冒失去对方的危险。我们瞄准下一个桩基,期待着最好的结果。以用力拉手臂作为信号,我们同时浮出水面。我们很完美地到达第一个桩基。到第二个的时候,我们只偏离了几英寸,但不算太糟。然后,我撞上了下一个桩基,碰到了我的右肩和头部。

啊,那真疼!

使旅程变得更加艰难的是,每隔大约五分钟,就有一辆小渔船在这里盘桓一圈,使用远光探照灯在码头下扫射。

每到这时,托罗和我就不得不再次屏住呼吸,迅速躲入水下。只有当小船走了,我们才能钻出来喘口气。

一次,我刚浮上来就看到搜索船朝我们开来,我拉着托罗一起猛地沉下去。这就像我们再次回到了海豹突击队的训练中,在战斗训练坦克中进行水下打结训练。从那以后,那些被迫的憋气训练并没有变得更加容易。

我看不到托罗脸上的表情,但我清楚地知道他在想什么:"我想杀了你,先生。在这里我快没有氧气了。"

又过了几个桩基,我们到了船尾附近。

"从背包里拿出水下炸弹,小心地将它安放在适当的位置。"我低声说。

在距离船体几英寸的地方踩着水,托罗从我的背包里拿出水下炸弹。他又憋了一口气,向下潜游,轻轻地将炸弹放在船体上,正好在吃水线以下4英尺的地方。

我潜下去检查磁铁。

"安全。"我对托罗说。我暂时浮出水面。

然后,我又潜下去,装上定时引信。

"圆满完成。"我说。

我们都长长地舒了一口气。

现在,我们要做的就是离开这个该死的地方。

这是基地精心设计的港口安全训练的最后一个挑战。他们做出了足够的预警。海军军舰的指挥官知道我们正在路上。他们保持高度警惕,等待着我们。好几次在战前简报中,军舰的副舰长使用"当我们什么时候抓住海豹突击队的时候"这一说法,不是"如果",而是"什么时候"。

到达这艘船比我们预期的要顺利得多,但我们需要好运继续下去。我们还必须离开这里,安全地回到海湾对岸。实际上,我们唯一的选择就是像我们来的那样出去:憋着气从一个桩基到另一个桩基,然后迅速地以仰泳姿势游出海湾。我非常害怕我们在出去的时候被抓住。

正当我们要游离码头的时候,看到四个哨兵就站在我们上面。他们在那里抽烟,几乎是直接盯着我们这边。这个教训我们的敌人总是没有注意到:抽烟的时候,你丧失了夜间视力。香烟的白热光使你的视力失真。烟飘到你的脸上,抽烟的人通常不会仔细注意他们周围发生了什么事。

"别看他们。"我低声对托罗说。当有人盯着我们的时候,我们会感觉得到,这是人类的一种本能。当有人在饭店里,或是穿过人群拥挤的房间注视着你的时候,你几乎都可以感觉到。我不想冒这个险。

"不要给他们任何理由去利用第六感觉。"我告诉托罗。

这奏效了。没有一个抽烟的哨兵发现我们,我们迅速地穿越了港湾。

直到我们几乎到了家，我和托罗彼此都没有说一句话，只是躺在水里踢腿，回望着"犯罪"现场。我们都很迷信，不想招来坏运气。最后，我打破了沉默。

"天哪，我们做到了。"我说。

"太神了。"托罗表示赞同。

一到达彼岸，我们就通过无线电设备呼叫我们的长官，告诉他我们躲在这里。

"请告诉我，任务完成。"长官说。

"搞定。"我告诉他。

"五分钟，我在出口见你们。"

恰好五分钟，他开着破货车停下来。

"我的孩子们！"他一边说一边咧嘴大笑。我们的潜水衣还在滴着水。托罗和我爬到货车里。

长官直接将车开到港口主要码头前门的围护桩那里。"喂，"他告诉门口的水手，"我们需要马上和值日军官谈谈，让他知道海豹突击队在这儿。"

水手一定是误解了长官所说的话，他似乎认为长官的意思是海豹突击队在训练任务中已经被抓住了，而不是他们已经成功地安放好假炸弹。卫兵给他的副舰长打电话并在电话里宣布："我们抓到了海豹突击队。"

"好啊，你抓到了他们，"我们听到副舰长说，"你在哪里抓到了他们？"

那时，水手越过长官看到我和托罗站在那里。由于脸上仍然涂有迷彩色，我们看起来是长相吓人的一对搭档。水手仔细看了看我们，他一定意识到我们根本没有被抓住。盯着托罗和我，他很快地在电话中予以更正。

"嗯,实际上,先生,是我搞错了,"他告诉副舰长,"海豹突击队就在这里。"

"告诉他海豹突击队安放了一枚炸弹。"长官低声说。

"就我理解,先生,"水手说,"船上有一枚炸弹。"

电话那端是死一般的寂静。过了一会儿,我听到一个冷冷的、威严的声音:"带他们到舰楼。"当我走过码头,登上那艘巨大的海军军舰舰楼时,成功的感觉无与伦比。我们列队走过每一个拿着枪的水手,包括那四个一直在抽烟的水手。我必须抑制住自己说"你们四个就是本该抓住我们的人"。

每走一步,我们的身上就往下滴水。我们向前走的时候,每个人似乎都很好奇。我听到人们问:"我们抓住他们了吗? 我们在哪里抓住了他们?"

护送我们的水手闷闷不乐地摇了摇头说:"不。"他不得不说,至少说了15次。

我们到达舰楼时,副舰长在那里。昨天晚上,就是他向每个人简要介绍了港口安全训练的基本情况以及当他们抓住海豹突击队的时候会怎样。

"我以为我们会抓住你们。"他说。

"我们知道,先生。"我告诉他。

"那么,这是怎么回事?"他问。他最终意识到了事情的严重性。

"你的船上有一枚炸弹,"我告诉他,"瞧,先生,你必须进行更加严格的安全演习。"

他不得不叫醒舰长。舰长之前留下命令,如果这种情况发生,尤其要叫醒他。

几分钟之后,舰长从容地走到舰楼上。这种情况下,我认为他仍然非

常亲切和镇定。

他看着我和托罗说："你们抓住我们了？"

"是的，先生。"我说。

"干得好。"他说。与此同时，他开始给船员下达一连串的命令："好吧，副舰长，启动紧急行动演习，把小船放到水里，爆炸物品处理（EOD）技术人员到场，每个人都到场。"接下来的半个小时，我们就是与副舰长和舰长坐在那里，聆听他们演习的整个过程。最终，从电台传回话来："我们的船体上有一个爆炸装置。"

那就是他们不想找到的东西，这是证明海豹突击队获胜毋庸置疑的证据。

如果那是一枚真的水下爆破弹药，并且它真的爆炸了，那么这艘军舰会遭受毁灭性的破坏。舰长知道，他要确保船上的其他人也知道。

这些危险令人恐惧地真实存在。

在也门港口城市亚丁，美国科尔号驱逐舰（USS Cole）刚刚发生了类似的事情。美国海军驱逐舰稳稳当当地停在港口，遭到一艘满载炸药的小船的自杀式袭击，17名美国士兵丧生，另外39人受伤。这是十多年来对美国军舰最致命的袭击，它暴露了港口安全的主要弱点。

"我真的很感激，"舰长对我和托罗说，"等到明天，向我们汇报一下你们是如何做到的。"

"听起来不错。"我说。

当我、托罗和长官回到队里时，已经是深夜2点多了，但是所有人都站起来高呼庆祝。人们敲开啤酒，举杯庆祝。长官从口袋里拿出几支雪茄，递给我们每个人。

大家并没有忽视我们仍然缺乏经验这一事实。我听到一名资深队员说："我想这些新兵准备好了。"我喜欢这样。

那天晚上，我不愿意一直待在那艘军舰上，因为舰长和副舰长正在盘问他们的船员。那些船员曾非常肯定他们会抓住海豹突击队。

"真的吗，他们是怎么做到的?"我敢肯定他们一边问，一边挠头。

九、恐怖主义时代

> 勇士活着的唯一理由就是战斗，战斗的唯一理由就是胜利。

> ——宫本武藏（Miyamoto Musashi）

当你身处战争，在很大程度上会依赖于本能：预感、感觉和直觉。将那些本能与强迫性的训练搭配在一起，这是你在战场上所能获得的唯一保障。田野上一个可疑的突起物、马路上的一堆垃圾、一座看起来只是有些与众不同的房子，这会使整个排全军覆没，还是根本不算什么？在战争中，你的大脑总是以更高的速度运转。

像这样的事几乎每天都会发生。我们开着悍马前往目的地，按照计划好的路线穿过一片熟悉的区域。忽然，领头司机通过无线电台喊道："右转！"他的车，以及随后其他三辆卡车尖叫着以每小时50英里的速度急速右转，转向一条甚至没有人知道的小土路。

　　每个人都跟着领头司机，即使我们不知道他要到哪里去，也不知道为什么他会这样。

　　"1号车，到底发生了什么事？"我从2号车上发出无线电信号。

　　"我不知道，"他说，"只是感觉不对劲。"

　　"收到。"

　　每个人都完全明白他在说什么，而且都百分之百擅长此道。

　　2001年9月11日，伊甸园里的另一天。不管怎样，就这样开始了。一名长官在临时营房后面他自己的小屋里子看电视。"喂，柴油。"当我结束水边晨跑回到屋里的时候，霍尔长官喊。当时是波多黎各时间，差几分钟9点。

　　"过来一下，你看到那个塔楼了吗？"

　　起初，我不确定他说的是哪个塔楼。然后，我听到新闻主播说一架飞机撞上了纽约世贸中心的北楼。起初，没有人知道这是一起意外事故还是更加不祥的事情。但是，当第二架飞机撞上南楼的时候，所有的疑惑都没有了。

　　袭击不断发生。一架飞机撞上五角大楼，另一架在宾夕法尼亚州坠毁。

　　"这次是玩真的。"我对长官说。

　　他只是点了点头。

　　对每个人来说，整个世界都改变了，至少当时我是那么认为的。

　　消息传遍了整个基地。五分钟内，十名队员站在霍尔长官的电视机前，目不转睛地看着。

　　很快，大家不再问"你听说了吗"，而是问"我们要到哪里去？多久之后我们出发？"

我们是为战争而生的勇士，美国海军海豹突击队，训练有素，装备精良，准备出发。对危机反应迅速——这就是我们。又过了几分钟，大家开始谈论我们可能被派往的第一站，巴基斯坦、也门、叙利亚、索马里、伊朗，有很多的可能性。

"切尼（Cheney）最近一直在谈论伊拉克。"有人提醒说。

"或许是委内瑞拉或这里的某个地方，那地方很荒凉。"

这是最极端的猜测。但是，如果我们即将变换战场，谁都想知道下一步会发生什么。有这么多能够发动恐怖袭击，或是援助和支持这些狂热者的极端势力。我们不是现场急救员，现场急救的工作属于纽约英勇的消防员、警察和医生。但是，我们是国际现场急救员。我们就尝尝这种滋味吧。

我们反复查看空运袋，它可以用于任何一个可以想象得到的环境：一个丛林战斗袋，里面有浅色迷彩服、排水靴、杀虫剂。一个对抗干冷天气的袋子，用于山岭区。除登山设备和雪地鞋以外，所有的东西都分层摆放。一个应对轮船攻击的袋子，里面是潜水衣、钩子和其他一些海上攻击设备。我们要为去任何地方做好准备。

我们喘着粗气，看着塔楼倒塌。但是，如果我说那一刻并没有激起我内心的其他一些东西，我就是在说谎。当悲伤和爱国主义的浪潮席卷全美国的时候，作为一名海豹突击队队员，我知道我们是用来伸张正义的。数小时内，我们猜想，乔治·沃克·布什（George W. Bush）总统就会发出命令。命令会沿着指挥链向下传递。一架C-130飞机会在Roosey路的跑道上加大油门。48小时，最多72小时，我们就会像蝙蝠一样飞离波多黎各，紧急任务在哪里我们就去哪里。

地球上任何一个地方的海豹突击队队员想的都是同一件事情——让我们马上向做这件事的人宣战。

然而,什么也没发生。

没有电话,没有飞机,没有加大油门的发动机,没有针对巴基斯坦、阿富汗和其他任何地方的反恐任务,没有我们的任务。

光阴似箭,岁月如梭。过了几周,我们十分清楚,海豹突击队第四队B排哪也不能去。我们很有可能要使我们的喷气机冷却下来,保护我们在拉丁美洲的传统地盘。然而,8000公里之外,真正的战争首先发生在阿富汗。总统刚刚往那里派遣了部队,去攻打基地组织的恐怖网络,推翻原教旨主义的塔利班政府。海豹突击队的上层指挥官决定派遣像我们这样没有被部署到别的地方的部队。

晚上,我躺在单身军官营房的架子床上,折磨着自己。

真是浪费,我一直在想。不,我们要以某种方式改变这一切。

但是海军有别的想法。

美国参战之前,波多黎各是个完美的地方。然后,突然之间,它就像一个监狱,只有随风摇曳的棕榈树和强烈的阳光。我们进行圆木体能训练,我阅读我的勇士书籍。当你的国家卷入战争时,而且是一场令人不快的战争,你不能当一个和平时代的勇士。

似乎每隔12分钟,一名队员就会走进司令部。

"有什么新情况吗?"他们问,"你认为我们什么时候会行动?"我没有回答他们任何人,我有和他们相同的问题。

"真差劲。"弗洛格说。他是一名狙击手。

"别和我提这些,我想杀死敌人。"罗恩说。

"我简直不敢相信。"楚德(Chud)说。他也是一名狙击手。

我不能说他们错了。

当一名空军作战管制员(我们长期以来与他共事并非常喜欢的一名无线电技师)以及一名空军跳伞员(他是我们的医师)都被招去阿富汗时,

这对我们来说又是一记响亮的耳光。

简直叫人难以置信。

他们和陆军特种部队一起去阿富汗，而我们却在这里忙着晒日光浴。我敢肯定，在B排能够介入之前，战斗就会结束。

我们做了我们所能做到的一切。

我们在开阔的大海上练习登船，设想正在搜寻恐怖分子嫌疑人。我们用快速攻击艇练习海上封锁，进行商港安全反恐挑战的角色演习。远离战场领导海豹突击队，这是一段折磨人的时光。几个月过去了，我们所能做的就是对队员发表空洞的励志演讲，然后再重复给自己听。

"不要把我们所有的精力都消耗在期待上，"指挥官B说，"我们要继续进行体育锻炼。我们将去打靶场，要使自己成为我们知道能够成为的勇士。当幻想破灭，当传呼机不再滴滴作响，我们就准备好了。"

那是一个演讲版本，我还有其他的。"我们不能操控历史，"我说，"不能控制领导要做什么，我们所能做的只有做好准备。"

或许，如果整天这样说，那么我最终也会开始理解其中的意义。

我所期望的从未发生。当B排在场外你拥我挤的时候，反恐战争愈演愈烈。海豹突击队、绿色贝雷帽和其他特种部队在阿富汗表现出色。布什政府强烈暗示在伊拉克发动战争。我们待在基地，直到2002年我们的部署结束。然后，我们返回小溪基地海豹突击队东岸总部。然而，我沮丧的旅程还没有结束。

大概在那个时间段，海豹突击队最高领导人创建了两个新团队，西海岸的第七队和东海岸的第十队。就像NBA的扩张选秀一样，其他的团队要填充到新的团队中去。我们B排的男孩被分配到新的第十队里。然而，作为一名低资历的初级军官，我仍然留在第四队。

我不愿与泽西、托罗、艾里什、费斯·曼、桑尼和其他人分离。他们本该是可以并肩作战的优秀战友。直到今天,我真的很遗憾我们没有那样的机会。我认为每个领导都会对他们所带的第一个排情有独钟。这些人是世界级的勇士,我与他们中的很多人关系很亲密。

"真是错失良机呀。"我们联系的时候仍然这样说。

2003 年 3 月,正当伊拉克战争开始的时候,作为一名海豹突击队联络官,我跟随一支海军大型两栖部队出海去了。以一艘新的 844 英尺高、41 万吨重的黄蜂级攻击舰艇为首,这支部队包括其他两艘战舰和一支由 1.9 万名海军组成的登陆部队,还包括发起大规模进攻所需的所有东西:30 架直升机、6 架鹞式攻击机、悍马、部队运输机、轻型装甲具备海上作战能力的突击艇、25 毫米 MK-38 大炮和海麻雀导弹系统。

我是一名海军军官,能充分意识到一艘运行良好的军舰的攻击能力和威力。这一艘尤其令人畏惧。随着齿轮蒸汽涡轮机全速运行,它能以 22 节的巡航速度快速驶过地中海。我祈祷我们永远不要放弃对海洋的控制权。但是,长时间的军舰部署的确不适合我。我发现船上生活很拘束,我想出去,以一种更直接的方式追击敌人。

我们重新来过,当我和我的长官以及通信专家适应了海豹突击队联络官的工作时,我对自己说:"一场战争在阿富汗的山区肆虐,一场战争在几乎全是陆地的伊拉克刚刚打响,我却被困在海上的一艘船上。"甚至没有一个排与我做伴。他们整天无所事事,装备都在船上。这些人来自罗塔岛、西班牙,只有当被召唤的时候,他们才会来到船上。对我来说,所有的一切都不是进入战争的捷径。

一名典型的雄心壮志、永远忠诚的海军陆战队军官指挥着船上的远征部队。富兰克林(Franklin)上校个子矮,但是身体非常强壮,每年海军体能测试(Marine Physical Fitness Test)他都能得满分。这对一个年轻人来说都是一个挑战,更不要说一名上校了。他是一名专心致志的、有紧迫

感的指挥官。他似乎急切地想到伊拉克去,这点我很喜欢。但是,我想他不大喜欢他手下或周围有一名年轻军官。他似乎认为海豹突击队都是不羁的牛仔,而且不够恭敬顺从。我们立刻就产生了冲突。他是上校,我是上尉,他总是对的。

我本来可以成为上校的宝贵财富。通过我的海豹突击队兄弟、队友和朋友网络,我与伊拉克地面特种部队的联系很紧密。我知道一些可能对他和他手下有用的东西:战斗在哪里升温、什么地方没有什么进展、叛乱分子在哪里聚集力量。我也可以提供一支小分队加入他的海军特遣队。大家齐心协力只会提高每个人的战斗力,但是上校对海豹突击队、我和我的任何观点都避而远之。对于如何在伊拉克打仗,他有自己的一套。

富兰克林上校是一名直升机驾驶员,这还蛮好,但是他不想从南边进入伊拉克。陆军第四步兵师(Army's 4th Infantry Division)和其他机械化部队就是从南边进入伊拉克的。相反,他决定让他的海军特遣队从远东地中海,途径土耳其,飞到伊拉克北部,在摩苏尔附近降落。

这个计划使我感到烦恼。北部地区不是萨达姆或基地组织的真正据点。我试着提供我的建议。"我能直接与地面特种部队交谈,"我告诉上校,"我能和你说一说我听到的吗?"

"不。"他说。

如果他下定决心走那条路的话,我提出让他与伊拉克北部的特种部队取得联系。我告诉他,如果他同意帮助协调的话,我愿意和他的海军一起去。"与我们的特种部队在一起,你或许会有所收获,"我说,"他们了解那个地区。"

"不,"他说,"我们会没事的,你留在这里。"

"遵命,长官。"

上校调集了他所能调集的所有飞机,轰鸣着开到伊拉克北部,然而事情的进展并不顺利。

我不在现场。在沙坑里，我听到我朋友的一些生动的描述，从上校手下的一些男孩那里知道了他们在北部的冒险。我能确定的一件事是，18天以后，上校和他的海军唐突地离开伊拉克，突然返回船上。我失去了另一个参与战争的机会。名副其实地，我仍然在海上。

然后，一个谁也不希望的电话打来了。我们可能去利比里亚，这个西非国家失去了控制。

利比里亚有自己独特的历史。由于积极参与非洲奴隶贸易，自1820年起，这一地区就成为来自美国的自由黑人的殖民地，他们大多数人之前都是奴隶。他们相信他们会在非洲找到更多的自由和平等，甚至是他们为他们的新国家起的名字都反映了这种期望。利比里亚政府效仿詹姆斯·麦迪逊（James Madison）和托马斯·杰斐逊（Thomas Jefferson）的理念，首都蒙罗维亚（Monrovia）是以美国第五任总统詹姆斯·门罗（James Monroe）的名字命名的。利比里亚政府是美国事业的重要支持者。很多当代的利比里亚人都是那些前美国奴隶的后代。

到2003年，利比里亚急剧陷入无政府状态。凶残的叛军、长期争斗的钻石大盗、毒品贩子——这个国家是西非的耻辱。20万利比里亚人死于内战，其他数百万人逃往难民营。首都蒙罗维亚是疯狂而凶残的暴徒的杀人游戏场。足球场成了红十字医疗中心。尸体堆在街道上。独裁总统查尔斯·泰勒（Charles Taylor），一个国际弃儿，不久前逃亡了。

这不是我一直期待的战区。利比里亚的灾难甚至不是一场正式的战争。大多数美国人盯住阿富汗和伊拉克不放。我发现自己全力跨越地中海，拯救一个骄傲的国家免于自我毁灭。这真是最开阔眼界的经历了。前往利比里亚是一项很大的任务，不能由海军陆战队上校或是海军上校来完成。这是一次重大的军事行动。利比里亚任务交给了一支规模更大

的联合特遣部队（Joint Task Force），该部队由陆军少将托马斯·特纳（Thomas Turner）指挥。

当我们的三艘船靠近利比里亚海岸时，美国驻蒙罗维亚大使馆是最后一个理智和稳定的据点了。一个星期前，美国人已经被海豹突击队第四队用直升机撤离了。街道上仍然一片混乱，很显然，动用更庞大的美国军队才能平息动乱。

我知道，我们要让一支完整的海军陆战队部队在利比里亚登陆，针对这种任务要有最好的军队。通过对海豹突击队历史的了解和我个人的经验，我知道，送他们上岸是海豹突击队的独特优势。

我很兴奋，给海豹突击队的指挥系统打电话。

"至少，"我说，"我请求，在利比里亚海岸的指定地点进行一次真实的、实地的水道侦察。我或许还能请求船投。"用降落伞将硬壳充气艇（RHIB）和驾驶员从飞机投送到海上。海豹突击队一直都进行这种训练，还有特别战斗作战艇船员，他们驾驶高速突击艇，比世界上任何人都驾驶得好。但是，我们从未真正地在战场上进行过现场空投。

电话里一阵沉默。

"实际上，我们正在地中海进行空投演习，"高级军官说，"这里有一群要员，我不能取消演习。"

"我们是在说，由于一场演习，不能执行现实的任务？"我简直不敢相信。

"没错，"他说，"做好你们的工作。我们会把一排的人空运到船上，不能空投。"

好，那是官僚作风。

空投不是关键任务，它是优化任务。像这样的机会很少出现，但是利比里亚有很多第一次。

利比里亚海岸堆满了无数光滑平坦的岩石和很久以前奴隶贩运船留下来的废弃的压舱物。蒙罗维亚港湾的水中满是礁鲨和锤头鲨。但是，20名海豹突击队队员齐心协力，就能找到办法让美国海军陆战队上岸，不会使船失事，不会使他们被击中、遭到轰炸，或是被鲨鱼活活吃掉。

这个计划直接来自海豹突击队的历史。我们下来要做的事，与第二次世界大战期间诺曼底登陆之前水下爆破队所做的没有太大的区别：对蒙罗维亚港湾以及附近的两个海滩进行一次全面的水下海道测量。水里有该死的锤头鲨！

我终于开始觉得我像一名海豹突击队队员了。

"你们这些疯狂的混蛋要到水里去？"一名海军士官长问，他摇了摇头。当时，我们正准备将两艘硬壳橡皮艇从一艘战舰的侧面投放到水里。从发射台，他能看到鲨鱼在水中盘桓。说实话，我们也看见了。我们就是要爬到橡皮艇上的人。

"我们都是这么做的，"我说，"坐着硬壳充气艇到达激浪线，然后海滩小分队排指挥官和其他3名海豹突击队队员游到海岸做初步侦察。当感到把握十足的时候，他们给硬壳充气艇发出信号，我们剩下的人就游进去。要做成这件事需要我们16个人。"

他没来凑热闹。

一旦硬壳充气艇浸入水中，我们就与两艘黄道橡皮艇以及勘测员汇合，四艘船开始开动。但是，当船接近激浪线的时候，情况开始变糟。

一艘硬壳充气艇失去了引擎动力，它快要沉没了；另一艘硬壳充气艇做了一件令人惊叹的事，将第一艘船拖出了冲击区（impact zone）。但是，当四名海豹突击队队员和两名海军陆战队士兵跳入水中，游向岸边的时候，一名海军陆战队士兵的脚蹼掉了，差点被淹死。

他设法上岸，但是海豹突击队上尉对整个过程非常不满。"今天晚上

不必进行侦察,"他在海滩上说,"我们明天再侦察,游回去。"

两名海豹突击队队员试图使那名饱受痛苦的海军士兵穿过海浪,游回硬壳充气艇,但是他遇到了真正的麻烦。他们转身又游了回来。最后,上尉叫来一架直升机将岸上的人带回军舰,与此同时,硬壳充气艇和橡皮艇也都撤退了。

困难重重的开端使特纳将军重新考虑。"我们应该对这个港口做正式访问。"将军说。

在蒙罗维亚港湾容易看到的视域之内,他命令三艘巨大的美国军舰靠近海岸。"我想让人们看到我们在这里。"将军说。第二天早上,他说,海豹突击队乘快速橡皮艇直接去海滩。

"我希望利比里亚人明白,美国特种人员在现场,他们能够处理任何问题。"将军说。

光天化日之下,另外13名海豹突击队队员乘坐三艘橡皮艇驶向美国使馆附近的海岸。

在等待水道测量结果之际,我们环视四周,发现了几个有希望登陆的地点。然后,我们返回橡皮艇,驶向军舰。

第二天,我们很快就完成了测量。这是值得期待的事情,14名海豹突击队队员,在利比里亚海岸的危险水域中,拿着油彩笔、白板和钓鱼线。钓鱼线的一端有铅锤,每1英尺都有深度标记。

海豹突击队队员站成一条直线,垂直于岸边,彼此间隔6英尺。他们有的站着不动,有的来回摆动或是踩水。每名队员用油彩笔认真地记录水深测量值、底质条件以及他们发现的任何障碍。然后,每个人向前走或是游6英尺,进行另一轮的测量。他们一遍一遍地测量,在两个多小时里,绘制了三张复杂的调查图表。

鲨鱼离得远远的。

以那些调查和测量值为基础，我们为海军陆战队选择了最有可能的登陆地点。他们安全登陆，神气十足地进入蒙罗维亚。毒贩子、钻石大盗和查尔斯·泰勒都躲得远远的，就像那些鲨鱼。当地秩序至少是暂时恢复了正常。

海豹突击队和海军陆战队一起登陆，负责地面安全，但是他们不需要太多的地面保护。

在利比里亚，我们一弹未发，枪战尚未到来。但是，我们涉足了地球上局势最紧张的地区之一，做了一些有益的工作。我们所有人安全地返回军舰。

十、伊拉克任务

战争虽然丑陋,但还不是最丑陋的事,道德的沦丧与失去不惜一战的爱国心远比它更糟。

——约翰·斯图尔特·密尔(John Stuart Mill)

C-17运输机的内部就像一辆飞行车和一栋飞行廉价公寓的混合物。弹药箱、成堆的通信设备、我们所有的武器、六个大集装箱——在一个不可预知的战区进行长期部署可能需要的任何东西都装在这个大运输机里面。沿着飞机侧壁,有座位和小窗户。有些人在集装箱之间挂起吊床,或是在地上铺上铺盖卷。为什么不在去伊拉克的路上休息一会儿呢?

我太激动了,无法入睡。

当我们在哈巴尼亚机场降落,巨大的旋梯缓缓下降的时候,毫无疑问我们取得了很大的进步。我们踏入的不仅仅是一个102华氏度的火炉,不仅仅只有灰尘和烟雾。停机坪上传来单调的机械轰鸣声,我很快就意识到这是战争的刺耳声音。传动装置燃烧着,喷气机在头顶,远处传来随意的枪声。六辆海豹突击队的武装卡车停了下来。我感觉就像刚刚走进电影《野战排》(Platoon)开头的场景,查理·辛(Charlie Sheen)和其他新兵来到混乱的越南,看到令人触目惊心的尸袋,士兵们显然遭受着战争恐怖的蹂躏。

这时候,人们通常会说最愚蠢的陈词滥调。"我们不是在堪萨斯州了。"一名队友说。我们几乎还没学会 Habbaniyah 如何发音,HabbaKNEE- yah。

我们穿着浅色迷彩服,大多数的枪和防弹衣被收了起来。来接我们的海豹突击队队员就像面临世界末日那样全副武装,全身配备防弹衣、头盔、手套、冲锋枪和机关枪。他们将重炮手安置在每辆卡车的炮塔上,只有一辆空着的车例外,这辆车是运输设备的。他们的无线电信号干扰器正在全速运行。他们是来接新人的,但是他们处于战斗状态,为任何事情做好了准备。

在出去的路上,我们在机场戒备森严的出口短暂停留了一会儿。我们与站在那里的宪兵交谈,他知道我们是来参加战斗的新海豹突击队队员。

"去抓住他们,"他说,"希望看到你们回来。"

开出机场,我第一次看了看这个国家,这将是我的新家。宪兵的话在我的脑海里萦绕,我敢肯定我对他说的话太在意了。

"希望看到你们回来。"好像他不完全确定他会看到我,好像他看见来这里的人并不总是能活着回家。

当我最终进入战争的时候,从未感到如此平静。对我来说,火药辛辣的气味甚至有点香甜。说也奇怪,迫击炮不规则的轰鸣声令我感到宽

慰。我来自加利福尼亚。伊拉克西部的晚霞穿过燃烧的建筑物和分散成堆的垃圾腾起的滚滚浓烟,这是我所见过的最令人惊叹的日落之一。沙尘暴的刺痛,三位数字的气温,以及知道一个简易爆炸装置或是一个狙击手可能就在下一个视线不良的弯道等待着——战区中一切艰苦和令人不安的事情对我来说都欢欣鼓舞和令人兴奋。无论有什么挑战,这里就是我想去的地方。

对来伊拉克所要执行的致命任务,或是被派往的那个国家的荒凉地区,我没有抱任何幻想。我们在那里杀人或是被杀,那种工作日程能使人全神贯注。从我们到达的那一刻起,所有家乡生活微不足道的复杂性都消失了。26小时前,我在星巴克喝了一杯拿铁,开始为有线电视费担忧。忽然之间,一切都变得朴素、简洁而清晰。我感觉我就像刚刚收到一张免费门票,去进行一次非凡和令人激动的冒险、一次全副武装畅游地球上最危险和最奇异地区之一的机会。在伊拉克,一个与众不同的我出现了。

哈巴尼亚军营是幼发拉底河畔的一个古老的皇家空军基地,位于巴格达以西55英里。这是一个坚固的地方,周围有加高的堤坝和防撞墙,门口有全副武装的警卫。1958年伊拉克革命之后,英国人被迫放弃了这些设施。从那时起,这里就没怎么变过。我知道,公元前331年夏天,亚历山大和他的马其顿人经过这个山谷。他们渡过幼发拉底河,径直进入村庄。站在那里,和亚历山大做着同样的事,我脑海中思绪万千。它给了我力量,使我洞察入微,也使我备感压力。这是你自找的,我提醒自己。一名勇士只有一次是第一次上战场。

我们来的时候,这里已经酷热难当——我指的不仅仅是气温,2800名联合部队的士兵已经在战争中丧生了。与其他任何地方相比,拉马迪的逊尼派据点、费卢杰和哈巴尼亚会有更多的人丧生。到处都是萨达姆侯赛因的支持者,他们几乎已经控制了整个地区。我只是不知道罢了。但是,铜星奖章、银星奖章和荣誉勋章——它们都是我们在伊拉克期间颁发的。我们的部署将会变得相当具有传奇性,有助于改变战争的势头。自越南丛林时代以来,这与任何一次海豹突击队的部署一样艰辛无比。我们确实是自找的。

来到印第安国度(我们这样叫铁丝网以外的领土),就像回到了古老的西部。"尘土飞扬"、"无法无天"、"崎岖不平"、"视野广阔",我们心怀尊重地使用那些词。我总是感到我与印第安文化有特殊的联系。陪我度过大学时光的长曲棍球就起源于美洲印第安人,他们认为长曲棍球是造物主赐给他们的礼物,他们是为了备战而进行长曲棍球竞赛的。

我们所在的伊拉克西部地区是杂乱无章的城乡接合部,我们面对的坏人,远比科其斯(Cochise)、疯马(Crazy Horse)或杰罗尼莫(Geronimo)的部队武装的好。

这里的地形也没有优势。幼发拉底河流两岸有60英尺长的绿地,但是其他地方都是炙热的、干燥的、灰蒙蒙的。新房子都是用棕黄色的煤渣砖建造的。几乎所有的房子都位于高墙背后,即使是连成一排的排房也是如此。无论里面发生了什么事,从街上你都看不到,也听不到。很显然,人们感到脆弱,他们长久以来就是这样。

白天,温度居高不下;夜晚,经常停电。随之,所有的街灯也灭了。我们要么借助沙漠的炫光,要么通过夜视仪苍白的绿光看世界。无论哪种方式,这个地方都使人感到不真实和离奇,隐藏着大大小小的危险。

无论到哪里,你都要小心翼翼。那个褐色的水坑或许就是个褐色的水坑,但它同样可能是一个开放的下水道流出的脏东西。一下午穿着粪便结块的靴子和湿透的袜子,足以教会我总是小心翼翼地走路。到处都是脏兮兮的狗。起初,我说不出是什么使伊拉克的流浪狗区别于我在家

里看到的狗。后来我发现,伊拉克的狗叫的时间很长,中间停歇的时间很短,它们的叫声已经变得嘶哑。它们的叫声与这里的景色一样绝望。

如果我们的目标是改变作战空间,那么我们必须满怀热情,坚持不懈地付出。因此,伊拉克童子军和我们每天都出去执行任务。从一片棕榈林走到另一片棕榈林,我们遭受几乎无处不在的坏人的攻击——幼发拉底河上、小区里,甚至我们看不到的地方。我们要发现坏人,要确保他们知道我们在那里,我们的肩上背负着隐形目标。我们刚刚开始进入战斗。这真的是侦察敌人的唯一办法。在这样的一个战区里,你不能简单地朝着那个在散步的乍看起来有些吓人的人开火。仅仅凭观察,没有办法分辨敌我。但是,有一条很容易识别的界限:当有人开始向我们射击,或是很显然准备向我们射击的时候,我们就迅速还击——以压倒性的火力还击。

对海豹突击队来说,白天巡逻的想法是不可思议的。回到国内,我们的方法是那些脱离实际的军事家,包括一些已退休的海豹突击队队员争论的焦点材料。他们说,特种部队人员要在黑夜的掩护下出门。白天的光亮是留给传统部队的,白天巡逻是在浪费海豹突击队的特殊天分。但是,在部落觉醒运动之前的伊拉克西部,战争都在白天打响。因此,白天就是我们作战的时间。如果海豹突击队要成为解决问题的人,要成为现代战场上最具创造性的勇士,那么我们必须去问题存在的地方。见鬼,我们会穿着睡衣巡逻,如果那样能完成任务的话。我们向我们的上级领导介绍了基本情况。值得表扬的是,他们同意了,而效果也是不容否认的。

我们在那里的第一个月,160枚迫击炮弹落在牛仔战斗前哨周围。第二和第三个月,下降到40枚。第四个月,减少到2枚。我们取消了枪手们的自由开火许可证。战争势头已经开始转变了。

在 B 排强行闯入之前,没有和一条漆黑的道路尽头的小屋后院一样安静的地方了。白天作战之时,我们没有忽略夜晚的挑战。伊拉克西部的夜晚是一个完全不同的世界。

星辰在我们头顶,月光映射在幼发拉底河上,还有美国海军海豹突击队和伊拉克童子军轻微而有节奏的呼吸。

如果不知道接下来会发生什么,那么你就不会期待任何事情,直到,没有一丝预兆——这一点正是关键所在——夜晚在跺脚声、尖叫声、爆裂的铰链声和玻璃粉碎声中炸裂开来。

这天晚上,我们不仅仅是搜查一座房子,而是在寻找一个名叫卡马尔(Kamal)的 16 岁的初露头角的叛乱者。我们都有充足的理由相信,他开枪杀死了一名名叫布莱克利(Blakley)的军队医务兵。卡马尔的哥哥,阿布·罗马(Abu Roma)是一名众所周知的恐怖中尉,他有可能在卡利迪亚负责一个狙击手基层组织。事情是这样的,布莱克利与一群伊拉克人和美国军队在一起,他逮捕了卡马尔的另一个兄弟,卡马尔出来复仇。

我们认为我们知道那个年轻的嫌疑犯藏在哪里。当我们停下熄了灯的武装卡车时,一个完整的逃脱追捕团队包围了整个社区。天空中还有另外一双眼睛,一架具有夜视功能的 F/A-18 飞机在上空盘旋。那天晚上还有布莱克利的上级罗伯逊(Roberson)与我们随行。我知道,罗伯逊认为布莱克利的死完全是他自己的过错。

老 D 是一名非常娴熟的突破手。我发誓,他能用半卷小孩玩具枪的火药纸炸开一个银行金库。放置好炸药,点击引爆器,他炸开了前门。在一阵忙乱的呼喊声和刺耳严厉的命令声中,四人组成的首批突入部队冲了进去。

接下来发生的事情,与其说是一次攻击,不如说是一次芭蕾舞表演,或者,二者可能都有一点。我们所有人都能感受到整个团队的行动。

"左边安全!"一人喊道。

"右边安全!"另一个人喊道。

"周围安全!"回答传来。突入部队完成了第一间屋子的初步搜索,转移到下一间屋子。

然后,我们其他8个人和12个伊拉克童子军冲到里面,迅捷地、干脆利落地清理了这座房子。凭借点头、捏手和拍肩膀,我们穿过每间屋子。这与我们在潜水训练中学到的非语言交际一样。谁需要交谈呢?

一名队员打开一扇门,另一名队员与他一起搜查房间。"周围安全。"其中一人宣布。按照那种方式,突击队从一个房间到另一个房间,下到每个走廊,上楼,一个接一个地控制每个角落和区域。短短的一两分钟里,我们就控制了整座房子。

"占领目标。"一名副官通过无线电说。

在一间屋里,我们发现有3个女人、1个老男人和6个孩子。我们把男人与女人和孩子分开,仔细甄别每个人,注意武器和任何可能提取的情报。即使是对B排这样经验丰富的特种部队来说,也有很多容易被忽视的细节:藏有武器或人的假墙和暗门、房子里装有炸药。这次我们什么都没发现。

我们没有找到卡马尔。

就在那时,飞行员用无线电向我的通信员洛佩传送信息。洛佩就在我的旁边,他总是在我身边。

"人在屋顶,"飞行员说,"人在屋顶。"

罗伯逊和我立刻跑到楼顶,我的长官弗兰克(Frank)比我们先到达那里。

仍然没有找到卡马尔。

喷射机部队包围了建筑物,没有报告任何信息。除了一个大水箱,屋顶什么也没有。这是一个人可以想象的唯一藏身之处。

弗兰克小心翼翼地靠近水箱。他站在水箱旁边,仔细地听。

起初他什么也没听到。

然后,他听到了奇怪的声音。

那是气泡在水中上升的清晰声音。

长官有的是时间。如果必须,他整晚都会自由地呼吸,但是无论谁在水箱里,都不会憋太久。

几秒钟后,此人猛地浮出水面,疯狂地大口呼吸新鲜空气。

正是湿淋淋的卡马尔。

罗伯逊兴高采烈。"我不能告诉你这对我和我的部队有多么重要。"长官给卡马尔戴上手铐时说。

我们把将罪犯押到卡车上的荣誉给了罗伯逊。

我们都有自己披挂上阵的方式。

"在卡车里,我希望我身边就有几枚手榴弹,"一名队员说,"我不希望它们在后面,希望就在我的水瓶和消防部门给我的膏药旁边。"

我们都有一些对我们来说特殊的事情。战场上有很多变数,没有人能控制。我们已经被训练成一个具有凝聚力的团体。发给我们的都是同样的制服,但是衣着、武器、设备的放置、战前仪式这些都是个人选择。

我不是重炮手,不经常使用MK-48或.50口径的枪。我最早的战斗武器,大多数时间使用的武器,是我的M-4。它已经成为我身体的一部分。M-4是标准的特种部队战斗步枪,属于气动式、气冷式、弹夹供弹式突击步枪,其起源可以追溯至M-16的早期卡宾枪版本。二者都是以最初的AR-15为基础,由富有远见的武器工程师尤金·斯通纳(Eugene

Stoner)于20世纪50年代设计而成。M-4迅速、轻便、精准,非常容易改造。它拥有轨道系统,能够操纵灯光、激光和射程。如果愿意,你可以把它装扮成一棵圣诞树。M-4从30轮齐发的弹匣中射出5.56毫米口径的子弹,其射击轨迹是平直的、可预知的。我的M-4是按照我喜欢的方式装扮的。我使用几个不同的瞄准器,我最喜欢的是艾姆波音特(Aimpoint)的低倍率红点镜。我们的狙击手倾向于用更高倍率的,他们需要高倍率瞄准器来射击远程目标。如果我感到我在战场上需要一个更高倍率的瞄准器,我会使用Trijicon ACOG瞄准器。但是大多数情况下,我喜欢视野更宽广的瞄准器。

M-4不是我最喜欢的枪。我最喜欢的枪是我的队友罗布(Rob)的M-14,第二次世界大战期间的古董。从屋顶上掩护射击,或任何一次白天巡逻,我总是带着罗布的M-14。他把这支枪伪装了一下,使用低倍率的红点瞄准器。我喜欢那支枪,它比M-4更货真价实。M-14使用7.62毫米口径的子弹,一种更重的子弹。如果我把两支枪并排放在一起,问:"你更喜欢用哪支射击?"你不需要懂弹道学的任何知识,就会立即说"我要左边的",更小的M-4。

对大多数海豹突击队队员来说,大兰博刀在很大程度上是一个神话,我从不带它。但是,像大多数的勇士一样,我总是带着一把固定柄刀、一把6英寸刀片的SOG沙漠匕首(Desert Dagger),或是稍微小一点的5英寸刀片的SOG五角精英刀(Pentagon)。

我的有些朋友是刀迷。他们使我相信折叠刀是一把折断的刀,在家里放在口袋里还好,在战场上就不太好了。固定刀柄的刀更坚固一些,我用它来割断绳索、打开包装、切开床垫寻找隐藏的武器。那把刀每天用好多次。无论你的手潮湿还是干燥,手柄和把手都很容易握住。我把我的刀垂直挂在防弹衣上,手柄朝上,刀刃朝下。那样,当有人近距离靠近我,在手护住胸口的情况下，我仍然能抓住刀柄。当我划破他的手和眼睛的时候，必须是一个动机很强的坏人才会不落荒而逃。

我们有最新一代的凯夫拉尔（Kevlar）防弹衣。当我们谈及此事时，一些队友在谈论一种新的防弹衣系统的优势，他们称之为鸡排。

"它们更薄、更轻，不那么热，"一个家伙说，"与凯夫拉尔相比，这些防弹衣能更好地抵御AK–47。"

在战场上，我们一直穿着鸡排防弹衣。过了好几个月，有一天，罗说："或许应该检测一下这些东西，我们一直都不加怀疑地穿着它们。"

我们把几件防弹衣拿到打靶场，用AK–47直接朝它射击。子弹穿过金属，就像一把炙热的刀穿过黄油一样。

"啊哦。"罗说。

"我忽然觉得卡夫拉尔防弹衣看起来很轻便，很酷。"我说。

我最有用的工具是什么？一支超大的黑色三福记号笔和一台小数码照相机。我把三支三福记号笔放在弹匣上面的弹药袋里。一旦我们清理了一座房子，我就记下我们发现的所有人和东西。不像一些军官那样用油彩笔写在纸上或是手腕上，我把这次突袭需要汇报的每一条信息写在房子的墙上和地板上，每个人的名字、损坏了的门、柜台上的钱、四处散着的任何文件，无论什么。然后我照张相片，回去以后，相片就是我永久性报告的一部分。

得知马克（Mark）被害的时候，我们执行完一次夜间行动，正在回来的路上。作为快速反应部队的一员，他一直对在枪战中需要帮助的海豹突击队队员做出回应。马克是特混分队B队的成员。但是，海豹突击队第三队的每个人都称该队为粉碎机特混分队。在拉马迪，沿着我们的基地往前走，就是他们的作战基地。

　　我们的部队已经连续外出50个小时了，这种折磨人的马拉松不如"地狱周"长，但是非常艰苦。当我们最终把武装卡车开回基地的时候，差不多是上午9点。我们听到了来自上一级司令部的令人不安的消息，消息称马克死于一场枪战。那天上午，在拉马迪20英里之外，我们举行了一个纪念仪式。

　　马克是数一数二的勇士，我们的好朋友。当听到他遇难的消息时，所有人都疲惫不堪，但是我们没有缺席马克的纪念仪式。我们迅速地把卡车停在基地，给卡车加油，给枪重新装上子弹。

　　"我们走吧。"我说。

　　我们要尽快前往拉马迪。

　　我们走的是伊拉克路边炸弹最多的一条路。你最好是晚上开车。早上，沿着道路疾驰，你会看到很多可疑的人在闲逛。

　　开出半英里之后，在一个很急的弯道，有人扔了一堆垃圾。这是一个普通的陷阱。你为了躲过垃圾而突然转向，正好轧过一枚简易炸弹，炸弹引爆，你的车头忽然就飞上了天。

　　我们知道不要落入那样的陷阱。我们让干扰电台全速运行，一直以来，在路上，这些高性能的电子信号干扰器非常好地保护着我们，使敌人不能给他们的遥控炸弹发信号。我们直接轧过垃圾。我们没有料到，有两个留着胡子的年轻的持枪歹徒，一胖一瘦，在转弯尽头一个水泥墩后面等着我们。我们转弯的时候，他们的武器已经准备好了。他们用 AK-47 射击，但是枪法不准，没有打中我们的车。谢天谢地，我们领头卡车上的一名炮塔射手处于回击的有利位置。他与射手交战，.50口径的枪射出的子弹击中了较胖的那个人的胸口。那个胖子倒了下去，他的枪弹到墙上。我看不到较瘦的射手怎样了，但是我想不会好。交火停止了，我们继续前进。我们平安地到达拉马迪，参加了纪念仪式，没有遇到别的意外事件。

战场部队通常会在队友尸体运回来之前表达他们的敬意。海豹突击队做的事情之———谢天谢地，不是经常——是恰当地为死去的战友送行。我们有自己特殊的方式向崇高的牺牲表达敬意。

我们把一个狭小的空间变成一座临时教堂，马克的仪式就在那里举行。屋子前面的小平台上放着一双空靴子、一套防弹衣、一把倒放的步枪，一个头盔平衡地放在枪托上，还有一张摆着马克相片的桌子。

马克最亲密的伙伴站在前面，我们与马克的一些来自兄弟部队的朋友站在后面。街道上挤满了其他的美国和伊拉克士兵。来自特混分队的任何一个认识马克的人都想参加这个仪式。

指挥官动情地与屋子里的这么多人谈论曾经作为勇士和朋友的马克：他是如何渴望帮助别人；他如何永不放弃，一次也不；他对他的朋友是如何的无私和忠诚。

马克的死对指挥官来说一定是个特殊的负担，因为这支分队的每项任务都是指挥官的最终责任。站在后面听着他履行这项庄严的职责，我忍不住想，如果我要为我的一位亲密的伙伴做这件事，我会说些什么。

指挥官说完后，一名高级军官和一名军队牧师都发了言。然后，屋子里的每名海豹突击队队员，以游泳伙伴为一对，走到神龛前，对着马克的相片说一声简单的、轻声的再见。仪式结束后，大家排成长长的队伍，护送马克的灵柩上飞机，开始长途的返家飞行。

一切都结束之后，我们坐在一起吃饭，马克来自特混分队的亲密朋友在天亮之前返回了大本营。特混分队 B 队的一名队员要和我私下谈谈。

"我们要去报仇。"他说。

"报仇?"我问。

"我们要去报仇，你们参加吗?"

我喜欢战斗,喜欢参加枪战。我一生中已到过伊拉克六次了。枪战和伊拉克都立刻让人感到兴奋和上瘾。当你到了伊拉克,你就开始谋划战争。但是我认为,复仇不是枪战的最好动机,它是堕落的导火索。杀死马克的人或许是残暴的人,他们无疑会带来很多痛苦。我能理解特混分队任何一个成员认为他们有权报仇的感受。做这件事的人是邪恶的,如果有机会,他们还会做得更可怕。马克是我们的朋友,有人扣动扳机杀了他,但是对我来说,受这种直接感情驱使而去报仇的想法是错误的。这不是兄弟情谊的精神特质。"我们已经连续两天战斗了,"我告诉他,"我们的人没精力待在这里,我们需要制订计划然后再次出发。"

"你在说什么?"他问。

"我认为我们应该放弃。"我说。

他没有再说什么,但是我想他对我的回答不是很高兴,我们握了握手,然后直接回到哈巴尼亚。

我深信,最后,特混分队做出了正确的决定,恰当地返回了战场。那场战斗不属于我们。

十一、势头转变

　　　　没有一个为国捐躯的混账曾赢得战争的胜利。让那些可
怜愚蠢的家伙为了他的国家捐躯的那个混账才是赢得战争
的人。

——乔治·巴顿（George Patton）

　　我们的武装卡车就像悍马坦克，有装甲门，装有金属板的窗户、钢筋
起落架，你其实是很安全的。

　　安全和封闭的。

　　如果你不是炮塔射手，那你的确是安全的。炮塔射手可就一点都不
安全了。

　　在炮塔上，你能感受到温度、风和灰尘——一切事情。你有一个非常
好的360度的视域。你是卡车上唯一一个不受保护的人，而且也是迄今
为止最暴露的一个人。你手里握着的是卡车上最大的枪，你是唯一一个
能对任何进攻做出直接回击的人。

我在2号车里。我们的跟踪车——4号车有炮塔射手和.50口径的枪，在我们后面40码。我听到了触发手榴弹或是简易炸弹的声音，但我看不到任何东西。

甚至在我开口问之前，我们的跟踪炮塔射手就在无线电上说："给我点时间，上尉，我在处理一些事。"

然后，"有一辆可疑的车正开向我们，"他说，"我把他的车头截断了，它不是个问题了。"

一有难得的机会，就是我的伙伴允许我的时候，我喜欢骑在炮塔上。作为一名军官，我的工作是领导，但是一旦得到机会，我就像牛排馆的一头斗牛犬。

"你为什么不下来到卡车里来，先生？"一名炮手问。我知道，当他叫我"先生"的时候，他就是在挑衅我。"把它交给专家，好吗？"他会说，"接下来的事我来应付。"

情报听起来是可靠的。一些金融家、炸弹制造者，可能还有几个狙击手基层组织正安全地藏匿在我们行动基地的北部地区。我们的基地在哈巴尼亚的东北部。海军陆战队的一支小规模部队已经到达那里，希望能够瓦解这次暗中勾结的行动。他们遭遇了希望遇到的叛乱分子，但是行动并没有按计划进行。海军陆战队第二次去的时候，一枚路边炸弹严重地炸伤了四个人，炸毁了一些设备。双重打击之下，海豹突击队接到命令："试试运气。"

尽管是在伊拉克西部，但是我们正进入危险地区。就我们所知，没有海豹突击队在安巴尔省出现过，没有任何特种部队的任何人去过。不能开车进入，在这么狭窄的道路上和容易被发现的地方，无法部署最好的伏击。即使车上有信号干扰发射器,我们也是火箭推进榴弹和简易爆炸装置容易集中攻击的目标。所以我们步行前进,10名海豹突击队队员和14名伊拉克童子军,这并不是说步行就能给我们提供什么保护。

现在才6月,但是中午的气温已经高达100~125华氏度。正午刚过,整个地区就是一个满是沙漠螳螂和沙蝇的蒸气浴室。战斗设备和防弹衣使我们越走越热。我们带着武器、子弹、食物和水,仅此而已。我们没有做任何停留。我们的首要任务是对抗把那些海军陆战队炸坏的敌人的爆破队。我们不知道什么时候能找到他们、在哪里能找到他们。但是无论何时何地,我们都知道他们拥有主场优势。

在部落觉醒运动之前,伊拉克是一个危险、失控的地方。安全和成功绝对没有保障。我的脑海中跳出父亲的法律合伙人曾说过的一些话。他是一名拥有两枚银星勋章和一枚铜星勋章的越战老兵。父亲告诉他我通过了海豹突击队训练,这是多么了不起。"的确,"他回答说,"但是这不能使他们刀枪不入。"还真说对了。我们没有人刀枪不入,也就是比战场上的其他任何人都准备的更充分罢了,但这意义重大。

"准备好行动了吗,卢(Lou)?"我问我的排头兵。在这样危险的巡逻中,卢是最棒的海豹突击队队员之一。

"收到。"卢说。

这样的温度带着这些设备,我知道我们需要有效地行动。

"指明路线。"我告诉他。

离开熟路进入安巴尔省的荒野,总是令人感到畏惧,与此同时,也让人感到兴奋和伤脑筋。你知道,有时,在那类巡逻中,你很有可能会遇到武装叛乱分子,今天就有可能遇到。对我们所有人来说,那是一剂即时能量。这就像走进球场,进行突然死亡加时赛——突然死亡不仅仅是一个比喻。开始巡逻时,我们迫不及待地希望战争开始,希望敌人尽快地出

现,然后看看谁有本事。

任何海豹突击队部队,都知道如何小心地穿过不同的地形,无论哪里,农村地区、城市地区,经过泥地、水泥地、沙子或积雪。如果我们不想让人们知道我们到过那里,那么他们就不会很容易发现。基本水下爆破训练之后,我们都经受过训练,不会在身后留下痕迹、踪迹或其他任何东西。敌人的部队必须密切注意才能知道我们何时经过了此处。

我们并不避免直接冲突。在这次任务中,直接冲突才是重点。我担忧的是暗中侦察,尤其是任何能使敌人首先发现我们,预测出我们可能往何处去,然后埋伏以待我们到来的事情。那有可能把事情搞糟。我们更喜欢自己惊喜的发现。但是,与大多数任务一样,在这次特殊任务中,不仅仅只有海豹突击队,还有伊拉克童子军与我们一起巡逻。我们确信,童子军没有我们的野外作业水平。实际上,他们已经很好了。他们在学习,但是有时,他们会做一些不守纪律的事情。

"你到底在想什么?"在一些特别愚蠢的演习之后,我不止一次地想这样喊叫,"我们都想活着离开这儿。"我们第一次在一起交战,当子弹飞起来的时候,他们没有寻找就近掩护并还击,几名伊拉克童子军朝错误的方向射击,并开始神经质地大笑。当重机枪处于脱扣状态,他仰面朝天的时候,重机枪会不断自动地朝空中射击。我不得不把枪从他手中踢飞。

但是,不管怎样,他们是我们的伊拉克伙伴,在一起要执行重要的任务。

我们开始沿着路边前进,我立刻感到有人或许在监视我们。就我所知,这仅仅是一个直觉,还没有人想与我们交战。

大概一个半小时以后,我们来到上面有一座小桥的水渠前面。在桥的另一边,三条道路汇合到一起。我立即意识到那是一个危险的地方。当我们向着计划中的周转地点(一小群房屋)前进时,这一咽喉要道是我们易受攻击的地方。但就我们所知,那座小桥是通过这条水渠的唯一通道。

我们的巡逻线大概有100码长,我和海豹突击队以及以伊拉克童子军处在中间位置。正当我们到达咽喉要道的时候,童子军决定停下来休息一下,喝点水和吃一些食物。我心想,这可不是什么好事情。

我立刻用无线电与弗兰克长官取得联系:"我们处于一个易受攻击的位置。我们做短暂的停留,不要让他们取出所有的食物。五分钟之后,我们继续巡逻。"

长官已经知道了,四分钟后,我们继续前进。

我们前进时,我注意到地上有少量色彩鲜艳的M&Ms巧克力豆。起初,我没想太多。但是,我能十分肯定的是:没有一名海豹突击队队员会不小心把巧克力豆掉在地上。不可能,这从来都不会发生。伊拉克童子军一定是在休息地点偷偷吃小吃,在走之前掉了一些糖果。

当所有人穿过了那个危险地点后,我感到很高兴。我们没有休息继续前进,直到到达目的地小村庄。我们搜查了几座被占领的房屋和一些偏僻的建筑物。和往常一样,我们强行进入,使别人感到我们的存在。

那天,看起来我们不会进行任何真实的战斗,仅仅是再次冒着高温穿过几扇破门的行动。我们按照来时的路返回。

当我们从另一个方向靠近小桥时,一些东西吸引了卢的注意力。这或许是个问题,或许不是。"先生,"卢说,"我刚刚看到一个可疑的人,他一边踱步一边向后张望,从我们这个位置走开了。他看起来没带武器,但是他上了一辆车,从你之前担心的地方开走了。"

"好,明白了,"我说,"继续前进,保持谨慎。"

没有机会交火。无论那人是谁,他现在已经走了。这一地区通常都是寂静的。远处,一个女人从商店出来回家,几个孩子朝另一个方向骑着

自行车,几乎看不到其他的任何活动了。

像这样的时刻,我脖子后面的毛发都会竖起来。我一直都会集中注意力。我的感觉几乎是兴奋的,感到自己像是回到了动物世界,正在发掘一些生存技能。在离十字路口还有50码的地方,卢停止了巡逻。这次,他的声音听起来更加紧急。

"暂停。"他在无线电里说。

我和他一起走上前去。

"发生了什么事?"我问。

"我不知道,"他说,"这一地区看不起不太对劲。我们找另一条路过水渠吧。"

那并不容易。如果巡逻的只有海豹突击队队员,那么我们只要游过去就可以了,但是童子军都不会游泳。

十分钟后,卢找到了一条路,可以使我们绕过让我们非常担心的那座小桥。他发现了一座横穿水渠的涵洞。"我们让每个人走钢管穿过水渠。"他说。

很快,所有24名海豹突击队队员和伊拉克童子军小心翼翼地沿着管道行走。带着武器和穿着被汗水浸透的防弹衣,我们很难掌握平衡。到了水渠对岸之后,我们躲在河岸下面。河岸上长满了高大的柳树和水草。卢和我,还有几名狙击手决定近距离观察一下。

你绝不能低估训练有素的海豹突击队队员极具洞察力的天性。就在我看到巧克力豆的地方,五个年轻的叛乱者蜷缩在一起,盯着什么东西在看,我分辨不出是什么东西。掩藏在草丛中,他们看不到我们。他们中的一个,卢说,就是车上的那个人。其他几个人拿着机关枪,他们所有人都穿着弹药胸挂。其中一个人手里拿着的看起来像是80毫米火炮,这种火炮非常适合改造成一个容易隐藏的简易爆炸装置。我不知道我们的名字是否写在大炮上,但很可能就写在上面。

我们的狙击手毫不犹豫地举起枪,朝着水渠对面开火。第一枪发出时,两个叛乱者拔腿就跑,其他三个人倒在地上试图还击。在我们的子弹将他们打的四分五裂之前,他们跑不了多远。

即使是从水渠对面,我们也能看到他们的身体随着每一轮新的齐发而抽搐,痉挛性地慢慢向左移动几英寸。我们的射击比任何人都好,在任何公平的和最不公平的枪战中,我们都会获胜。这次交火持续了不到20秒。现在,我们的注意力立刻转移到那个简易爆炸装置上来。

我们暂时保持距离。

三个倒在地上的人再也不能动弹了,但是其他两个人中的一个人,或者是一些尚未被看到的人在远处很容易逃脱。只要我们一有动静,他们就会点燃一根远程雷管。

"别操心那个装置了,"我告诉处理爆炸品的长官,"在附近把炸药放置在定时器上,让我们有机会离开这里。"

我们走出200码,穿过一片开阔场地。随后,我们听到了一声巨大的爆炸声,足以使所有人耳鸣,足以摧毁那个简易爆炸装置。

不知道那些巧克力豆是否出卖了我们,但是我认为那个简易爆炸装置不是一个巧合。它与炸毁海军陆战队的爆炸装置极为相似。如果不相信我们的直觉,我们就会遭遇同样血腥的命运。

这是整个领导团队中一次构建信心的胜利,它使我们渴望回到哈巴尼亚东北部地区,直到安巴尔省的整个地区被征服为止。

我们所有的任务并非都涉及搜寻叛乱者。自从我们开始与迫击炮男孩交火,越来越多的叛乱者都在搜寻我们。我们要在这里待四五天,保护一个海军陆战队建筑队的安全。

海军陆战队在印第安国度偏僻的乡下修建一个新的战斗前哨。我们设置了几个瞭望台,这样狙击手就能拦截任何威胁。我们在周围地区派出巡逻队,日夜巡逻。

我坚持参加大多数较艰苦的巡逻和突袭,这是一个领导应该做的事。作为领导,不会把他的手下派出去执行艰巨的任务,而他自己却不参与。不要把脚担在办公室的桌子上,那样你立刻就会被注意到,即使你认为没有任何人会注意。没有什么能像被他的部队认为是一个逃避责任的人一样,破坏领导者的威信。在一个闷热的下午,巡逻完后,我们回到建筑工地,一场小规模的冲突爆发了。这不是一次持续的交火,但是它提醒我们所有人,要打起精神来。我们回到我们当作瞭望台的建筑物。洛佩和我脱下防弹衣。虽然是一场小规模的战斗,但是我们认为我们应该爬上屋顶,在一个阴凉的地方短暂地小睡一会儿。我们到屋顶时,情况让人感觉有些不对。

"我们再看看。"当我们穿上防弹衣,开始爬下楼梯时,我说。就在我们到达二楼的时候,两枚迫击炮弹,一枚60毫米、一枚80毫米,在我们头顶和脚下落下。较小的一枚击中了屋顶,较大的一枚击中一群海军陆战队士兵和伊拉克童子军恰好站着的地方。两枚迫击炮炸死了两名伊拉克人,炸伤三名海军陆战队士兵。洛佩和我冲到楼下的一间房间里,房间里看起来就像链锯杀人狂电影里的一个情节,到处是尸体。两名海军陆战队士兵强忍着痛苦,一名伊拉克人因失去一只胳膊而呻吟。整个房间全是鲜血,一名海军陆战队士兵的胸口遭到了致命的重创,这会导致肺萎陷。战地医务兵迈克(Mike)围在他身边。

吮吸性胸部创伤实际上是非常少见的,但是如果处理不当和不够迅速,结果将是灾难性的。整个处理过程令人惊恐。迈克使用的是阿谢曼胸部闭合器,这是前海豹突击队队员发明的一种医疗设备。它是一块很大的贴片，上面有一个阀门，拍在伤口上，立刻就能平衡肺部的压力。

那天，我注意到一件事，这不是我第一次注意到：喊声最大的是那些伤的最轻的人。他们的喊声引起了混乱。这使我想起了我在海豹突击队训练中听到的一些故事。当时，一名年轻的军官因为一些琐事而失控。一名高级长官告诉他："先生，你崩溃了，你使其他所有人都崩溃了，我给你一条重要的建议：'冷静是会传染的。'"

我让两名块头最大的队员把声音最大的、哭喊不止的没有受伤的伊拉克人拖了出去，这样，我们的军医才能开始工作。很快地，他们就把几名海军士兵送上直升机接受治疗。

伊拉克的情况就是那样。与我们一起工作的一些人非常优秀，一些人却比无能还要糟糕。

几天后，我和一名狙击手在屋顶，我听到AK-47射击的声音。我喜欢在屋顶，这里是一个很好的射击位置。从屋顶，你能看到很多坏家伙。

"到底发生了什么事？"我冲着无线电喊道。

"你一定不会相信，"雷德说，"你最好下来看看。"

在一楼，一名伊拉克童子军坐在椅子上抱着他的左脚，正在哭喊。一名伊拉克中尉和一名翻译站在他旁边。我们的一名医务兵正在检查他的脚。

我们几乎走到哪里都带着童子军。海豹突击队第一队负责提高童子军的基本能力，使他们成为真正的士兵。但是，很显然，他们中的一些人比其他人更能从中获益。他们的水平参差不齐，一些人曾参加过效忠于萨达姆的军队，他们不忠于萨达姆但却是职业军人；一些人是动机不明的应招士兵，其中少数人迫不及待地想离开。

"发生了什么事？"我问。

"他说他的武器走火了"，医务兵说，"但是，我不相信，我认为他为了

离开这里而朝自己开枪。"

"伤的怎么样?"我问。

"咳,说实话,子弹完全穿透了。子弹从脚面进去,从脚底出来。神经没有受损,出血很少。我想这一区域仍然因为离脚面太近的突如其来的子弹而受到震荡。"

翻译把我们的谈话重复给中尉,很快,中尉就变得越来越激动。"他必须立即被运走,"中尉说,"我们不能等,必须马上用军用救护直升机运送他。"

伊拉克军官说用直升机运送这名童子军,对我来说,这似乎很容易办到。我有一种强烈的感觉,他们策划了逃离这里的计划。我记得,简要介绍这次特殊任务时,童子军坚决不愿意去。他们说,这一地区太危险了,有太多的叛乱者。

"他需要治疗吗?"我问医务兵。

医务兵看了我一眼,好像知道我在想什么。"他能活好多天,"医务兵说,"他可能会不太高兴,因为他不能到处乱跑,但是可以坐在这里,坐在这栋大楼里,我们需要他坐多久他就能坐多久。"

这是为期两天的军事行动的第一天清晨。

"听起来不错,"我转向翻译,说,"我的医生能提供他需要的任何治疗。从现在起48小时,我们将按原计划执行任务。"

"还有一件事,"我补充道,"告诉他,如果他想通过使自己受伤来逃避工作,那么他必须做得更好才行。"

与任何团队在一起,你都必须确立自己的领导地位。作为领导,你要准备做出决定并坚持下去。如果童子军处于任何危险中,那么我们就要把他们撤离出来,但是我不会让一个脚上有小伤的懦夫打乱我们的一天。

我们虽然因为骗子而感到痛苦,但我们有幸拥有一位专家。萨姆

（Sam）是我们部队最好的翻译。他是黎巴嫩南部的一名基督徒，之前曾参加过战争，身上有疤痕为证。他是一名真正的英雄。他总是知道如何在野外找到水和额外的食物。我们信任萨姆，让他携带一支步枪、一把手枪和全套的战斗弹药外出。他不断敦促我回来，到黎巴嫩去看他，去吃最好的法国中东菜。

我们打击一群目标，根据每日情报进行搜捕行动，每天晚上抓坏人。然后，忽然间，我们掘地三尺却不见坏人的踪影。我们像往常一样进行搜捕行动，但是每座房子里都搜寻不到目标。

情报报告仍然是可靠的，其他一切都类似。我弄不清楚发生了什么。

一天，当萨姆不换防的时候，我把他拉到一边。我让他穿上全套的海豹突击队装备，包括防护面具，参加我们下次的搜捕行动。"无论你看到什么、听到什么，什么都不要说直到我们回来，"我告诉他，"注意翻译们说的每句话。"

整个搜捕行动中，萨姆都没有说话。但是，当我们回来的时候，他气得七窍生烟："你告诉翻译：'给他们施压。'翻译却说：'这是他们要找的人的名字，不要承认你是那个人，他们会放你走。'"

我们立即赶走了这个品质恶劣的翻译。我想他不知道是萨姆出卖了他。忽然间，我们再次恢复了以前的工作节奏，进展突飞猛进。如果叛乱分子不投降，那么他们从当地平民那里得到的资助每周都会减少一点点。狂热的反美人士仍然立场坚定，但是即使是他们的数量也的确在逐渐减少。

那就是我们在那里的原因，通过改变战场势头来改变国家势头。

想起我在伊拉克的时光，没有比我们的朋友米奇（Mikey）的死使这段经历更加令人印象深刻的事件了。那是我们遭受的最痛苦的损失，也是

我所经历的关于勇气、牺牲和兄弟情谊的最鼓舞人心的事迹。最重要的是，他不是经过长时间深思熟虑才采取行动，没有受推动、催促或是压力。他是一个在关键时刻的瞬间采取行动的人。他反映了多年来我们兄弟情谊中建立起来的价值体系，是我们所代表的一切事物的象征。

即便今天，谈到米奇我都不能不动情落泪。

2006年4月，他来到海豹突击队，比我晚一个月。他是一名天才机枪手，一个有趣、自由自在的家伙。他是拉马迪特混分队的成员，在我们西边20英里处展开行动。他日夜在印第安国度巡逻，训练伊拉克士兵，为美国的离开做准备。他几乎马上就显示出他是怎样的人以及他是什么样的队友。他到达当地仅仅几周，当时，另一名海豹突击队队员在一次混乱的城市巡逻中腿部被击中。子弹仍然如雨点般落下，周围尘土飞扬。受伤的海豹突击队队员脆弱地躺在地上，暴露在街道上。米奇跑出来施救，把受伤的战友拖到安全的地方。为此，他被授予银星勋章。他的旅程才刚刚开始。

每次交战，他似乎都冲在最前面。任务非常艰难时，他是最快自愿参加的人之一。他只有一种速度，那就是勇往直前。他为一切做好了准备。

一个可怕的星期五，他所在的排与四个叛乱分子展开交火，一人受伤，一人被杀。预料到会有进一步的攻击，米奇和三名海豹突击队狙击手以及三名伊拉克童子军占据了屋顶的位置。当时，暴徒封锁了下面的街道。附近的一座清真寺发出紧急通知，号召忠诚的战士与美国和伊拉克士兵战斗。街上的人群抬头望着屋顶，用自动武器和火箭推进榴弹朝屋顶开火。一枚手榴弹打中米奇的胸部，手榴弹嗵嗵地滚落到他的脚边。

"手榴弹！"米奇朝着离他最近的两名海豹突击队队员喊。这两个人离他大约15英尺。

但是他们没地方可去。米奇离楼梯最近,他是唯一一个可以滚下楼梯或是跳到安全地带的人。他却反其道而行之,扑向燃烧着的手榴弹。几秒钟后,手榴弹在一声巨大的、震荡性的爆炸声中爆炸。两名队友受了伤,米奇的身体吸收了大部分的冲击波。尽管立即被撤离,30分钟后,米奇还是死了。

我不想妄自揣测,当他被用力投出的手榴弹击中,看到手榴弹落在他面前时,脑子里在想些什么,但是我知道他是怎样的人、他是如何被训练的、一直是怎样的队友。他不会首先想到自己的安全。相反,他决定:"我要吞下那个家伙,保护我们的伙伴。"他甚至没有意识到他们处于怎样的危险中。他轻易就能逃生。那天,在屋顶上,米奇是唯一一个丧生的人(美国人或伊拉克人)。那是一个没有人能强迫任何人去的地方。米奇就是这样的勇士,这也是我们一直寻找的那种勇士。死后,米奇获得了美国军队所能给予的所有荣誉,包括荣誉勋章。他只是一名二等海豹突击队队员、四等美国服役人员,获得了自反恐战争打响以来军队的最高荣誉。在白宫,他的父母从总统布什手中接过了授予他的奖章。不久之后,美国海军部长唐纳德·温特(Donald Winter)宣布,朱姆沃尔特级驱逐舰(Zumwalt class of destroyers)的第二艘军舰将被命名为米克尔·蒙索(USS Michael Monsoor)号。美国退伍军人事务部(The U.S. Department of Veterans Affairs)将圣地亚哥米拉马国家公墓的一条大道新命名为蒙索大道,以表彰米奇。

那些都是罕有的荣誉,但是米奇最感激的应该是圣地亚哥葬礼之后,海豹突击队兄弟所做的事情。

当护柩者从灵车上抬下他的棺材时,海豹突击队队员两人一排排成一长列,队伍一直延伸到亚麻平布国家公墓的墓地。当他被恭敬地抬到这一长队中间的时候,每一名海豹突击队队员啪的一声从自己的制服上

摘下金光闪闪的三叉戟徽章,用力将徽章按在木头棺材上。从容地,一步接着一步,啪啪声响彻整个公墓,在场的每个人都能听到,包括布什总统。"队列进行了大约半小时,"总统事后说,显然仍然很感动,"当所有一切都结束的时候,那个简单的木头棺材已经变成了一座镀金的纪念碑,纪念这名永远不会被遗忘的英雄。"

十二、七个月

战争总是跟随着相同的急切旋律在舞动。开头以猛烈的动作进攻,结尾总是成为完全静态的。

——孙子

如果我从一场枪战回来而没有剩余的弹药,那我一定做错了什么。

无论何时离开哈巴尼亚营地,我都会带着沉重的弹药,这包括我主要的战斗步枪所需的七个30颗子弹齐发弹盒;M-4机枪,其中六挺放在防弹衣上的胸挂里。此外,一个弹盒已经装满弹药,一轮子弹已经在枪膛里准备发射。我并不怕开火。但是如果你是一名只负责枪战的军官,如果你经常靠枪取胜,那么你就不是称职的指挥官。

射手与他的武器之间有一种自然而强烈的联系。毋庸置疑,射击很有趣。但是,它没有给其他事留有余地。当我处于射击时刻——视线向下,评估目标,平静地呼吸,平稳抵扣扳机,决定我是否需要再次射击——

至少在那时,没有人能驾驭一名射手。没有人问:"哪里才是更好的射击位置? 我接下来应该把小队调动到什么地方? 有人受伤吗? 我给上级反馈了恰当的信息吗? 我和我的小队口头沟通以及无线电信号通畅吗? 这场战争还要打多久? 是不是到了中止联系继续前进的时候? 我需要把弹药扔给一些人吗? 我这里还有多余的。"这就是你如何指挥一场枪战。

对初级军官来说,这是一门难学的功课。这些都是积极进取、性格坚韧的年轻人。他们希望成为射手和神枪手。在我的排里,几乎每个人都比我技术高超,对此我非常满意。我指挥了那些他们从中获得技能的枪战。每项任务的成功都意味着我做对了。他们的成功就是我的成功,我们是一个团队。

在爬上武装卡车执行任务之前,我喜欢回到自己的房间里。我非常谨慎地戴上机枪弹带和其他的装备,然后是防弹衣。我检查手枪——它干净吗? 上油了吗? 我检查枪膛以确保子弹上膛。然后,我闭上眼睛,用手触摸工具箱里的每样东西。我努力回想自己是否忘记了任何东西:昨晚我扔了一枚手榴弹,需要一枚新的……我所有的弹盒都加满了吗? ……我的 GPS 里装了新电池吗? 直到进了卡车,我才会戴上头盔。出门之前,我要阅读每天的信件。

在我动身前往伊拉克之前,特蕾西给我写了 50 封信。之后,她从我的家人和朋友那里收集那些充满鼓励的信和那些充满爱和支持的信,从大学好友、高中好友、远房亲戚和所有我认识的人那里收集信件。

如果一天打开一封信,那么我会有足够多的信件,几乎可以一直坚持到整个任务结束。

人们会记录一些普通的事情,我们一起做的一些事情,我回来之后一定要去的饭店、一定要看的电影。"我们想念你,"他们写道,"如果你需要任何东西,请告诉我们。我们为你正在做的事而感到骄傲。"这些信通常会把我带回生命中一些熟悉的地方。

那时,马克和米奇遇害了,我的一位大学好友在家中去世。看着那一大盒子的信,我开始想,如果我未能完成任务回来,那该多么遗憾呀,我就不能把这些信全部读完了。

之前,我从未提前看过这些信。一天看一封,我喜欢那种惊喜,但是现在,我陷入了可怕的两难境地。我应当打破自己的计划早一点读这些信吗? 如果出了事,如果某些人花时间写了这封信而我甚至从未打开过,我会感到非常内疚。

因此,到了任务中期,我开始每天读两三封信。我仍然将它们按顺序排好,认真地读每封信。

然后,我出门,走向武装卡车,戴上我的头盔。

在战斗部队,我们有一句老话:"在任何一个排里,最大的枪就是绿色无线电台。"MK-48 机枪是强有力的武器,但是一架 AC-130 武装直升机发射的一枚 105 毫米榴弹炮能摧毁一栋大楼。

这就是为什么所有的海豹突击队队员都要学习飞行员的语言。一个小小的空中支援就可以将一场具有挑战性的枪战转变为唾手可得的胜利。因此,当希望火箭弹、炸弹和导弹雨点般地落在敌人头上的时候,我们必须清晰地与空中的勇士沟通。

我们有自己的方法请求近空支援(close- air support)。大多数部队会拨打一个九线(nine- line)电话,给飞行员提供九个特殊的数据点。我们将之缩减为五线,包括部队的位置、敌人的位置、目标的细节、一些视觉信号,以及袭击之后效果的描述。虽不十分周密,但是这能使行动进展得更快。

一个有经验的飞行员甚至不需要武器就可以对他人施以援手。

初秋的一天,队友和我正在执行侦察任务,为一个新的战斗前哨寻找合适的地点。当我们巡逻至幼发拉底河附近时,受到敌人热点地区的火力袭击。你不能称之为真正的枪战。我们不能明确地分辨出敌人从哪个方向开火。我们知道大概的方向,但是你很难击中一个你看不到或是无法定位的目标。

我的无信电人员转入共享频次,呼叫附近的任何友机。一名飞行员立即从一架主力战斗机F/A -18超级大黄蜂的驾驶舱中答复。

"我距离你有三分钟的行程,"他说,"但是,没有炸弹,没有导弹,我什么也没有剩下。嗡嗡声管用吗?"

我的手下和我相互扫视了一下。

"不能造成伤害。"我说。我们没有很多其他的选择。我们盲目地射击,一次一发子弹。

"无论做什么,"无线电人员告诉飞行员,"仅仅是飞过也会有所帮助。"

超级大黄蜂是一种看起来很吓人的飞机,它的声音大的足以撼动大树。

"我还剩下照明弹,"飞行员说,"让我看看我能做些什么。"

四分钟后,他倾斜着飞过我们所在的位置,喷射出火光和炙热的磷光霰弹,希望通过扰乱敌人的热追踪装置来避开他们的返程火箭弹。

这是纯粹的震撼与威慑。飞机在河面上发出刺耳的声音,一路尖叫着冲向河堤,飞过传出枪声的山坡。

这架勇敢的蓝色天使没有携带任何弹药,飞的离河面非常近,以至于河水都快要喷发出来。这是一次令人印象深刻的表演。我不敢肯定射手是如何表演这一幕空头戏的,但是这一定把敌人吓得要死,他们对我们的攻击立即停止了。

　　我们的工作速度非常惊人，没有休息日，没有真正的休息时间，什么都没有。白天任务、晚上任务，我们从来没有慢下来。进行搜查拆毁一座房子，一个五小时的行动，我们一晚上可能要执行两三个这样的行动。我们获得情报，拆毁房子，把囚犯带到收容所，然后大家回到基地，清洁设备，确保卡车能准备好再次外出。我带着我的两名初级军官以及几个重要的同事去战术作战中心（Tactical Operations Center, TOC）撰写作战总结。有些夜晚，直到凌晨4点才能完成任务，我们快要崩溃了。然而早上8点我们还要起床，策划或执行另一个行动。从我们开始的那一秒直到停止，外面的天气一直很炎热。我们穿着防弹衣，走在街道上，进入房屋，爬上屋顶。从那些屋顶上看，柏油碎石路面更像是一个游泳池。我们上上下下，进进出出，有时参加枪战，有时没有——但是从不慢下来。

　　随着任务慢慢进行下去，我发现了一些令人不安的事情。我们仍然能够完成任务，但是小事情还是会出错：一个轮胎瘪了；有人忘了带收音机；两把枪不能用了，需要修理；有人弄坏了导航计算机，我们不得不返回。这些事情发生的时候没有人受伤，但是这给我们自己带来了麻烦。我们似乎有点笨拙，有点不灵活。

　　在我看来，我们正在失去我们的优势，目前还不算危险，但是这与之前事情是多么顺畅地运转形成了一个显著的对比。

　　究竟发生了什么？我心想。

　　我与特混分队的指挥官讨论此事。他也是我的老板、我的好朋友，他从总体上负责特混分队A队。

　　"罗布，"我说，"我认为我们正在自讨苦吃。我不知道是否是因为我们过于拼命地干活，或是在这里待得太久，还是到底什么原因。或许是这

些因素的综合,但是有些事情不对劲。我不知道领导是怎么想的,但是我认为这些家伙需要休息。不如我们休息几天,让他们完全放松一下?"

我不能肯定我是否会遭到罗布的拒绝,但是没有。"你掌握你那些家伙的动向,"他说,"如果你认为他们需要休息,那就让他们休息。从现在起两天之内,我们不会有任何任务。"

我们照做了,稍微休息了一下。

那天晚上,我们已经安排了一项任务。像往常一样,全队所有人都安排妥当,准备出发。像过去那样,我走进来简要介绍任务。我想所有的队友都惊讶于他们所听到的。

"喂,"我说,"我感到我们现在形势不妙,每个人都很疲惫。我们在犯错误,我们经不起这样的错误。我们不会让每个人像这样一事无成,所以今晚没有任务,我们不出去执行任务。继续带着你们的装备,把它们装在卡车上。我们去吃一些好东西,我想每个人都想吃好东西,每个人都会睡个好觉。早上起床,让我们放松,做些改变,享受一些乐趣。你们知道那会是什么样子。"

我们开车前往在基地另一边的餐厅,点了一些比萨、冰淇淋和许多其他的高热量、高品位、低营养的食物。那顿晚餐是我吃过的最好的晚餐。

在离开的路上,有人从餐厅偷了一些比萨面团。一名第一队的海豹突击队队员用一个55加仑的圆桶建造了一个精巧的、烧木头的比萨烤炉。海豹突击队队员真是足智多谋,即使在战场外也是如此。

第二天上午,大家分成几个小队,进行反手垒球比赛,右撇子用左手玩,左撇子用右手玩。像那样反着打球,这些家伙是历史上最糟糕的运动员,但是每个人都很开心。我们与海军陆战队进行了一场竞争激烈的水球比赛,将外科手术管子做成的弹射器作为我们的火力支援武器。即使是在水球比赛中,海豹突击队队员也不知道如何放弃他们野心勃勃的战术。吃东西、抽香烟,在接下来的两天里,我们得到的只有快乐。

我们发现哈巴尼亚湖旁边的一个储存设施里有一些充气橡皮艇。我们中的一个人找到一个花式滑水板——他从哪里找到的?——拉着海豹突击队队员在湖上转了好几个小时。当我站在桥上向下看,看着我的伙计们暂时摆脱了所有的战争压力时,我感到我进入了电影《现代启示录》(Apocalypse Now)的场景。电影中,罗伯特·杜瓦尔(Robert Duvall)让空中侦察队中来自加利福尼亚的新人在岩石浪区冲浪,即使炸弹正在下落。在任何战区,这或许不是符合常规的行为,但是我确切地知道,这就是当时我们需要的。当重返战场时,我们更加精神抖擞、更加敏锐、更加有活力,获得了坚持到底的力量。

在人的一生中,七个月并不长。在我的生命中,有七个月的紧张时期,但我几乎记不得了。但是,在伊拉克西部疯狂的为期七个月的部署中,B排的兄弟们倾注了太多的生命与死亡。我不知道我还能再对他们要求多少,就像"地狱周"期间我们精疲力竭的船员库伯一样,我们整个排真的已经奉献了他们的全部。一个新的排即将到来,我们在这里的停留即将结束。

我们有责任将我们的地区移交给即将到来的部队。他们的高层领导提前一个月来到这里,开始和我们一起制订计划,外出巡逻。当部队其他人到来的时候,每个人都感受到了战场的气氛。

将你为之战斗的一切移交给别的部队,这绝不是件容易的事。我敢肯定,这对将这一地区移交给我们的海豹第一队来说,也很困难。无论你如何解释,无论你将什么展示给他们看,他们都不能完全理解你这样做的原因和方法。你正在试图将七个月紧张的战斗经验灌输给一个短短两周

的交接部队。但是生活还要继续,战争也是如此。究其本质而言,战争永远是一项团队运动。我们会有我们的机会,正如一名海豹突击队队员所说,如果所有的教训都是用鲜血书就的,那么我们必须欣然与新人一起分享我们的经验。我们这样做了,并坚持到底。就在计划离开伊拉克的那周,我们仍然在执行任务。

最后一周,周三,我还在外面执行另一项任务。任务进展的很顺利,我们在深夜2点回到家里。我知道我们的任期几乎结束了,我详细地撰写最后一次战后报告,凌晨3点我准备上床睡觉。

"你再没有任务了,啊?"罗布,我的特混分队指挥官问我,"就这样了?"

"不是我的任务,"我说,"尼克(Nick)早上要出去了。"尼克是我的一名副官,一名聪明的年轻领导,有远大的前途。他带领一支巡逻队在通往东北部的另一条危险的路线上巡逻。这次,我不在部队的名单之列。

罗布拍了拍我的背,说:"晚安。"

我回到营房,开始洗漱。我放下枪,整理我的装备,准备上床睡觉。我脑海中突然闪出一个想法:除非他们把我们的飞机击落,否则我就把它们开回家。

我看过尼克的计划,他知道他在做什么。他开着武装悍马,然后,他和海豹突击队以及童子军一起步行外出巡逻。我想,在我上床睡觉,早上鼓励他之前,我应该去看看他和他聊几句。

灯亮着。当我拜访他的时候,他仍然在研究细节。"计划看起来很好,"我告诉他,"每件事看起来都很好。"我们已经做过多次了。

"你希望我来吗,尼克?"我问他。

"不,"他说,"不需要,上尉。我们很好。"

但是,当我站在那里,准备说晚安的时候,我记忆深处的一些东西开始困扰我。

我无法摆脱这一感觉。如果那里什么事情出了错，一个人受了伤；如果无论以何种方式，任务转移到南部，那么我绝不会原谅自己待在床上错过了在伊拉克的最后一次任务。尼克说什么并不重要。

"我陪你一起去。"我告诉他。

睡了几个小时后，我再次起床，匆匆带上装备。我出门的时候，他们正往卡车上装东西。

尽管我读过尼克的计划，可是我甚至还不了解任务的大概情况，所以单独行动的确不是个好主意。当我爬上卡车的时候，我笑了。心想，老兄，如果我错过这次任务，那岂不是很糟糕。

到那里，我知道这有点小题大做。谢天谢地，那天早上的巡逻完全是例行公事。我们与一些散兵游寇交了几次火。我们没有人员伤亡，就我所知，他们也没有。但是，就是最后一次参加行动却给了我真正的自信。替换我们的海豹突击队似乎也清楚地知道他们在做什么。我知道，这不足为奇，因为他们是按照与我们相同的方式训练的。但是，与他们在一起，亲眼所见，的确很好。与他们的领导一起工作，尼克天衣无缝地将新团队与我们的作战计划融为一体。我知道我们还要继续努力，将获得的优势保持下去并扩展开来。新人将会在战场上继续战斗下去。

由于战区的空运方式，我们不能一起飞回家。少数几名队友在我之前回家，一些人在这里又待了几天。但是，两周之内，每个人都返回圣地亚哥，直到那时，我才感到放松。

我们也曾死里逃生。一枚狙击手的子弹穿过一扇开着的门，但只有一片碎片击中了我们中的一个人。我仍然相信那枚子弹是从一座清真寺射出的。卡姆兹和其他几个男孩在屋顶，一枚手榴弹爆炸了。一些碎片击中他的上半身和脸部，他因此获得了紫心勋章。当我看到他的时候，毫

不夸张地说,他浑身是血。

说实话,我们是如此幸运,这真令人惊讶。罗是一名炮塔射手,当时,一个巨大的简易爆炸装置爆炸将每个人都炸晕了。他们所有人一起醒来,在悍马里活了下来。他们有点步履蹒跚,但是所有人都回到了基地。

我参加过葬礼,太多了,但是我从未参加过我们排队友的葬礼。作为一名负责海豹突击队排的军官,你不能发出每一项命令。很多事情发生的非常迅速,而且忙个不停。很多命令都是我们的队友自己发出的,这是很特别的事。人们总是做出复杂的决定,但是我也知道,特混分队A队B排的最终责任在于我。

这就是指挥重任的确切含义。这种重任就是,你知道你最亲密的队友、你最好的朋友以及他们的家人和亲人的未来都掌握在你的手中。

起初,所有这些人都说他们希望到那里去,都为自己来到这里感到高兴。他们所有人都对能够回家心存感激。他们知道战争的恐怖和艰苦,知道战场上会发生什么。我的每名队友都意识到,也都认同:直到他们到家的那一刻,最糟糕的事情才不会发生。

在战场上有对命运的不同理解。如果你是一个虔诚的人,那将提供一些安慰和解释。宗教是人们可以依靠的东西。你会相信,你生命中的每一步都由一股巨大的力量指引着,那可以解释人的生死。

如果最糟糕的事情发生,就像马克和米奇,我们会在基地的小礼堂里举行一个小小的仪式。然后,那名队友的遗体将会被护送回特拉华州的多佛空军基地。在此之前,一名身穿制服的队友和一名牧师将前往队友家中,带去这个家庭所能听到的最坏消息。

已逝队友的主管军官将消息带给他们的家人,这很合适。如果能够,我们任何人都会这样做。我将见到所有那些人的家人,父亲和母亲、妻子和孩子。我们会在一起吃烧烤,举行沙滩派对和篝火晚会。我会认识他们中的很多人。传递那样的消息将是我生命中最痛心的时刻之一,但是这没有发生,错过这样的战争经历,我心怀感激。

我们从事这项最活跃、最暴力的任务,一群令人惊讶的勇士完成了一项非凡的工作。在安巴尔省,势头开始转变:狙击手更少了,迫击炮攻击更少了,对基地组织的支持实实在在地减少了。我们对这一地区产生了重要的影响。

我把我带到战场上的每个人带回了家。

对我来说,这是一种骄傲,一种满足和感恩。

十三、杀戮学校

此刻,年轻人与他的主人一起战斗,作为一名战士,他第一次接受考验。他的精神摧不垮,祖先的宝剑依然锋利。一旦发现毒龙,他们就并肩作战。

——贝奥武甫(Beowulf)

我们的情报也会出错。房子并不总是我们要找的那座房子,或者这不是一个炸弹工厂,而是一座安全的房子;或许是丈夫、妻子和六个孩子碰巧住在一个危险的居民区。当弄错的时候,我们会尽我们所能来弥补过失。我们搜集我们能搜集到的一切情报,继续前进。

但是情报依旧会出错。

当海豹突击队破门而入时,我只能想象待在伊拉克或阿富汗的房子里是多么可怕。这些人是生活在另一个时代的人。他们晚上很少有电。忽然间,15或25个看起来像终结者一样的人就挤满了整座房子。我们在身体上比他们强壮一些。我们有大型武器和防弹衣,伴着夜视仪怪异的绿光，看起来我们几乎来自冥界。这一定会立刻使人感到恐惧和疯狂。

如果外国军队破门而入我在圣地亚哥的家，我知道我会是什么感受。我会担心妻子和孩子的安全，不希望侵略者在我住的地方周围走来走去。我肯定，我会感到一些珍贵的东西被侵犯了，无论他们想干什么。

我知道我想做出回应，但这并不礼貌。

然而，搜查房子是我们在战区必须做的事情。这样做并不能使我夜不能寐，也并不意味着我明天不能出门，我们搜查了这么多的房子，我永远忘不了那种感受。我相信，住在那里的伊拉克人也不会忘记。

当我第一次杀人的时候，心里并没有把握。那是在伊拉克，这我还是知道的，我与我的兄弟们在印第安国度。那应该是在幼发拉底河上的一次枪战。那天早上，在去费卢杰的路上，我们侥幸躲过了一次伏击，然后原路折回从后面袭击叛乱分子。这本可能是与流动的迫击炮男孩进行的很多次交火中的任何一次交火，但是，那都仅仅是猜想。

现实生活中，枪战比很多人意识到的更加扑朔迷离。由于电影电视的缘故，人们希望一场枪战是决定性的和明确的。在屏幕上，我们得益于导演那双训练有素的眼睛和非常好的摄影角度，我们看到的一切事物都栩栩如生。我们从坏人和好人的角度来看待枪战——远角、近角、每个小小的细节。在镜头面前，在落地之前，没有人会死。虽然电影电视场景疯狂地混乱，但是电影电视枪战的全部意图在于让观众知道谁杀了谁。在电影《墓碑镇》(Tombstone)中，倒霉的托马斯·哈登·丘奇(Thomas Haden Church)没有机会战胜方·基默(Val Kilmer)扮演的神枪手多克·霍利迪(Doc Holliday)。在电影《出租车司机》(Taxi Driver)中，毫无疑问，罗伯特·德尼罗(Robert De Niro)扮演的特拉维斯·比克尔(Travis Bickle)枪杀了时代广场上的皮条客。大屠杀就在屏幕上。即使在没有人死去的时

候,电影中的枪战也很少模棱两可。在电影《终结者2》(Terminator 2)中,阿诺德(Arnold)遵守约翰·康纳(John Connor)的命令,不伤害人类。因此,直到惊慌失措的警察全都惊恐地逃走,阿诺德才用他的小型机关枪摧毁了警察巡逻车。

但是,在真正的战场枪战中,视线并不总是配合得很好。在实弹战区,没有人能常胜不败,大多数情况下,结果不能被轻易地证实。在伊拉克,当我和我的排外出的时候,我们会遭到来自树林、椰子林和河对岸建筑物的枪击。通常我们会回击。有时我们能看见坏人——确切地知道谁从哪扇窗户射击,或是谁从哪棵树后面射击,有时我们仅仅能感到有人射击而我们是目标。

狙击手一般都知道,他们有瞄准镜。在那一刻,他的射击是能够被确认的。他选中一个目标,扣动扳机。大多数情况,他能够看到子弹是否击中、怎样击中。但是,在现役战斗中,对我们大多数人来说,左转,右转,朝着运动的目标射击,很难说你是朝一个人射击,还是朝二十个人射击。如果有的话,通常情况下,我们不能确切地知道我们击中了多少人。

然而,有一天,这一切就发生在我面前。

当我遇见他人,听说我做了什么的时候,他们有时会对我说:"你是个杀手。"是的,我是,我根本就不避讳这一点。对我来说,这绝不是一种冒犯,勇士就是为了那种不测之事存在和接受训练的。那是我选择的事业,是一项重要的事业。我的责任就是遵循公正的原则,并把它做好。

在海豹突击队的生活中,像很多其他人一样,多年来,我逐渐被培养为一名杀手。杀戮开始于基本水下爆破训练,在那里,枪械训练非常真实。我们从纸质目标开始训练——但并不仅仅是纸质目标,每一个目标都像真的坏人一样,带着枪、火箭弹、手榴弹或是刀。在海豹突击队的训练中,没有圆形的靶心,那似乎是一个小细节。但是,这使你从一开始就思考谁在我们炮火的另一端,飞行的子弹能对他们做什么。

当我负责基本水下爆破训练三个阶段的时候,就在即将成为一名海豹突击队队员之前,有一名新兵退出了。他在估计其中一个训练目标的大小,目标是一个拿着枪的十几岁的男孩。在战场上,我们会遇到童兵。我们的一些练习目标就很像拿着枪的男孩。他凝视着目标中的孩子,面露难色。

"我不能这么做。"他说。

"你什么意思?"我问他。

"那个目标看起来就像我的小弟弟拿着枪,"他说,"这不适合我。"

我试图缓解他的担忧。"由于敌人的缘故,我们最近一直在战斗,"我告诉他,"我想我们不会碰到任何一个看起来像你小弟弟的人。"

"是的,"他说,"但是他会是别人的兄弟。"

这有可能。

这是一个我们所有人都需要解决的情绪问题。这项工作包括杀人——为了美好的目的,是的,但是尽管如此,还是要杀人。新兵那天对我说的都是真的。我敢肯定,我很难承认,他周围就是这样一群海豹突击队新兵,他们正在做那项工作,竭尽所能地努力工作来提高他们的精确度和专业知识。他所说的、他如何离开,使我像尊重与我一起工作的任何人一样尊重他。尽管他接受的训练层次很高,但是他意识到那并不适合他。

那些通过训练成为团队一员的海豹突击队队员,对于工作中的这一部分,有一种心理成熟机能和权衡。在我们部队中,我们不会花太多的时间讨论杀人,我们只是不讨论。我们都接受了杀人的事实,否则就不会在这儿。当需要的时候,我们针对确定的危险会采用致命的武器。从打靶场到战场,再到可怕的真实战争再现,海豹突击队学会了在

扣动扳机之前认真选择目标。我们必须准确地辨别武装人员和无辜的旁观者,辨别我们要与之交火的人和需要帮助的人。慢慢地、反复地,在射击术训练专家的严格指导下——这就是海豹突击队新兵如何为他们的核心工作做准备的。

事实上,到任何一名队员上战场的时候,他已经多次经历杀人的生理和心理过程,在某种程度上,杀人变得机械化了。

中午,我们在印第安国度乡下的危险地区巡逻,这是一个非常活跃的战区,之前几乎没有美国军队到过那里。我们从一个灌溉水渠旁的椰子林后面走出来。我们前面不远处是一个十字路口,这是另一条必经之路。在伊拉克西部,有很多那样的必经之路。出于本能,我不同意我们所有的人立刻一起通过这个十字路口。

因此我把我们分成两队,让另一半人继续巡逻。"继续沿着路向前。"我说。我希望任何一个监视我们的人看到他们离开这一地区,认为我们所有人都会继续向前。

当其他人离开时,我的爆破技术员、通信员、重炮手、先头侦察兵和我自己,我们五个人留在后面等待,隐蔽在一片沼泽草地中。我不希望他们走得太远,以防我们需要时叫他们回来参加战斗,但是他们要离得足够远,以至于任何一个监视我们的人都相信他们已经走了。

"一直往前走,"我告诉他们,"不要出现,除非通过无线电听见我们叫你们。"

慢慢地、悄悄地,我们留在后面的五个人溜出沼泽草地,低伏着身体走向那个十字路口。当我们即将进入开阔地时,我们听到了声音,急切的声音,就在20英尺之内。我的心怦怦地跳着,那里只有我们五个人。我看不到任何人,但是他们却是如此近,我几乎拿棍子就能碰到他们。

　　我的爆炸品处理技术人员先于侦察兵从隐蔽处跳了出来，我不知道他为什么那样做，或许他自己也不知道，但是他走出来，用尽力气喊道："停下，停下，不要那样做。"

　　敌人是四个人，三个人拿着AK-47，一个拿着像我们的MK-48一样的弹带机关枪。我的技术员喊过之后，我肯定，他们能够看见我们五个人，交火开始了。

　　我并不恨他们，不会比一个猎人憎恨他的猎物更多。我总是尊重我的敌人以及他们的能力。

　　我们站起来连续射击，他们也是。我不知道整个交火花了多长时间，交火的时候，我从来不知道时间。当子弹飞来飞去的时候，我的思想高度集中。战场枪战中的动作总是像蜗牛一样慢。我感觉自己像一名优秀的橄榄球四分卫，接球人按照他们的路线奔跑，防守人从左边绕过来，带球的运动员被控制在起跑线上。我在进行一项我练习过千万次的比赛。一切都是慢镜头，我靠着肌肉的记忆力运动。

　　我的武器派上用场了。当把它扛在肩上时，我真的感到平静。我瞄准拿着AK-47的一个叛乱分子，射出两轮子弹，仿佛我在亲手送交每一枚子弹，仿佛能看到子弹在空气中缓缓前进，每一个细节都有条不紊地展开。我感到时间非常充分。我的目标显然是一个坏人，一心想对我们做坏事的坏人。

　　我看到射出的子弹击中了预定目标。当这一切发生时，我知道这是我第一次以这样一种近距离的、个人的方式杀死一个人。

　　他和我，面对面。

　　我看到他后退，看到他跌倒在地，听到微弱的喊叫声。他缩成一团，侧身倒地，一动不动。他就在那里，不再战斗，我扣动扳机打死了这个持枪歹徒。

当子弹停止飞翔后,运动速度恢复了正常。我的肾上腺素仍然非常高,但是它们逐渐平静下来。我不知道我是呼吸困难还是根本就没有呼吸,我只知道,在整个交火中,我操纵着勇士们的自动导航仪。谢天谢地,我安全着陆了。

我们侦察这一地区以确保危险过去了,附近的草丛里没有助手或后援。在一两分钟之内,另一半人返回了。然后,我深深地吸了一口气,呼了出来。

"干得好。"一名队友说。第一次根本不会让人感到受伤,甚至不像是第一次。我使用过很多武器,瞄准过很多目标。在之前的战斗中,我可能杀过人,尽管我不能准确地认出他们。对我来说,跨越那道线并不是一个巨大的飞跃。

当这一切最终发生并且结果清晰的时候,我感到放松。我终于做了我为之受训练的事,并做得很好。我们赢得了胜利,每个人都安全地回到家中。我们把一些危险的人赶出战场。长久以来,我们一直在寻找那群人和一些他们的同伴。这无疑会获得成功,每次都是胜利战胜失败。

那天晚上,完成战后报告和后续的作战总结之后,我们清洁武器,确保背包装满东西,准备好第二天早上再次出发。我吃了点东西,洗了澡,上床睡觉。然后,我在脑海里花了一些时间来承认这一事实:现在,我必须问自己的问题又少了一个:我能做到吗?

我已经确认,我相信的东西就是事实,我能够在两个人之间进行最激烈的交火,试图夺取另一个人的生命,一种致命的武力接触。我就是那个活着走出来的人。

现在,我是一类新的勇士;现在,我是一名"食肉动物"。那是海豹突击队对在战场上杀过人的某些人的一种称呼。当我成为那种人的时候,这对我来说是一个特殊的荣誉。

由于所受训练和性格，当需要我们的特殊技术时，海豹突击队倾向于成为人类曾经需要——现在仍然如此——的一个更原始的版本。

这没什么为难的。人，好人，有时也会体验一些阴暗的东西，无论他们是否愿意。人类灵魂深处的一些东西将我们带到那里，在此时或彼时，几乎每个人都会说或想："我希望我能杀了那个人。"大多数人绝不会按照那种感觉行动，这是理所当然的。

杀死某人，这是一件真实的事情。我们按照美国军队交战规则（Rules of Engagement）作战。我们认真对待那些原则，其最基本的条款，要求我们绝不攻击非战斗人员。但是，我们有权利和义务保护我们自己或我们的部队不受攻击或攻击的威胁。我们可以使用致命的武器打击敌对战斗人员，促进战争的合法目标。

然而，我认识到了这一事实，我们在战场上杀死的人，他们也有家人。我知道我改变了一个家庭。这是一个儿子、一个兄弟、一个父亲或是一个丈夫，他们的生命结束了而我的生命还在继续。这不是我想强调的事情，这也不是我能否认的事情。但是我觉得我很幸运，我没有看见任何一个我们朝他射击而他却没有准备朝我们射击的人——或是还没有射击。我绝不会朝着一个我认为绝对不是敌人的目标或个人射击。从未有一刻，我怀疑那次射击是对的还是错的，很多人都这样怀疑过。对任何一个善良的人来说，那都是一个真正的挑战。

在这个问题上，我不为女性辩护，或许这一点不是女性心理的一部分。但是今天，大多数的男人和男孩，在他们生命中的某一时刻，在床上辗转反侧的时候，站在淋浴喷头下的时候，或是凝视镜子的时候，心里都会想："当我面临致命武力的交战时，我该怎么办？如果我在一家比萨店，一个带着猎枪的男人进来；如有人在街道上亮出一把大刀，索要我的钱包；如果我爱的人受到某种威胁——我该怎么办？"

某种程度上,几乎每个男人都想知道:在殊死搏斗中,我该怎么做?在我被杀之前我能杀人吗?我为了谁而杀人?谁该死?

对我们有些人来说,仅仅思考和怀疑是不够的。有一种男人,内心会有一种冲动,推动着他找到这些问题的答案。

我的妻子总是能注意到一些有关我自己的,但是我自己却注意不到的事情。我自己的身体意识不到。我不断地移动、调整和重新定位。我不觉得我不舒服,不觉得我的卧室里需要一把新椅子,我甚至没有意识到我正在做某件事。但是我们在一起相处多年之后,有一天,特蕾西说:"你太不可思议了。你不能安静地坐在沙发上,哪怕只有三分钟。"她说对了。

多年来,她问我:"你昨晚做了什么梦?"她能感到我在睡梦中移动或听到我说些什么。我会告诉她我梦到了什么。我对此没有想太多。好吧,特蕾西一定对梦感兴趣。

一天,她告诉了我一些我没有意识到的事情。"你告诉我的每个梦都包含某种致命的战争冲突。"她说。

有人在追我,有人在威胁我,我正在解救处于危险中的人。每个梦都与冒险和冲突有关——大多数是殊死搏斗。我不能确定成为一名海豹突击队队员是否满足了我进行殊死搏斗的潜意识里的渴望,但是它一定与我性格中的某种根本的东西有关。

我第一次从伊拉克回到家时,特蕾西询问了我一点有关部署和部署是如何展开的事情。我告诉她那是一个非常暴力的经历,我们打了很多次仗。我没有谈细节,并不是我不想说给她听,她没有问我很多的细节,我自己也没有说这些细节。

然而,五年之后,一天晚上,我们出去吃晚餐,她说:"你从没告诉我你是否杀了人,发生了什么特别的事,或者杀戮是否经常发生。"

对我来说,这是一个意味深长的时刻。第一次,我与她分享了很多那次军事部署的细节。我不知道我是否会担心她或许会感到恐惧。在饭店里，我坐在她的对面，看着她的脸，但是她似乎并不感到恐惧。在我看来，我从她的眼中看到的几乎全是安慰，我也能够用那种方法来考验自己。她非常了解我。她知道，如果我通过了所有的训练；如果我逐渐积累了所有那些经历；如果在一场真正具有历史意义的战争中，我执行过这么暴力的任务，那我会感到多么沉重——还没有人以这种极端的方式考验过我。

她是对的。

当时，我回到圣地亚哥，循序渐进地提升训练层次，在下一代海豹突击队的发展中起到越来越大的作用。那意味着我要依靠自己的经验，也意味着有机会回家，因为特蕾西和我计划我们生命中的下一次冒险——成为夫妻并最终为人父母。如果我仍然徘徊，如果我没有机会成为一名我认为我能成为的勇士，我知道我内心深处会感到多么不安。我会一直渴望着下一次冒险。

现在，我懂了，我做出勇士终极行为的潜能和能力就在我内心深处。我知道，因为我已将它释放出来，那使我对生活给予我的全部有了更高的责任感和更多的感恩。那些以任何方式在部队中战斗的人知道我在说什么。当你为你的生命而战斗的时候，那种生命对你来说更具意义。

食物更加美味了，与家人在一起的时光感到更加亲密。与以往相比，爱好能带来更多的乐趣。你的感觉实际上更加灵敏了，你不再像以前那样在小事上斤斤计较，你在尽全力扩展人类的经验。

与此同时，我感到我是一个必要组织的组成部分。我知道，邪恶会与我对抗；我知道，印第安国度有坏人想杀死我，就像我想杀死他们一样。我以能想象得到的最亲密的方式与他们对峙。我仍然在这里。

只有当我离开海豹突击队兄弟，与老朋友和新朋友在一起的时候，我才意识到自己成年之后一直都与海豹突击队同行。人们奇怪地看着我，

我看得出来，他们在想，我打赌那家伙杀过一些人。

　　我不想装作我不喜欢被人以那种方式看成是特殊的，那不是我参加海豹突击队的动机，那不是我留在海豹突击队的原因，但是那永远都是我之所以为我的一部分。

十四、家庭时光

我从不害怕死神牵手的那天,但我害怕家人的哭泣,所以,我将尽我所能活下去。

——纳特·丹佛(Nate Denver)

我参加过太多勇士的葬礼。

所有的葬礼都令人难以抑制地悲伤。但是,我参加过一个葬礼,我们其他人都有点妒忌我们不是那个家伙。我知道大多数人都不能想象那样的感觉。但是,一名处于相同情况的勇士都明白那种牺牲的吸引力。与你的兄弟并肩作战,在荒蛮之地与敌人战斗,战死沙场。那是枪手的一生。

无论是马克还是米奇,纳特还是迈克,还是我们失去的任何其他的兄弟,我都感到悲伤至极,每个人都如此。但是我仍然坚信,死于战争是一种极好的方式,是结束今生并继续前进的一种体面的方式。

当我第一次参军入伍，在海军任职的时候，我从未过多考虑服兵役对我的家庭意味着什么。我曾听人们说："你的家人和你一起服役。"但是，我不知道在实践中，那意味着什么。这很难被领会，渐渐地——尤其是当我开始被部署到战区的时候——我开始感受到我对我母亲、父亲和兄弟——当我遇到并与特蕾西结婚的时候——尤其是我的妻子提出要求的重要性。我是决定走这条路的人。没有他们的同意，我也会走这条路。这条路意味着：

> 我长时间、经常不在家。
>
> 这种生活带来的所有的精神压力。
>
> 我可能回不来的这种真实的可能性。

前往伊拉克的时候，我知道这是一次非常具有侵略性的战斗部署，开始思考我的死对我父亲意味着什么。他爱我，我知道，他会想念我。但是对我父亲来说，我的死会以一种非常有力的方式结束他的生活。我祖父死于第二次世界大战，当他的儿子为国效劳的时候，也死在战场上——那是任何人都无法承受的。

我母亲一直都知道，我是那种喜欢不断鞭策自己的野心勃勃的人。当我加入精锐部队的时候，我想她并不感到惊讶。但是，像大多数的母亲一样，我母亲是一个易动感情的人，她为我担心，甚至今天仍然担心。当我知道自己要去伊拉克时，我与弟弟纳特谈了谈。我告诉他到那个暴力的战区去，我真的感到轻松。该发生的总会发生，我选择了这样的生活。

"但是，我一直都想着妈妈，"我说，"如果发生了什么事，不要让她陷入仇恨和愤怒。我不希望她对把我送上战场或领导我们国家的人心怀怨恨,提醒她是我选择了这一切。我与我想在一起的人做我想做的事。"

遇到特蕾西时,我已是一名海豹突击队队员。

她立即融入了B排的生活、戏谑和文化。这是一个大男子主义者的世界。桑尼、艾里什、费斯·曼和其他人是一群野蛮的家伙。当时,B排的大多数成员都是单身。他们外出交际,穷追不舍,拥有疯狂的恋情。几乎所有的女朋友都有绰号——并非所有的绰号都讨人喜欢,但是整个排的人都对特蕾西另眼相看。他们叫她"肯塔基州奇迹"。他们确定,像那样的一个女人锁住了我。

特蕾西与这个团队建立了真正的联系。是的,他们有粗犷的一面,但是,对特蕾西来说,他们看起来像很酷的返祖人。"这就好像他们来自另一个时代。"她感到惊讶。他们会为她挡门。当她走到桌子跟前时,他们会站起来;当她走进屋里时,他们会亲吻或拥抱她。她知道,如果有人曾说了一些对她不敬的话,B排的任何一个男孩都会乐意揍他一顿——甚至更糟。

还有我。不能说特蕾西不知道与她结婚的是一名勇士,甚至正相反,这正是我吸引她的一部分。我一直相信,她被我吸引是因为我是谁、我的工作以及我置身其中的这种文化。她从一开始就理解,理解压力、缺席和我不能回家的含义。她希望与一个和我有着相同信仰的人在一起,与一个对某件事情很有激情以至于愿意为之牺牲的人在一起。与之相伴的是巨大的责任。但是,我们必须一起想出办法使生活正常运转。我们从未找到完美的答案,但是我们总能找到方法。

一个问题就是打电话。无论何时我不在家,我们都在星期天通电话。那是我们的日子。如果星期天我在执行任务,或是在某个不能打电话的地方,那么我们会跳过这次通话。我不会在星期一或星期二打电话,我们会把打电话推迟到下个星期。那样,她就不会每天坐在电话旁,琢磨

着,他今天会给我打电话吗?这使一个充满信心的强大女人不会被恐惧吞没,不会等待整整一个星期只为知道我为什么没打电话。这或许并不适用于每个人,但是这对我们有效。

我认识一些资历较浅的团队成员,他们每晚都给妻子或女朋友打电话。他们使用网络电话或移动电话,至少,他们会写电子邮件。那对我来说似乎是一个可怕的想法。我告诉他们:"你要知道,我们被召集来做一些事情。你们不能连续三四个晚上给家里打电话。如果你每晚给家里打电话,然后中断了,那么你的家人就会开始发疯。"

那些事情经常会发生。我们会执行任务,大家会冲向电脑和手机。他们建立了那种模式,他们的女人们正在遭遇危机。对于他们来说,即使一个晚上不在家都是个问题。

特蕾西和我还没有孩子,孩子会使离开家变得更加艰难,我要向那些有孩子的海豹突击队家庭致以最高的敬意。无论什么最新的通信技术,它们都不能与一场小联赛中的欢呼、参加学校演出,或是晚上给小家伙盖好被子相提并论,还没有人想出办法通过无线电话来拥抱。

对海豹突击队的家人们来说,我们不在家的时候很多很多。训练成年累月,很多训练不能在你家的后院进行。你要去斯坦尼斯、密西西比进行丛林作战训练;去诺克斯堡、肯塔基州进行陆地作战训练;去圣克莱门特岛、加利福尼亚州进行海事训练;或是去科迪亚克岛和阿拉斯加进行冬季作战训练。即使在家里,电话也响个不停:"你能回来吗?"这可绝不是一个请求,这是命令。一旦你身处战术分队之中——咳,我的部署是11个月、8个月、6个月。无论你多么勤奋,这一切合起来就是很多被忽视的家庭。

我外出执行任务时,在机场或码头,和其他的家庭在一起的时候,我们从不和彼此说再见。我们在家里说,只有我们两个人,用那种方式说再

见感觉更私人化一些。我要离开时，特蕾西希望能保持振作。一旦关上了门，那就是她失去的时候。

她会尽情哭泣、尽情感受，但是我绝不会看到。

每对夫妻、每个家庭都有他们自己的仪式。他们给彼此送小礼物，在一起吃一顿特别的饭。他们说一些咒语或是特殊的词。有一些惯例使离别更容易一些。特蕾西和我发现，说再见令人非常紧张，我们不希望多一秒那样的经历。

当我要到地中海的时候，在最后一刻，我们的分别或许会推迟一两天。特蕾西和我已经说了再见，我在船上登记。我立即决定，我不会回到家里，我会待在船上，什么也不说。我回来时，会见到特蕾西。我不能想象我们重新道别，道别是那样的艰难。当我事后告诉她时，她说："当然，那是完全正确的。"

当我长时间离家回来时，我们也有自己的仪式。所有的家人都会在机场或码头等待，挥舞着标示牌和小旗。他们会拥抱、亲吻，欢迎他们的男人回家。这是一幅美丽的场景，但我们不是这样。特蕾西会在家里等我回来。团聚仅仅是两个人的事，我们希望为自己保留一些单独的时刻。回家团聚是我俩的特殊时光。

虽然分离对我们两人来说都非常难，但是我们喜欢那些神奇的小蜜月时光。她会做同样的欢迎我回家的晚餐：橄榄油炸鸡块、西兰花奶酪砂锅和好吃的山核桃派。我们会在一起度过一些安静的时光。

海豹突击队的妻子们有一个强大的外联网络，大多数妻子都是这个网络的一部分。她们分享家庭出游，提供精神支持，帮忙照顾孩子。没有一个海豹突击队的妻子需要独处，但是联系太紧密也有缺点。

当马克遇害的时候，在官方确认的一天前，他死亡的消息立刻传遍了海豹突击队的妻子们。当米奇扑向手榴弹的时候，情况也是如此。但是，

在所有的细节得到确认之前，官方报告总是姗姗来迟。那周，海豹突击队第三队的40个妻子都知道一个丈夫在伊拉克西部遇害。她们苦闷地等待了数日以弄清楚是谁的丈夫。

最糟糕的例子就是"唯一的幸存者"，在这次进攻中，马库斯（Marcus）幸免于难。消息传回国内，说一群海豹突击队队员被杀。名字没有立即传回来，早期的谣言说所有人都被杀了。马库斯的家人认为他一定遇害了。然后，消息传来说他或许还活着，但是没有人能确定。最终，好消息传来，马库斯是这次可怕袭击中的唯一幸存者。但是，对其他家庭来说，还是坏消息；对其他的人来说，这真像坐了一次过山车。

今天，当通信如此迅捷和容易获得的时候，军事行动保密很难。但是，一个家庭不应当从妻子网络中得知他们的亲人不会回家了，就如同不应当从福克斯广播公司（Fox）、微软全国广播公司（MSNBC）和美国有线电视新网络（CNN）得知消息一样。

我很幸运，特蕾西是如此坚强。我常常说："这个家里最坚强的人不是海豹突击队队员。"

她体格健壮。一次，我们滑雪时，她倒在地上，手腕折断了。

我只是看到她倒在地上，我冲了过去。她看上去没事。

"我想我刚刚折断了手腕。"她非常平静地说。

"你折断了手腕？"我问。

折断手腕是极其痛苦的，她没有尖叫或哭泣。我很确定她没有。我们到急诊室的时候，医生要求拍X光片。

"是的，"医生告诉她，"你折断了手腕。"

她仍然没有流一滴眼泪。

她生我们的两个孩子时，没有吃药，没有医生，只有一个助产士及她和我。我帮助她生下了我们的第二个孩子。能这样做对她来说意义非

凡。一代又一代的强大女人在没有医疗干预的情况下生下她们的孩子，她希望体验这种经历。

按照大致相同的方式，我发现了男性勇士相互干预的极限。特蕾西的性格同样坚强。她希望体验女性生产的绝对最极端的经历，按照原本意欲的方式生产，她做到了。

但是，真正能表明特蕾西性格坚韧的事情，是她如何对待勇士生活中的情感需求。她接受这一事实，我需要离家，为我的国家、我的团队和我的家庭做这些事情。她允许我做一些事情，我不必背负着担心家里无人照顾的重担，或是担忧她在精神上精疲力竭。我可以肯定，她独自承受和解决了无数的事情，但我都不知道。这是上苍赐给我的礼物，对此我知道我无法充分表达我心中的感激。

我喜欢她的心态，喜欢她的独立。我认为她是一个彻头彻尾的万人迷。我喜欢她的生活方式，她的生活方式让我疯狂。她是如此的不费力气、不刻意，简直是太性感了。我或许是唯一一个看出来的人。这是不是很棒呢？她是我之所以为我的非常深刻的一部分。

一旦我们有了孩子，我们就会考虑一种全新的场景。如果我死了，我就不仅仅是留下特蕾西一个人了，我会留下两个女儿。我们在一起的时光几乎还没有开始，还有很多事要做。我们才刚刚开始引导我们的女儿生活下去。

一些士兵会给亲人写最后的书信。他们在信中尽可能清晰地表达出自己内心深处的感受。他们私下把信交给真正的朋友，如果最糟糕的事情发生，让朋友把信交给他的父母、妻子或孩子。

我从未写过那样的信。

我对这个观点几乎有些迷信，写信的时候脑海里过早地想象我的死亡，这会以某种方式变成一个自我实现的预言。坦白来说，我从未觉得有

必要写那种信。

我的家人几乎无话不说。每次要挂电话的时候,我都会告诉弟弟我爱他,对父母也是如此。我们分享我们的希望,分担我们的问题。深深的情感压抑不是丹佛家处理问题的方式。

我结婚以后,情况也是一样,我和特蕾西之间没有很多的秘密。但是我们现在有了小孩,我想如果我要再次上战场,我会给她们写一封信。即使我死了,我也仍然希望能指导她们。如果我不能与她们交谈,我想我的信可以。我有很多话要对她们说,可她们还太小,有很多事情我可能没有机会传递下去了。

我知道特蕾西会代替我做很多事。她非常了解我,知道很多我认为重要的事情,会与女孩子们一起分享这些事。但是,有些事情我还是希望自己能直接和她们说,多年来她们的勇士父亲所经历的大大小小的事情。

开怀大笑。

如果你想一生摆脱痛苦,首先为他人着想。

香脆花生酱比香滑花生酱好吃,那是事实。

阅读。你总是能够与另一个读者交谈。

说实话。你不会后悔。真话能节省很多时间。

鞭策你自己,抛弃安逸。做对你有挑战性的事情。这才是成长之所在。

寻找导师。尽可能多地接受教育。他们会让你大开眼界,挑战你的思想。

当你脚上长了水泡,在上面涂上一层厚厚的凡士林,穿上袜子和鞋,继续做你的事情。爸爸告诉我的,这很有用。

寻找好的同伴和朋友。好朋友能减轻你任何严重的不安,能使事情变得更加令人愉快;与傻瓜在一起会毁掉你任何一个重要的时刻。

花时间使你的生活保持平衡。意识到什么是重要的。拥有雄心壮志,但是不要以你的朋友、亲人和享受生活为代价。

找到你真正热衷的事情,无论这将把你引向何方。不要被他人的期待所束缚。激情是属于你自己的。

如果你希望鞋子和靴子早上就干了,在里面塞上报纸。

友好、平等地对待每个人,除非他们给你一个理由不要这样。

认识到他人判断错误和品质不好的区别。对前者可以承受和原谅,对后者一定要远离。

如果你曾发现一个饮水之处,压强大且有冷水,记下它的位置。那是人生最简单的愉悦之一。

承认你的过错,不要逃避。今天,负责任是一个行将消失的概念。要用标准来约束自己,尤其是当你犯错误的时候。

不要沉溺于爱情。值得你爱的好男人就在那里,他将是幸运的人,确信他将为你而战。

家庭就是一切。始终守信于你的家人,我希望你保持并传递下去,为了子孙后代使这种信任强大而真实。

作为姐妹,要照顾彼此。你在这个世界上不会找到更好的朋友。我是这么的强大,因为我的生命有我的弟弟。照顾好她,这是一份永远的礼物。

当你18岁的时候,让你妈妈给你买一双红底的鞋。告诉她爸爸这么说的。我不知道红底鞋的名字,但是地球上的每个女人都知道。你会想拥有一双的。

从你一出生，一个伟大的关于爱的故事就开始了。有相片可以做证——助产士把我们的第一个孩子递给你的妈妈，我把第二个孩子递给她。找到这些相片，看看你妈妈的脸，你会明白我的意思。

我可以连续说好几个小时，有很多话要说。一旦开始，我就不知道在哪里停下来。

但是当我最终要停下来的时候，我想引用一首我最喜欢的诗。它是由肖尼族（Shawnee Nation）的特库姆塞酋长（Chief-Tecumseh）创作的。他是这片土地上令人印象最深刻的勇士之一。他的话语能引导我。

"好好生活，"特库姆塞说，"这样，死亡的恐惧就不会进入你的内心。不要干涉他人的宗教。尊重他人的观点，也要求他们尊重你的。热爱你的生命，完善你的生命，让你生命中的一切变得更加美好。乞求生命长久并去服务你的人民。……尊重所有的人，但不屈从于任何人。……当你生命将尽之时，不要如同那些内心对死亡充满恐惧的人们。他们在临终前哭泣，祈祷生命可以重来一次，好活出不同的方式。高唱着你的死亡之歌，像个英雄一样视死如归。"

我希望那种死亡离我们所有人都很远。

但是，我们会做好准备。我知道我们会的。

十五、两次行动

船行驶得不够快，就不合我的心意；因为我是要去作战，不是闹着玩。

——约翰·保罗·琼斯（John Paul Jones）

在海豹突击队所能执行的所有任务中，没有什么能与救援的魅力相比。护航、掩护射击、徒步巡逻、突袭，这些任务都是对海豹突击队特殊的挑战。但是，将平民从劫持者的手中解救出来，或是把一名走投无路的同伴从交火中解救出来——这正是突击队的紧急命令。

我们都能想象我们自己需要援助。每个人都知道那些场景将会多么悲惨地结束。通常，突击队是某人幸免于难最后的、最好的机会。如果海豹突击队能抓住或杀死坏人，那就是双赢了。

不要相信电影和电视剧，突击队的救援任务是极其罕见的。但是当命令到来，那通常都是绝望的命令。利害似乎总是生死攸关。任何地方、

任何一名海豹突击队队员，都梦想着参加那样的任务。

这种吸引力有多强烈？一名经验丰富的士官长这样告诉我："是这样一种场景，我有一项救援任务，两架直升机，没有足够的地方搭乘所有队员。我们都确定其中一架直升机会在去的路途中坠毁。"

然后呢？

"我会担心我没有足够的队员来完成任务——争吵之后，他们为了成为志愿者的机会而动手打了起来。"

这是团队协作：三名海豹突击队狙击手躺在美国班布里奇号驱逐舰（USS Bainbridge）晃动的扇形船尾上，透过长管半自动化SR-25 Mk 11 Mod 0狙击步枪的瞄准器看过去，等待三个索马里海盗同时进入视线。

"绿色……绿色……红色。"狙击手接连不断地说。

"绿色……红色……绿色。"

每名射手都有一个目标。武装海盗和他们的人质，一名美国货船船长在一艘5吨重有顶盖的救生艇的船舱里，救生艇被拖在美国海军军舰的后面。射击视线很荒谬。一艘上下颠簸的救生艇、一艘移动的船，二者之间是一根长长的拖绳。从班布里奇号的舰船看过去，说不上花多长时间所有三个海盗才能完全排成一排。

"红色……红色……绿色。"

在海豹突击队等待射击的时候，全世界都被海上这生死攸关的一幕惊呆了。一名新的美国总统仍在寻找他的国际地位，奥巴马总统还没经受过这样的考验。如果狙击手成功了，那么海豹突击队会赢得全新的信誉和称赞，为未来更大的任务开辟道路；如果狙击手击中了船长，没有击中海盗，或是以其他某种方式把任务搞糟，那么结果将是人类的悲剧和国际社会的尴尬。无论怎样，每个人都知道，很多事情都取决于几次快速射击。

海豹突击队训练正是为那种高压力、技术复杂的任务而准备的。从"地狱周"以团队建设为目的的小船比赛,到肯塔基州移动目标射击课程,再到整个海豹突击队拒绝失败的心态——他们准备好了。

冷静地区分好人和坏人。

不要匆忙射击。

与你的队友完全同步。

这是三叉戟徽章资格考试的最终检测。他们离非洲之角240英里。印度洋波涛汹涌,风越来越大。在一周之内,武装暴徒已经袭击了六艘船,索要数千万美元的赎金。四天前,四个海盗猛烈攻击美国货柜轮马士基阿拉巴马号。这是自19世纪以来,海盗第一次成功扣押挂着美国国旗的货船。但是,由于无法控制发动机,海盗强迫船长理查德·菲利普(Richard Phillips)登上一艘救生艇,驾艇离开。

在美国联邦调查局的指导下,班布里奇号指挥官一直试图与海盗谈判,释放马士基号阿拉巴马号船长。但是,由于谈判触礁,天气变糟,海军司令得到授权,除谈判外可以采取进一步行动。如果船长命悬一线,来自白宫的命令说,卡斯特利亚诺(Castellano)可以采取更激进的方法。

他召来一支海豹突击队。

正常工作情况下,暴力的个人攻击的确不是大海军的特长,海军军舰上没有突击队和狙击手。船上的常规船员包括一些好斗的海员和一两名非常善于射击的水手,但是好斗的船员和善射的水手不能完成这项任务。一些海军军舰有一支登船侦察搜捕(visit board search and seizure)小队。在如何登船(通常是在顺从的情况下)和采取一些控制措施方面,他们受过一些基本的战术训练,但是当涉及狙击行动和突击行动时,只有海豹突击队能做到。

美国军队中,有其他一些拥有攻击能力的部队,能够在海上有效地行动。但是,海豹突击队是美国特种作战司令部(U.S. Special Operations Command)的海上部队,在海上执行对敌任务,没有其他人受过我们所受的训练,拥有我们这样的热情。那种特殊的组合——暴力攻击,海上环境——根植于我们的基因中,它是我们的基因。没有一名海豹突击队队员曾说我们掌控了海洋,但是在海上,我们比其他人更能胜任工作。

八年来,在干旱的伊拉克和阿富汗持续作战,我们没有参与太多的水上攻击和救援,没有拆卸石油钻塔,没有每天追赶海盗。极少数恐怖分子的私人游艇上有核武器。9·11之后,最著名的战斗部署是在炎热和干燥的陆地上进行的。

班布里奇号的命令传来,海豹突击队整装待发。我们立刻变得生龙活虎,即使我们在战场上一直没有使用那些技术,即使我们不得不将任务计划束之高阁,我们仍然能够完成复杂的任务。

海上营救人质,有很多事情是不受控制的:可能击中不该击中的人;在失败的攻击中,我们可能会损失队友;敌人会回击,侥幸获胜。每次都是危机四伏,我们不能过分自信。每支高级军事部队都会犯错误,那就是我们所从事的职业的性质,尽管最近海豹突击队的成功率给公众期望留下了近乎完美的印象。我们永远不能忘记一次糟糕的射击是如何迅速导致灾难的。

但是,在这儿,射击并不是唯一的重大挑战。在海豹突击队狙击手有机会表明他们是什么类型的射手之前,他们必须上船。那就其本身来说是一项艰巨的任务,是营救人质的关键部分。为了那些狙击手获得扣动扳机的机会,很多事情都必须运转正常,做好准备。他们的旅程值得详细追溯。

当第一个命令到来时,海豹突击队离非洲角很远。海豹突击队必须从弗吉尼亚州诺福克起飞,飞行18小时到达非洲角。没有人浪费任何时间做准备,海豹突击队总是整装待发。我们的设备总是准备好了,我们的包总是装满了东西。

在海上,登上海军军舰最简单的方法就是借助直升机。但是,突击队不能直接飞到班布里奇号的甲板上,那样很容易引起海盗的怀疑。相反,整个海豹突击队小分队——狙击手、医务兵、爆破手、通信员,加上高级军官和几名前线军官——乘坐的是波音C-17军用运输机。该飞机经过特殊装备,能够运输大量高速突击艇。这些突击艇配有高性能发动机,艇上装满了海豹突击队完成任务所需要的所有东西——武器、弹药以及在需要的情况下继续逗留所需的足够装备,所有这些都用皮绳捆得好好的。

小艇装有固定拉绳降落伞,小船一离开飞机,降落伞就会自动打开。降落点是班布里奇号周围一两英里,或是班布里奇号的一艘姊妹舰附近,但是不能太近。否则,救生艇上的海盗就知道接下来会发生什么了。

"准备好下降。"飞机驶入区域后,海豹突击队跳伞长告诉机长。

随着刺耳的、机械的啪啪声,小船从海洋上空落下。当海豹突击队的小船从飞机上滑出的时候,你绝不会想靠得太近。你可以轻易地被拖走,展开一段意想不到的旅行。小船离开飞机的一瞬间,降落伞就会自动展开,小船就开始飘向印度洋。

海豹突击队带着自己的降落伞紧跟着小船跳出飞机。

这种行动调遣没有犯错误的余地:跳出飞机落入开阔的海洋,带着你的所有设备追赶小船,希望当你爬出水面登上小船的时候,你的无线电和导航设备都运转良好,这样你就能找到军舰。你最好祈祷小船的发动机能启动起来。

带着降落伞落入水中,爬上突击艇时,海豹突击队队员不会直接去找班布里奇号。他们最初会与附近的美军海利伯顿号驱逐舰(USS

Halyburton）会合，然后转移到班布里奇号上。在这样的行动中，每走一步都要设法处理难以琢磨的细节，应对未知的事件。通常，在事实往往不确定和不充足的条件下，必须当场做出关键性的指挥决策。即使是海豹突击队到达后，还是不能清楚地知道，他们到那里的目的是什么，哪种方法最合适——水上攻击、作战游泳任务、狙击手行动，那几种任务的组合，还是什么都不是。

通常，在这种情况下，大人物也必须服从管理。海豹突击队的初级军官必须与高级海军指挥官协调一致。海豹突击队将会行使重要的行动自主权，登上小船。对一个在海上拥有支配权的人来说，能忍受将他的军舰和船员交给外人来部分地指挥，这不是件小事情，尽管我们都是美国海军的一部分。

谢天谢地，卡斯特利亚诺指挥官积极参与，愿意给予帮助，而且知识非常渊博。

当他继续与海盗谈判的时候，海豹突击队迅速评估眼前的选项，每一步都与指挥官协调一致。在采取任何激进行动之前，必须认真研究每个选项。

海豹突击队可以从另一艘船攻击并登上救生艇。他们在火力和人力上轻易地胜过海盗，几乎肯定会制服海盗。但是代价是什么？海盗很可能会看到海豹突击队来了，船长会被杀，或是在第一批海豹突击队登艇之前就已生命垂危。

海豹突击队会游到救生艇那里，就像托罗和我在基地进行的蛙人演习一样。但是，可以确定，即使是这一选项，也很有可能在去的途中被海盗发现。

最好的、但是技术上最复杂的选择：将海豹突击队的狙击手安置在射击的位置上。

海豹突击队寻找的最佳射击地点是一些拥有清晰视线的地点和狙击手可以并排躺着的地方。班布里奇号的扇形船尾突出的部分，看起来是一个理想的地点。

狙击手认真监视救生艇上的行动。海盗和人质并不是在开阔的甲板上闲逛。那是瓮中捉鳖，任何一个周末战士（weekend warrior）都能成功射击。但是，海盗和人质躲在救生艇的封闭式船舱里，根本谈不上进行稳定的、畅通无阻的射击。

突击队的领导在军舰的战斗指挥中心与卡斯特利亚诺指挥官保持近距离的直接对话。

指挥官拥有他需要的所有权力。狙击手到位，现在，他们等待的只是行动的命令。

卡斯特利亚诺指挥官的命令传达给突击队领导，再传达给船尾的海豹突击队："海豹突击队获准进入战斗。"

他们坚守阵地，透过瞄准镜盯着海盗，等待射击时刻的到来。无法控制的就是当时机成熟的时候，海盗和人质会在什么位置。

"绿色……红色……绿色。"

"红色……红色……红色。"

"红色……绿色……绿色。"

然后，那一刻来临了。

船舱内，船长菲利普进入视野，一个海盗站在他身后，用AK–47指着船长的头。其他两个海盗的头和肩膀也能看到。

"绿色，绿色，绿色。"

三名狙击手几乎完全在同一时刻扣动扳机。三枚子弹射出，中间几乎没有间隔。三个海盗立刻倒在救生艇的甲板上。

船长看起来有点震惊，但他毫发无损。

三名海豹突击队狙击手长长地舒了一口气。

几艘小船立刻驶离班布里奇号,驶入波涛汹涌的水中迎接菲利普船长。登船分队检查确保海盗都被击毙。他们迅速将船长带到小船上,带回军舰。船长被直升机送往美国拳师号航空母舰(USS Boxer),进行医学鉴定以确保他安然无恙。

海豹突击队完成了任务。当高级军官给新总统讲述任务是如何完成的细节时,我希望我能在场,说:"是的,我们就是这么做的。"

我知道,华盛顿和全军的高级军官在互相谈论,心想:"天哪,这些家伙是谁?很高兴知道他们是我们的人。"

一位未经考验的总统以信心的飞跃为开始——一次当之无愧和精心准备的飞跃,然而,一次飞跃——以对海豹突击队才能和能力的进一步信任为结束。两年后,当最终的考验来临,全世界更加密切地注视着我们时,那次任务成功所带来的信心并没有被遗忘。

一定程度上,船上人质救援是一个"我们到了那里就能找到解决办法"的案例。索马里海盗任务表现了海豹突击队临场发挥的非凡能力。相比之下,抓获本·拉登表现了相反的才能,我们计划计划再计划,直到掌控最后细节的能力。

伴随着三楼浴室里精准的射击,海豹突击队做到了在令人沮丧的十年里没有人能做到的事,在因他而定义的战场上杀死了恐怖主义头目。海豹突击队冲进巴基斯坦阿伯塔巴德高墙耸立的庭院,本·拉登就躲藏在那里。国家事业中挥之不去的难题解决了。

终于。

与其他任何任务相比,那项任务成为海豹突击队的标签。

2011年3月2日,这不仅仅是本·拉登被打死的一天。就在这一天,全世界成千上万的人听到这个令人兴奋的消息，并且惊讶地问自己："有什么是这些海豹突击队不能做到的呢？"

我没有参与那次行动，也没有参与海盗救援行动。我希望我都能参加，每名海豹突击队队员都希望他能参加。该死，每名特种人员都希望自己能参与其中的一项任务。但是，这就是这次历史性的、令人满意的追踪本·拉登的行动使几乎每个人都感到惊讶的地方。就海豹突击队的任务来说，袭击巴基斯坦–阿富汗边境附近的本·拉登藏身之处对我们这些人来说并不困难。作为一个策划和技术问题，这远比索马里海盗人质救援行动简单得多。

找到本·拉登的藏身之处是一个挑战，这几乎花费了十年时间。美国应当对中央情报局特工、国家安全局分析员、军队内的情报专家和其他那些不知疲倦地追踪这位头号要犯的人表示感谢。但是，对执行这一高调任务的海豹突击队来说，这一任务就像走到门口拿早上的报纸一样。在此之前，每个与此有关的人已经无数次从事这一日常事务了。在基本水下爆破训练期间和之后，都进行过训练。在战场上练习，在搜捕本·拉登之前反复博弈。每个人都知道那天晚上本·拉登在干什么。

与所有的任务一样，这次任务也有风险和意外，其中一个几乎可以称之为悲剧。但是实际的任务——黑板上的战术、地面上的执行——我们就是为此而训练的。我们大多数人执行过比这更具挑战性的任务，而且准备的时间比这更少。即使是小故障都已见怪不怪了。

我并没有低估与之相关的努力。很显然，后勤方面存在困难，总是会有困难，每个人都必须秘密行动。攻击发生在一个禁入的战场上，美国没有得到巴基斯坦政府的允许进入那里。但是，这是一个众所周知的地方，一个高墙耸立的庭院，与海豹突击队用来训练的场地几乎完全一样。反恐人员拥有详细的卫星图，并且已经掌握了敌人的力量部署。坏人不知

道我们来了,这一地区是独立的,目标已经过了战争的巅峰时期。

我向你保证,针对"如果一架直升机坠毁会发生什么"这一问题,我们曾进行过一次实际的、特殊的争论。如果两架直升机坠毁会怎样?海豹突击队已经发现了这个问题,并且设计出了一个明确的调整方案。执行一个如此重要和高调的任务,我们将每个可能的场景都看作是世界末日。

每个人都知道灾难性的失败意味着什么:国内的尴尬、全世界的愤怒、一个新的有恃无恐的基地组织。如果任务失败了,我们会一直淹没在本·拉登幸灾乐祸的嘲笑美国大撒旦的邪恶和无能的录像带里。谁会知道他的党羽接下来会策划什么呢?

任何一架从阿富汗起飞,穿越边境,进入巴基斯坦的飞机上没有新手。这是海豹突击队的主力部队,最好的射手、最好的特种部队飞行员、最准确的情报,这些都是为了顺利完成任务。我们有领导层的全力支持,总统和他的高级顾问们甚至在白宫的作战室里观看实时视频。

更为艰难的,是在本·拉登对美国发动恶毒的攻击以后的几年里,这些出色的勇士在阿富汗和伊拉克日日夜夜所做的事情。我们所有的人,包括执行这项任务的特种人员,在那些具有挑战性的战区,在最黑暗的夜晚搜查房屋,追踪一个几乎可能在任何地方的目标。我们这支部队只有 7 名海豹突击队队员和 16 名伊拉克新兵。这是常态而非特例。

就是那些高调的经历使这次任务获得成功。在一座安静的房子里爆破,你不知道会发现什么。两个老人会睡在沙发上,40 个武装叛乱分子会开火。没有空中掩护,没有现场的地面支援,没有突击队封锁街区支援你,没有稍微可靠的情报。

你不懂他们的语言,文化不可能破译,很难区分好人和坏人。那就是勇士们夜以继日的工作。作为团队的军官,你需要是一名勇士、一名外交官、一名律师、一名牧师和一位家长。

与那些不引人注意的任务相比，搜索本·拉登遇到的抵抗相对较少。使这次任务变得如此有魅力、如此特殊和极其重要的，是目标的身份。自反恐战争开始以来，任何目标都不及这个目标重要。

关于故障：那天晚上，当海豹突击队到达庭院的时候，一架直升机的确坠毁了，但是那并没有妨碍任务的执行。实际上，当飞机很快失去升力的时候，驾驶员已经跳出飞机，赶上了部队上的其他人。

海豹突击队运走本·拉登的尸体，这样本·拉登的身份能得到证实和确认，白宫可以绝对确定海豹突击队找到了他们要找的人。

突击队完成了任务，胜利姗姗来迟。这对美国的反恐战争至关重要，这对全世界的恐怖分子表明美国不允许他们获胜来说也非常重要。那些格外重要的任务需要全力的支持："你们这些男孩需要什么支持来完成任务呢？"

一旦获得确认，在一个特殊的星期天的晚上，总统向全国人民发表了一个令人忘怀的声明。

"今晚，"他说，"我可以告诉美国人民和全世界，美国在一次军事行动中杀死了奥斯马·本·拉登。"

全美各地，从大学校园到市中心的零售区到白宫对面的花园，人们聚集在一起，开始有节奏地喊："U–S–A！ U–S–A！ U–S–A！"

但是在这儿还是要提一提海豹突击队。

执行任务的家伙没有喊叫，我向你保证，海豹突击队的其他人也没有喊叫。我们没有拍打胸膛，没有仰天长啸。

我们的反应更多的是内心的、焕然一新的满足感，终于有机会说："任务完成。"

第三部分 传承

十六、打造更多的海豹突击队

千军易得，一将难求。

——欧里庇得斯（Euripides）

　　所有的媒体都在报道这些出色的任务，战争历史学家将会回顾这些使势头发生转变的军事行动。"那个，"他们会说，"就在那时，部落首领可以看看那些基地组织叛乱者是什么样的暴徒。""就在那时，阿富汗塔利班真的要逃跑了。""就在那时，美国向全世界表明他们的狙击手真的会射击。"

　　但是，我们的兄弟情谊并不是自夸，我们并不在乎我们大多数的任务没有被圈外的任何人知道：我们抓住杀死队友的狙击手的时候；一名队友眼睛被射瞎，离开战场独自走向直升机的时候；我们的爆炸品处理专家发现了一个其他任何人都没有发现的饵雷，拯救了至少六名队友生命的时

候；我们在通向幼发拉底河的一条沟渠里用钓鱼线抓住一条鱼的时候；我踏入一条农渠，但那实际上是下水道沟，然后在剩下的执行任务的时间里，伊拉克厕所里的脏物不断从我的脚趾中渗出的时候，直到现在我仍然能闻到那种味道。

那些就是大家在科罗拉多州丹尼棕榈树酒吧里一边吃汉堡一边咒骂的任务。没出什么差错。无论关键的目标是什么都已经完美地实现了。那些就是以拍拍背，与我再喝一杯啤酒，说"我们都知道那里发生了什么"的方式来庆祝的任务。

作为一名海豹突击队队员，那些就是永远伴你一路前行的东西。那是危险、兴奋和成功总会带来的感觉，一种你永远都不会失去的感觉。

如果2500名海豹突击队队员能实现这么多目标，那么你想象一下5000名海豹突击队队员能做些什么呢？一些人最近一直在谈论，他们准备将全美国的军队变成一个特大型的海豹突击队排，让陆军、大海军、空军和海军陆战队到此结束吧。

祝你好运。

我认为，对海豹突击队来说，那种说法是奉承之词，即使是不怎么夸张的版本也是一种奉承。如果我们不断失败，那么没有人想要更多的他们或是更多的我们。自9·11以来，由于我们高调的胜利，政治家、学者和公众都一直要求更多的海豹突击队、更多的任务、更多的"凡是海豹突击队带到战场上的事情"。

但是，更多并不总是更好。这种大扩张的要求通常是在几个基本方面受到了误导：他们忽视了我们是多么依赖美国军队的其他部门，他们误解了起初是什么使我们这些特种人员变得如此特殊。如果我们拥有更多但是却更糟糕和更低效的海豹突击队，那将是一个非常有害的错误判断。在白宫内部,五角大楼的最高层和整个海豹突击队内部,这种争论正如火如荼地展开。

每当争论爆发的时候,我都是一名积极的参与者,而且通常是一名畅所欲言和充满激情的参与者。因为我负责海豹突击队初级和高级训练,所以必须如此。

我发现自己在两派强大的选民之间引航。一边是海豹突击队的高层领导,他们处于扩大人数的巨大压力下;另一边是第一线的海豹突击队教练,他们将自己看作是我们的标准和特征的捍卫者,但是坦白来说,有时他们做得有点过分。

我们必须保持这种复杂的平衡,但我认为我们并不总是能做到。我们不能以降低标准或是让不合适的人加入来扩大规模。与此同时,我们不应当在一些被误导的努力中将一些潜在的、很好的海豹突击队队员赶走,以证明我们是多么严格。这种争论如何解决、我们如何在排他性和规模之间维持恰当的平衡,对海豹突击队和其他特种部队的未来会产生重大影响。确定美国军队如何履行它最根本的责任,在未来的岁月里保卫美国的安全,将还有很长的一段路要走。

为了明白什么才是利害攸关的以及这种内部争论去往何处,你确实需要首先了解一点历史。尽管所有这些历史都影响了我这一代以及未来的几代人,但是有些历史比我开始从事海豹突击队这一职业还要早。对海豹突击队来说,越战的光辉已经延续了很长一段时间。就是在越南,早期的海豹突击队一举成名。利用游击队自己的力量来对抗他们自己,就此而言,那些人是传奇,今天仍然是。

但是,20世纪80年代到来,然后是20世纪90年代,特种部队的某些神秘性无疑已经开始褪去——不仅仅是对海豹突击队来说。参加越战的老兵越来越老,公众几乎对任何与越战有关的东西都失去了兴趣。就像

一部泛黄的平装本马辛克的著作,那些早期神气活现的英勇壮举和丛林勇气正在成为过去。五角大楼的一些人甚至开始怀疑,美国军队是否不再需要这些半独立的特种部队了。

1980年,在前往美国驻伊朗大使馆的路上,军队人质救援行动失败,这是美国特种部队装备不良和意志消沉的象征。海豹突击队在巴拿马和格林纳达执行的那些拙劣的任务也没有起到什么作用。这不仅仅使海豹突击队的声望遭受重挫,在那段任务策划和执行都很糟糕的时期,所有的特种部队都遭到了批评。我认为,与大多数同类的特种部队相比,我们具有更好的标准和团队精神。海豹突击队接受训练,保持身体强健,为接下来所发生的任何事情做好准备,但是我们做得不怎么好。在华盛顿和全世界的眼中,尽管我们自己虚张声势,但是某些因越战而著名的传奇性的优势和焦点,已经不可否认地逝去了。在国会委员会中,甚至在五角大楼的要员中,特种部队被日益看作是美国军队中一摊难以驾驭的死水——杂乱无章部队的大杂烩,分散在不同的分支部队中,角色定义不清,能力也不确定。在那些令人沮丧的岁月里,几乎没有人需要更多的海豹突击队。

两件事情改变了那种状况,其中一件事是循序渐进发生的,另一件则是一个公然的侮辱。

1987年,里根总统建立美国特种作战司令部,总部设在佛罗里达州坦帕麦克迪尔空军基地。美国特种作战司令部设立的目的是促进不同特种部队之间的协作,给予他们更多的资金、更好的设备以及他们工作所需要的其他任何东西。从本质上讲,特种部队是非常独立的,所有部队都本能地怀疑来自上级的协调。但是,渐渐地,这一计划起了作用。海豹突击队和其他部队都保持了自己独特的身份,我们没有被通通混在一起,变成特别行动分队。在接下来的几年里,特种作战司令部确实有助于提高特种部队的凝聚力,提升他们的备战状态。

然后,9·11事件爆发,真正的战争开始了。

忽然间,与以往相比,全世界看上去变得更加危险和复杂了;忽然间,美国最需要的恰恰是我们做得最好的。

海豹突击队和绿色贝雷帽打头阵,特种部队领导了入侵阿富汗的行动。在伊拉克出现了同样的情况。特种部队终于找到机会证明他们能做什么了。我们在不同国家多样化的战场上与不同类型的敌人作战。很快,我们就获得比我们应得的还要多的东西。

在这些战争中,很多事情都搞砸了——徒劳地追踪大规模杀伤性武器,公众日益厌倦旷日持久的战争。我们正在做的事情运转正常。战场指挥官和五角大楼的策划者似乎同意,公众也明白:特种部队在战场上实现了最好的回归,这在很大程度上包括海豹突击队。

我认为陆军没有看到这一切。我认为,陆军认为他们永远会主宰顶级战场。但是9·11事件之后,在众多美国军队中,特种部队的确首屈一指,货真价实,我们让纳税人的钱物尽其用。一旦本·拉登出现,没有人能阻止我们。平民和军队领导、民主党和共和党,都有同一个召唤:

拥有更多的特种部队。

更多。

现在。

唐纳德·拉姆斯菲尔德(Donald Rumsfeld)2001~2006年担任布什政府的国防部部长,他是第一个宣布扩张的人。他与参谋长联席会议(Joint Chiefs of Staff)试图打造一支更加适应21世纪反恐战争的美国军队。

2003年年初,当开始扩大我们的数量,增加我们的预算的时候,华盛

顿重视我们的真正标志——拉姆斯菲尔德在一次五角大楼发布会上说："战争的全球性质、敌人的性质、在全世界快速有效地追捕和根除恐怖主义网络的需要，所有这一切都需要特种部队发挥更大的作用。"布什政府继续推进，奥巴马总统一直就是特种部队，尤其是海豹突击队的坚定支持者。总统身边的人说，通过索马里海盗任务，总统建立了信心；通过搜捕本·拉登行动，总统的信心得到了确认。

2012年，在坦帕国际特种部队周会议上，奥巴马政府国务卿希拉里·克林顿（Hillary Clinton）说："你做的很多事情将永远不会被你所服务的公民了解。但是我知道你做了什么，别人也知道。对你们来说，服务意味着什么，我们对此感到惊讶和感激。"然后，在整个五角大楼，当最后一轮裁军和消减预算成为迫在眉睫的现实时，特种部队几乎全都安然无恙。

当预算案之争开始升温时，美国特种作战司令部指挥官、海军上将威廉·麦克雷文（William McRaven）说："没有不可改变的事。"话虽如此，他补充道，特种作战司令部"处于非常有利的位置，因为我们的总体实力使我们的国家在应对当今很多威胁以及那些可能出现的威胁时具有比较优势"。

那等于是华盛顿说："别担心，你会得到你需要的东西。"

在五角大楼谈论到的一个非机密的计划中，麦克雷文非常有说服力地阐释了特种部队的基本原理。"我们身处一场几代人的战争中，"他写道，"在可以预见的未来，美国必须应对愤怒的暴力极端主义的多种表现形式。为了在全世界持续作战，我们的特种部队必须改编。"

特种部队"是一项极其划算和有战斗力的投资"，麦克雷文说。

当所有这一切在高层上演的时候，我们这些海豹突击队的人非常忙碌,几乎不能停下来想一想。阿富汗战火隆隆,伊拉克烽烟四起,9·11之后的世界很难安静下来。在海豹突击队的整个历史中,我们之前从未如此忙碌。但是,我们的未来也命悬一线。这里需要重新提出高中代数的那个问题:如果X是好的,那么2X不是更好? 10X怎么样?

对华盛顿的很多人来说,答案显而易见:打造更多的海豹突击队。

参谋长联席会议通过特种作战司令部将命令下达到海豹突击队高级领导,再下达到我们这些现场的指挥官。从下达方式来看,这不完全是一个命令。它并不是"喂,将这事搞定,不顾一切后果",它的意思更接近"我们增加总人数,告诉我们你们有哪些要求。我们将给你们特许、资金、设备或是你们需要的任何东西"。

按照美军发布命令的标准,发布指令的语气是非常有礼貌的。这不仅仅是针对海豹突击队,所有的特种部队都被要求扩充人数。美国特种作战司令部指挥官布莱恩·道格·布朗(Bryan "Doug" Brown)将军的命令简单明了:"你们要使特种部队发展起来。"

然后,发生了一件有趣的事。

陆军、空军、海军特种部队各自做出了如何扩编队伍的规划,那些部队都像承诺的那样扩编了。在游骑兵学校、特种部队资格课程和其他特种部队的选拔项目中,班级的规模都扩大了。他们都培养出了更多的毕业生。新作战人员的流动迅速增加,由此全面地增加了特种部队的人数。

有一个引人注意的例外:海豹突击队。

近一年来,海豹突击队照常行动,好像没有发生任何改变一样。我们就像往常一样继续工作。基本水下爆破训练有了新的班级,一如既往。这些班级里充满了急不可耐的新兵,他们大多数人会在"地狱周"之前或是"地狱周"期间自愿放弃。海豹突击队新兵的数量几乎没有改变,数量多一些少一些,大概与以往差不多。

没过多长时间，不到一年，新的命令就传达到海豹突击队初级和高级领导那里，这次在语气上要强硬的多。

"那不是一个建议，"我们在现场听到的说法，"我们希望更多的海豹突击队。你们要给我们更多的海豹突击队。"还有一个补充，未明确说出但是仍然非常清楚："如果你们不能，那么我们会找一名新的、能做到的领导。"

那种做法激起了海豹突击队历史上最沉默和最低调的一次战争。一方面是高级指挥官，他们承担着创造更多海豹突击队的任务。他们的上级希望这样，华盛顿的政治家们也希望这样。另一方面，从根本上来说，毫无疑问，所有的教练都竭力反对以任何方式降低标准以便让更多的人毕业。

他们的态度是："你们想送进多少人就送进多少人。如果他们不符合我们的标准，他们就不能通过。我们是海豹突击队的卫士。"

想拥有更多的海豹突击队这一想法并没有错。我们不愁把他们派上战场。作为其中一员，我只是认为，更大并不必然意味着更好。数目小，具有创造性，灵活敏捷使海豹突击队取得了现今的成就。

内部讨论这一问题时，我们同意创造更多的海豹突击队并不是要降低入门要求，不是改变基本水下爆破训练，不是降低训练要求，不是以任何方式缩减人才库，那会给战争带来严重的后果。我们认为，解决办法是吸引更高水平的候选人——不仅仅是从海豹突击队通常选人的地方挑选候选人。最初的想法是合情合理的。如果我们在最初就能找到好的候选人，那么或许更高比例的人就会通过训练。

那才是打造更多海豹突击队的正确方法。

但是实现要比听起来困难得多。对海豹突击队来说，积极招募的整体构想是一个全新的领域。我们并不出去找人，他们找我们。对于那些认为自己具备成为海豹突击队素质的人来说,我们给他一个机会来看看他是否能行。那就是我们关于招募的想法。

我和大多数特种人员相信,世界上没有那么多人天生就能顺利通过我们的训练,成为我们中的一员。如果那一假设是正确的,那么找到更多的候选人并让他们加入海豹突击队几乎是不可能的。

一天,我在科罗拉多州参加一个高级会议。"有针对性地招募"这一主题被提了出来,我们如何通过说服来自不同背景的人加入我们来扩大我们的数量。很多非常聪明的人和高级领导都发表了他们的观点,并对观点进行反复讨论。有时,争论变得紧张起来。在两个半小时里,没有人离开会议室。直到会议快要结束,我才发表意见。当时,主持会议的军官说:"一句话,我希望每个人就我们关于招聘问题的立场提出一个观点。"

上校和指挥官首先发表意见。"把海豹突击队招募人员送到大学摔跤锦标赛上去。"一名军官说。"去找从全美橄榄球联盟淘汰下来的新人。"另一个人说。然后轮到我了。当时,我是一名上尉,但我并不胆怯。"举手表决,"我问,"这间屋子里的人,你们谁是被招募进来的?"

没有一个人举手。

"我也不是,"我说,"我读了丘吉尔的书,我就在这里了。我肯定,关于你们是如何注意到海豹突击队,或是某些时刻使你确定这里就是适合你的地方,你们每个人都有一些故事。我敢打赌,在每个例子中,海豹突击队都没有找你,你找到了海豹突击队,你找到了一个你真的想待的地方。你直言不讳,你为了这个共同体竭尽全力,现在你站在这里了。"

除了努力增加申请人的人数之外,高级领导开始日益关注提前预测谁能通过基本水下爆破训练。他们召开更多的会议,招聘外部顾问。你从未见过汽车引擎盖下有那么多技工,但运转的那么好。请来这些博学的局外人,都是为了想出一个绝对的、确定的答案:究竟是什么使一些人

通过了这门课程。这次,预测并不那么容易。

像往常一样,最好的尝试来自海豹突击队内部。荣誉指挥官埃里克·波特瑞(Eric Potterat),海军特种作战中心第一位现役心理学家,他是少有的受到高级领导和初级特种部队人员一致认可的非海豹突击队队员。他和三名同事设计出一个一小时计算机特种作战适应力测试,这一测试可以测量目标设定、抗压能力、情绪控制、失眠症、自我对话和领导能力取向这些特性。测试不能预测基本水下爆破训练的成功率,似乎没有什么能预测出来。但是,当这一测试与候选人的体能得分相结合时,它就能指出谁一定会在"地狱周"之前自愿放弃,有97%的准确性。

三年来,适应力测试被证明仍然有价值。我们从一开始就可以确认申请人最基本的素质——就是那些绝对没有机会通过的人,这样就不会浪费我们或他们的时间。但是,仍然没人能反其道而行之,没人能提前说:"这些正是使某些人通过的素质。"

忽然间,教练们要做出更多的努力——这像是额外的让步——帮助那些苦苦挣扎的候选人通过测试。这是来自上级的不可否认的压力,我感到了这种压力。从没有高级军官明确地对我说:"你要这么做,你要让更多的人毕业。"所有人都说:"我们不是让你降低品质。"但是肯定有来自上级的自上而下渗入式的指示,说的都是一模一样的事情:"想想如何能冒更大的险,让更多的人毕业。"

你可以想象心里充满怀疑的教练们会如何支持这一观点。

在场的每个人都一直抵制降低标准。

但是上级领导一直干涉,使更多的人毕业。大量的返工成了司空见惯的事情。当我通过海豹突击队训练的时候,有四次机会通过防溺、50米水下游泳和泳池能力测试。在几次尝试之后,他们可能会把你送到另一个班级,让你进行补习。但是,当我负责学术审查委员会,审查学生表现的时候,其中一些人有10次、11次和12次通过测试的机会。

过去,教练向上级建议放弃一名候选人时,那个人几乎都会被放弃。现在这种情况也改变了。很多次,学员们会恢复资格,被送回队伍中再试一次。这开始破坏教练们的权威——他们使学员们相信没有完成下次水下打结训练真的要紧的权威。如果一个班的新兵认识到这一点,那么这种影响也会渗透到下一个班级中去。

这是我们历史中一段分崩离析和病入膏肓的时期,教练们几乎忍无可忍,一些人威胁要退出海豹突击队。他们说,一些有问题的学员获得一次又一次通过测试的机会。

教练们将这一切都公诸于众。很快,他们就向他们的伙伴抱怨。这些家伙关系很亲近,他们或是刚刚离开作战部队成为教练,或是走上另一条道路。海豹突击队内部,并没有太多的秘密。

"袖手旁观使一些人进入队伍,"教练们说,"他们经过太多次的尝试才能通过测试。"

一天,我与一名能干的任培训主管的军官发生了争执。当时,我说,这么多通过的机会正在降低海豹突击队训练的质量。这个家伙对数字、指标、百分比和统计数字很着迷,他拿出一张数据表格。

"看看我们担了多少风险,"他说,"这只是一年增减17~30个毕业生。如果那些人毕业了,那么这将在几年内完成我们的指标。说实话,那是17~30个人,那基本上是一个排或是一个特混分队,难道你不认为我们能吸纳这些人吗?一个排,没有多少人。"

我的反应是本能的,不是出于政治目的。

"我一个排都不想负责。"我说。这一群人需要五次才能通过课程——谁愿意负责这样的排?

对我来说,考量很简单。扩大军队是一个很好的目标。某种程度的

增长或许是一件好事。我很重视当今世界的复杂性和海豹突击队所起到的重要作用。拥有更多的海豹突击队，我们能执行更多的任务，做得更好。

我只是不想看到使我们变得强大的东西被削弱。质量必须是首先要考虑的，那正是海豹突击队之所以为海豹突击队的原因。美国已经拥有世界上最好的传统部队了。当需要大量部队时，他们就是有用武之地的部队。

我们几乎从不单独执行任务。某些人用飞机或是军舰将我们运到目的地，一些人搜集我们赖以行动的情报，一些人提供医疗援助、技术支持或是战斗支援。我们爱这些人，需要这些人。一般来说，我们不会数年数十年待在一个地方。我们执行高速、短期、有针对性的任务，规模小、灵活、迅捷。

精英组织不能批量生产。在人数增加的过程中，一些东西会失去。

哈佛是一所优秀的大学，有一些特殊的东西。但是，我没有看到哈佛的院长建议在全美国的大商场里设立哈佛分院。在精英组织里，每次都是质量胜过数量。

这就是说，有时教练会走极端。他们一直被催促要降低标准，我这样总结他们的反应：让我们拭目以待吧！他们继续使基本水下爆破训练更加严格，训练已经难如登天了。

不断完善是海豹突击队的特点之一，我们所做的就是不断完善自身。对海豹突击队的狙击手来说，那意味着找到方法改变射击姿势，校准武器，实施一些别人之前从未尝试过的新变化。运用大大小小的方法，那就是一名海豹突击队狙击手是如何变成一名更好的狙击手的原因。

海豹突击队的教练也会发生类似的事情。他们总是给学员们施加更大的压力，增加要求，使基本水下爆破训练更好，这不可避免地意味着一个更加艰难的经历。增加课程，那是海豹突击队教练的拿手好戏。

因此，多年以来，海豹突击队的训练变得更加严格了。

基本水下爆破训练的教练们一直相信，他们非常清楚如何利用课程将学员们恰好推至极限，这样很快就能显示出谁是能通过的合格的人。我相信仍然应当严格要求，但是我也相信存在一个点，在这个点上，基本水下爆破训练已经严格到足以获得它想获得的东西——帮助我们确认适合我们兄弟会的合适新人。

超出这个限度，至少会适得其反，最糟会产生危险的后果。

我的确相信，在不知不觉中，训练的艰苦在升级。我们习惯于做好几个小时的圆木体育锻炼。这是一项残酷的惩罚性的训练。我们将圆木抬到胸前的位置，成弓步姿势站立。我第一次参加训练，我的教练让学员们抬着圆木，在整个越野障碍训练场中猛冲——他们不会承认，但是实际上，他们会这样继续下去，直到有人崩溃或是有东西毁坏。他们不会停下来，直到有人受伤。他们尽全力训练学员，没有人自愿放弃，每一个留下来的人都最终证明了自己。教练们一直在逼迫他们。

我，或是我的士官长，一个责任心强、遵守纪律和热情的人，不得不把教练拉到一边，说："停。我们必须进行另一个演习。"

在那个操场上，我感到非常不安。我十分信任教练，知道要保卫我们的兄弟会，看到合适的候选人通过训练。但是我看到，有少数教练已经偏离了如何努力地训练学员的常规。尽管我们拥有传奇般的独立性，我们还是一个军事组织，我们最终必须对上级做出交代。

最后，我知道我必须和全体教练谈谈。平衡的整个问题转变成一场战争。

"你们热情地工作，"我说，"这正是应该做的事情。但是我认为你们即将输掉这场战斗。我想，如果你们没有找到方法使竞技场稍微平衡一

下,你们将被别人取代,那么你们就不能保护这个兄弟会了,我们为之努力的一切都会交到别人手上。我甚至不愿意想那会意味着什么。"

就海豹突击队来说,这是我们的古巴导弹危机。1962年10月,没几个人知道我们离灾难是多么近。这里发生了相同的事情。当时有个令人担忧的可能,海豹突击队的训练将被交到平民、退休的海豹突击队队员或是传统的海军教练手中。有些人会服从命令,他们会让更多的人通过一个更加轻松的海豹突击队训练,无论其产生的后果是什么。

"我不是说要取消基本水下爆破训练,或是使之成为适合特殊口味的,或是容易的基本水下爆破训练,"我告诉教练,"但是这和以前一样糟糕。我认为我们开始忽略我们在这里要做什么。我们在这里不是要摧毁别人,而是要挑选合适的人。"

"在'地狱周'的前三天,我们会失去很多人,"我说,"到了第四天,没有人会放弃。有人会受伤,但是到了周五晚上,大多数在这里的人就会留在这里。你需要意识到那一点,需要减慢一点速度。我们不要改变水温,不是要使他们枯竭,不是要递给热毛巾让他们休息。但是到那时,我们就拥有了能够通过'地狱周'和训练、加入我们兄弟会的核心人员。"

"他们是未来",我希望他们明白,"我们辨认出了他们,我们应该为此而自豪。"

"是4个还是80个,我并不在乎",我说,"任何大小的班级里都总是有坏人。如果你把全班的问题都归结为一个人,那么这个人就是最好和最坏的家伙。"

这一切将如何解决?还尚未得到解决。

尽管有磨炼,有错误,有很多令人痛苦的争论,我相信我们已经设法找到了接近于正确的平衡。教练和高层领导似乎都明白了我们在这里该做什么。

　　教练好像已经找到一个每个人都能达到的标准。基本水下爆破训练仍然非常难，比我通过的时候还要难，比我从伊拉克回到科罗拉多州当训练军官的时候还要难。然而，在过去的三年里，训练中心历史上人数最多的班级毕业了。

　　双方都得到了很多他们需要的东西。

　　有时，教练们会仍然抱怨来自上级的压力，就像领导仍然抱怨不合作的教练一样。那种紧张关系或许是不可避免的，也许甚至更加健康。最后，我们仍然需要更好地理解艰苦是为了什么。不是为了折磨，不是为了伤害，不是为了淘汰，当然也不是满足某些政治家或将军认为部队应当多大的限额。

　　我们在这里打造海豹突击队勇士。全世界从未如这个历史时刻这般需要这些勇士。那一定意味着什么。我们正在创建一个挑战，这个挑战有助于帮助我们这个共同体发现——有助于候选人发现——谁是合适的新人。

十七、走出阴影

　　　　事前三思，一旦到了该行动的时候，就要毫不犹豫，放手
一搏。

　　　　　　　　　　　　　　　　　　　　　　——拿破仑

　　我们已经拍摄了篝火场景。与《勇者行动》中的所有场景一样，这一场景也恰恰来自海豹突击队在战争中的经历。导演之一，斯科特·沃 (Scott Waugh)问我，当我们出发执行任务的时候，我对大家说些什么。我要做一个小小的演讲以激励他们吗？我告诉他不需要激励，他们迫不及待要上战场。我告诉他，在执行任务之前，我会和他们谈谈平衡的问题。如果生命中没有平衡，一名勇士在战场上就会遇到问题。我说的时候摄像机开着，就像我之前很多次说的时候一样。

　　当我们结束了那段场景拍摄后，斯科特问："有人想喝一杯或是做点别的什么吗？"

我不想喝酒，但是戴夫长官提出应当喝一杯。

"为那些已经离开我们的人，为我们自己和那些和我们一样的人。精英中的精英。"这是戴夫提出的现代战争版本的祝酒词。

我喜欢这样。那感觉就像我们在海滩上，一群特殊的勇士一起投入战斗，我们所有人没有一丝犹豫。

当被问到我们是否愿意拍电影的时候，我们所有人都异口同声："不。"

戴夫、桑尼、阿杰伊（Ajay），我们所有人——立即断然地、毫不含糊地说："不。"

一群现役海豹突击队队员与几个独立的好莱坞导演合作，出现在大屏幕电影里——我认为不合适。我们不是演员，我们是海豹突击队，秘密的勇士、战场上沉默寡言的专业人员，对外界的注意尤为多疑。十几年来我们笼罩在神秘和阴谋之中。

多年来，我们将那句老话反复灌输到自己的脑子中："做自己的工作——闭上你的嘴。"

因此我自然很谨慎，非常谨慎。2008年夏天，迈克·莫斯·麦克罗伊（Mike "Mouse" McCoy）和斯科特在科罗拉多州露面，说他们想拍摄一部关于海豹突击队的电影。莫斯和斯科特说的 Bandito Brothers 制片公司对我们来说并不完全陌生。两年前，他们受雇于海军特种作战司令部，制作一个关于特种作战战斗艇船员的在线招聘视频，这些船员操作和维护我们的高性能船只。那段视频是在训练演习期间拍摄的，拍出来效果很好。镜头激动人心。那段视频对特种船艇小组是多么的重要和特殊进行了一个不同寻常的生动概述。

对海豹突击队来说，即使是要求拍摄一个招募视频，也有点不寻常。

我们都以为，华而不实的招聘广告片都是为人气不佳的部门拍摄的。

但是，这是我们历史上、我们国家一段独特的历史时期。美国在伊拉克和阿富汗同时打两场战争。海豹突击队的领导勉强接受了创建一个更高的公众形象的观点，只要可以按我们自己的方式做。

现在，莫斯和斯科特带着一个真正雄心勃勃的计划回来了。这次不是短视频。他们已经得到海豹突击队高级领导的许可，制作一部关于海豹突击队兄弟情谊的长篇、超感人的、剧院上映的军事动作电影。不仅仅是一部枪战电影，不仅仅是另一部残酷的战争片，而是某些在屏幕上看着很好，但也以某种真实的方式代表了我们的东西。

仅仅与那两个人见面，你会说他们不是你想象中的典型的好莱坞巨星。在成为导演之前，他们都是影视替身演员。他们从屋顶上跳下，跌落到窗户上，与维恩·迪索（Vin Diesel）、席尔维斯特·史泰龙（Sylvester Stallone）和整整两代主要的动作影星对打。莫斯还是越野摩托车赛车冠军，他曾赢得折磨人的 Baja 500 和 Baja 1000 越野赛冠军。斯科特是最早的"蜘蛛侠"——弗雷德·沃（Fred Waugh）的儿子。他和父亲一起研制出35毫米长的头盔式摄像机和被称为 Pogo 摄像机的新型手持式摄像机。这种摄像机将高强度和现实性转化为荧幕上的快速动作。他们都勇于拼搏，专心致志，渴望在最难的领域证明自己。称他们的小公司为好莱坞海豹突击队并非完全错误。

"我们想把这事做好。"和莫斯返回科罗拉多州的第一天，斯科特说。他们反复重申自己的意图。

但是，如果他们想制作一部接近真相的关于海豹突击队的电影，那么他们就必须采访一些海豹突击队队员。

一天早上，我们大约25人受海军公共事务办公室的邀请——更像是命令——到海滩报到，并与电影导演交谈。半小时的采访被录制下来，但不会公开。这些是背景故事和调查,目的在于帮助制片人确定电影的内容。

我没有做任何特别的准备,穿着日常的蓝色教练T恤。莫斯和斯科特问我的问题都是普通的话题:你从哪里来? 是什么使你加入海豹突击队? 海豹突击队吸引你的是什么? 训练怎么样? 你的工作是什么?

我认为莫斯和斯科特对海豹突击队的多样性印象深刻,我们并不是战争目标专一的大型攻击骑兵。他们采访的人都是海豹突击队的典型人物,大多数人都拥有一个对我们来说意义重大的家族。我们谈论在战场上的时光以及作为训练有素的勇士的角色。但是,有几个人也谈到了他们的动机,他们对服役的承诺,保护家人、祖国和对海豹突击队兄弟情谊的渴望。

如果莫斯和斯科特对他们听到的感到惊讶,那么一些海豹突击队队员也会对这么直接地说话而感到惊讶。毫无疑问,我也一样。

当说到米奇在伊拉克扑向手榴弹的时候,我哽咽难语。我从未与任何人谈起过此事。当那一切发生的时候,我不在屋顶。但是在关于我们的神话中,那是一股如此强大的力量,我们与一个愿意毫不犹豫地那样做的人在一起并肩作战。

几个星期之后,我接到负责该项目的上校的电话。"我想让你看看他们根据那些采访所做的视频剪辑,"他说,"我是否可以去你家?"

第二天,他来到我家。

这只是一段很短的剪辑,还不到五分钟,但是我简直不敢相信那些经过编辑的采访是多么震撼。我聆听着戴夫、桑尼和我谈论我们的海豹突击队经历和生活,我甚至连我说过的一半都记不得了。很显然,电影制片公司知道该如何讲故事。

我们看完视频,舰长对我说:"导演想见见你和你的妻子。在这部将

在影院公映的电影中,他们希望你和戴夫扮演主要角色。"

没有人提过我们拍摄电影这一想法。我告诉上校我对此并不感兴趣,或许我能给他们的故事提供一些指导,或是当个参谋,但是我不能想象自己做类似的事情。

"海豹突击队,不是演员。"当上校走向他的轿车时,我小声对特蕾西说。

斯科特和莫斯返回圣地亚哥,没有浪费一点时间。那两个狡猾的小坏蛋来到我家,给特蕾西带了一束非常漂亮的花。我们刚刚在客厅坐下,他们就再次让我吐露真情。我们谈到了我的祖父,他是B-24解放者飞机战斗中队的成员,死于第二次世界大战。他们问我为什么丘吉尔对我意义如此重大,然后提出了让我出演电影的理由。

应当被拍成电影,莫斯和迈克说,他们被自己的所见所闻感动了。震撼人心的故事、扣人心弦的故事、真实勇士谦卑的故事,这些勇士几乎从不那样说话。坦白地说,他们似乎没有意识到他们的经历是多么令人振奋。当和斯科特一起看最初拍摄的镜头时,迈克说,这种想法像枪托一样击中他们,"如果我们要把这事做好,我们必须让真正的海豹突击队来出演"。

没有一个专业演员能够感人地讲述这个故事,只有真正的海豹突击队才能充分诠释这一角色。这些角色需要真正理解这些人物人性化的一面。此外,为了配合战争场景,还需要超凡水平的特种作战训练和技巧。

"这就是我能做出的解释,"迈克说,"教海豹突击队如何表演要比教演员如何成为海军海豹突击队容易。"

由真正的海豹突击队出演电影的想法在好莱坞并不受欢迎,业内专家和精明的投资人对此似乎也心存疑虑。你不能让一群不知名的军人出演一部大制作的动作片,在电影院留下很多笑柄。现役海豹突击队或许是出色的勇士,但是他们不是训练有素的演员,甚至没有人听说过他们。应当让科林·法雷尔(Colin Farrell)、巨石强森(the Rock)或克里斯·赫姆斯沃思(Chris Hemsworth)出演电影,他们是大家耳熟能详的演员。

但是斯科特和莫斯不会屈服,他们决定,自己筹钱,和我们一起碰碰运气。

"你和戴夫是主角的合适人选,"那晚在他们离开之前,莫斯说,"我们相信我们会做一些非常特别的事,可以前所未有地、真实地表现你们这个团队。"如果我们同意加入,他说,为了确保他们不把事情搞砸或是透露任何不该透漏的内容,我们拥有完全的否决权。"如果这不是战场上或你们生活中发生的事情,"他说,"它们就不会在电影里出现。在这里,我们希望你使我们诚实无欺。"

他说话的时候,我不断地点头,然后我告诉他我之前告诉过他的那句话:"不。"

我是认真的。

"我们不会那样做,"在莫斯和斯科特离开之前,我告诉他们,"没有人会那样做。"

但是,在接下来的几个星期里,我开始思考导演们说的话以及他们想拍摄的那种电影。我回想起我们作为美国最出色的特种部队的责任,我们激励人心的力量以及我们对公众理解和支持的需要。我考虑到这一现实:在我们这个过度饱和的媒体世界,如果你不讲述自己的故事,别人就会讲述——不一定按你喜欢的方式。

长久以来,出于很好的理由,我们一直笼罩在神秘之中。但是,再公开一点儿或许会带来一些好处。海军领导、海豹突击队司令部、我的队友——每个人都必须隐藏其中。但是,整个世界确实可以获得对我们这个兄弟会更加真实的理解——是什么激励我们,我们能够做什么。我对

莫斯、斯科特以及他们的正直充满信心。

特蕾西和我讨论了此事。不管怎样,她都支持我。"你在海豹突击队的经历以及你想表达什么,对你比对我更加重要,"她说,"我所知道的就是,你能以几乎没有几个海豹突击队领导能做到的方式演绎你们的兄弟情谊。"

我和戴夫见面一起喝咖啡,讨论此事的利弊。他和我在训练的第一阶段合作,是我的长官之一。我们一起管理五六个班级的"地狱周"训练。我们充分信任对方。

我们两人都意识到,最终,某些人会同意。我们不希望是不合适的人——自我推销的"致命杀手",这样的人绝不会赢得海豹突击队的尊重。

"好吧,"戴夫最后说,"如果你要做,那么我也对此感兴趣。"

我说:"如果你感兴趣,那我就做。"

那时,只是感觉很好。我们知道我们可以投入到这个故事中,并能保守秘密,能对其他人产生一些影响。

这部电影挑选的最终人选都是绝对一流的:桑尼、韦曼(Weimy)、雷(Ray)、阿杰伊、迈克和范·奥(Van O),还有上校、戴夫和我。我们奉海军官方命令支持这个项目,我们的领导也支持我们。

消息很快传遍了整个团队。这将是一部认真的电影,不是一部纪录片,由现役海豹突击队主演。我不能说每个人都立即表示支持,但势不可当的反应是非常积极的。"如果有人要拍电影,"人们说,"我很高兴是你们,一些真正的'食肉动物'。"

电影的编剧库尔特·约翰斯塔德(Kurt Johnstad),他曾为斯巴达300勇士编写剧本,讲述的是公元前480年,斯巴达国王利奥尼达斯(King Leonidas)和300勇士在温泉关与波斯军队作战的故事。从采访那时起,他就与我们一起工作。他根据我们最近的历史编写了电影情节。他从斯科特和莫斯那里得到的建议是："我们希望你编写一个具有地缘政治当下威胁性场景的剧本，编写五名勇士行动的场景。"严重依赖真实的故事，这正是编剧所做的。

几个情节涉及我们在战场上的一些场景，此外，还有几个直接取自我自己的生活场景：一名海豹突击队队员在眼睛被射瞎的情况下继续射击，另一名队员为挽救队友的生命扑向手榴弹，一名特种兵身中25弹，仍然能走向送他去医院的直升机。

这部电影叫《勇者行动》。

制作这部电影花了四年的时间。大多数的主要场景都取自预先计划好的海豹突击队训练演习——真枪实弹。没有一部战争片比这部更真实。武器是真的，飞机和船舶是真的。电影中看似武装核潜艇是一艘真的武装核潜艇。海军第一次提供一艘潜艇用于电影拍摄。制片人被告知，在一个特定的地点，"给你45分钟，潜艇将在那里浮出水面，然后我们会下沉，你可以拍摄。当潜艇再次浮出水面时，你就可以离开了"。

只有在大海军和国防部的全力支持下，这种情景才会发生。

凭借他们的特技演员背景以及敏捷的思维，斯科特和莫斯知道如何恰当地以好莱坞的方式编排暴力动作场景，但是他们需要学习海豹突击队的方式。他们设计突袭或救援场景时，我们不止一次地过早地中止了拍摄。"不，不，不，"我们中的一个人说，"如果按照你们建议的那样做，我们都会被杀死。"

我们在密西西比南部的约翰·C·斯坦尼航天中心（John C. Stennis Space Center）拍摄丛林场景，海豹突击队经常在那里进行快速反应训练。制片人已经事先计划好如何拍摄我们袭击一个水边的聚居区。

"等等，"排练到一半，戴夫说，"如果这是一项真实的任务，我们不会

这样做。这不是我们使用的门,这不是我们发动进攻的命令。"

很显然,斯科特、莫斯和他们的摄影师并不习惯演员编排他们自己的场景,但是工作人员听从我们所有的意见。我想这对他们来说是一个真正灵光一闪的时刻。

"我们画一个简单的草图,好吗?"我说。

30秒之后,六名海豹突击队队员蹲在地上,围着一张大羊皮纸和一支黑色记号笔,绘制出复杂的搜查示意图。它与一名足球教练所绘制的战术、阵线和箭头没有太大的区别。在战争和训练中,我们做过好多次了。不到10分钟,我们就有了一个基本的任务概要。

摄影师变换位置,我们以真正的海豹突击队的方式完成了这次搜查。

那时,事情真正地开始运转起来。我们戴着头盔式摄像机,给导演提供了一幅快速的内视图,向他们展示如何站在烈火外仅仅一两英寸的地方。他们很勇敢,和我们一起潜入水中,和我们一起在有蛇和鳄鱼的淤泥里走来走去。他们甚至不害怕曳光弹。导演告诉我们,自20世纪30年代以来,在好莱坞,当空炮弹代替实弹以后,就没有人拍摄那样的电影了。但是Bandito的工作人员喜欢真枪实弹的声音,哪怕最终被炸坏了几个摄像头。这些经历让一两个摄影师做噩梦,但是没有任何人因此而伤亡。

你会对荧幕上最终播放出来的情景有些许小小的挑剔。为了讲故事或是戏剧效果,需要插入一些东西。在真实的行动中,在寻找附近是否有桥之前,海豹突击队不会带着全套装备用狗刨式的泳姿游过海湾。有一个在C-130运输机上的场景。在舷梯降下为自由下落救援任务做好准备之后,戴夫长官和我进行交谈,我们都没有戴氧气面罩。那样容易听见彼此的对话,但是,我们的确感到呼吸困难。

在我作为海豹突击队成员的时光里,我发现自己身处很多危险的境地。在这些境遇中,我认为自己绝不会活着离开。但是,任何一个境遇都不能与我的妻子通过现场录影转播看着我的每一个举动,而我在亲吻一位美丽的女演员相提并论。当时,我的妻子在四天前刚刚生下我们的第一个孩子。

《勇者行动》的导演请特蕾西出演一个在很大程度上以她为原型的角色,一名海豹突击队上尉的妻子,她的丈夫不断地奔赴战场。

这几乎是不可能的事。

特蕾西看上去总是光彩照人。我或许不是唯一一个在妻子生产后立即发现妻子特别漂亮的丈夫。我敢打赌,特蕾西也不是唯一一个当刚刚生产完后,就被问及是否愿意出演一个在全世界公映的电影,以"你完全疯了吗"这类话回答的女人。

被选中出演的女演员艾尔萨·马歇尔(Ailsa Marshall)是一名专业演员。在我们拍摄离别的爱抚场景之前,她与特蕾西进行了一次很好的交流。特蕾西向她解释,当我离开执行任务时,她会如何反应。

在开拍前几分钟,艾尔萨和我终于有机会谈一谈。她很漂亮,做事有条不紊。她似乎对亲吻我没有任何的不自在——或者说,说实话,她对这一机会感到特别兴奋。

"妻子和母亲,这是你经常饰演的那类角色吗?"我问她。

"不,"她大笑起来,"我经常饰演荡妇或妓女。"

我认为,她把这一场景演绎得很完美。当两个人拥抱、亲吻,说再见的时候,她将激动的情绪掩藏在外表之下。然后,我一关上门,她的眼泪就夺眶而出,整个人瘫倒在地板上。

那个场景我们大概拍了40次。从一个角度拍10次,从另一个角度拍10次,从第三个角度拍20次。到拍完的时候,我的嘴唇几乎裂开了。每一次亲吻,特蕾西都在看现场转播。我在亲吻这个美丽的年轻女人,这个女人在理论上是她,但又不是她。

我要说我很容易激动。

当我们最终拍完时,特蕾西只是说了一句:"辛苦的一天,啊?"

"我必须为了上帝和国家那样做。"我笑着说。

我喜欢看《野战排》《现代启示录》《拯救大兵瑞恩》(Saving Private Ryan)和家庭影院频道(HBO,美国电视频道名)的电视剧《兄弟连》(Band of Brothers)。但是,对我来说,《勇者行动》是独一无二的,它将专业的电影制作与真实的特种人员糅合在一起,这些特种人员的确知道他们在做什么。拍摄完后,Banditos花费了1300万美元,上映后票房收入大约是2000万美元。一部令人惊讶逼真的军事冒险电影,制作费用比汤姆·克鲁斯(Tom Cruise)的餐饮费都少。

不是每个人都赞成这种更大的开放性,一些老前辈尤其难以适应。《勇者行动》上映时,已退休的詹姆斯·沃特(James Vaught)中将当面指责美国特种作战司令部指挥官、海军上将麦克雷文将太多的注意力放在追捕本·拉登、索马里救援和海豹突击队最近取得的一些成功上。

"当我的特种人员将萨达姆从地洞里拖出来的时候,我们对此没有发表一句评论,"退休的将军说,"我们把他交给当地指挥官,让他自称是他的部队把他从地洞里挖了出来,他照做了。我们就悄然离去,守口如瓶。"

由于海豹突击队最近一直备受关注,将军说:"其他一些家伙就到那里去等着你们,你们要飞到那里去,他就击落每一架该死的直升机,杀死你们每个人。现在,看着这一切发生吧。记住我的话,马上远离那该死的媒体,你对此事有何评论?"

麦克雷文没有进行人身攻击,也没有说粗话。实际上,上将非常温和地回应:"我不确定我如何采取进一步行动。"在掌握美国特种部队指挥权之前,他已经升任为海豹突击队高层人员。

"我成为一名海豹突击队队员的原因,"他说,"是我姐姐与一名绿帽子约会。这是一个鲜为人知的秘密。绿帽子确实说服我成为一名海豹突击队队员，但是我如此迷恋的原因是我看了约翰·韦恩（John Wayne）主演的电影《绿色贝雷帽》（The Green Berets）。"

我之前从未从上将那里听说过这个故事，我想其他很多人也没有听过。

"因此，事实上，在主流媒体中，总会有对特种部队的描述。"麦克雷文上将说，"今天，我们身处一个我们无法摆脱的环境中。这并不是我们主动追求的东西。我想台下的很多记者都能确认这一点。但是，事实上，由于当今的社会媒体，由于新闻界以及24小时的新闻报道，我们很难置身事外。"

麦克雷文继续说："但是，媒体不仅仅关注我们的成功。"他指出："我们也有一些失误。我认为，将这些失误曝光在媒体上，也有助于集中我们的注意力，有助于我们做得更好。因此，有时对我们的批评、批判和公众注意，实际上会让我们变得更好。"

那次交流之后，对这部电影的某些诽谤似乎渐渐消失了。我认为，这在一定程度上是因为军方官员已经进行了几次早期审查。一些早期的批评者能看到电影里真正演的是什么，他们意识到他们的担忧是夸大其词了。我们歌颂海豹突击队的英雄主义以及同类型的部队，突出我们的兄弟情谊，在更广阔的范围内分享海豹突击队的价值观念，但是从未泄露任何军事行动秘密。

为了使影片引人注意，参演电影的大多数海豹突击队队员出席了三场《勇者行动》隆重的首映式。不似好莱坞常见的奢华，我们坐二等舱，在中档酒店里住政府规定级别的房间，不接受任何华贵的礼物。我们是奉政府的命令参加首映式，就像任何公务出差一样。但是，似乎每个人都想见一见"电影里真正的海豹突击队"。韦曼难以应付，他曾被派往阿富

汗。我们穿着并不常穿的军礼服。很多人走过来说"谢谢"——我认为，这更多的是感谢我们的服务，而不是我们的演出。我们回答媒体提出的作为一名海豹突击队队员和扮演一名海豹突击队队员之类的问题。"最难的部分就是说台词，"阿杰伊告诉一名记者，"奔波、射击、转移和沟通——那是司空见惯的，那没什么。"

我对参加隆重的电影首映式没有多少经验。但是，我敢打赌，没有多少人和我们一样。在纳什维尔，来宾包括乡村音乐歌手基思·厄本（Keith Urban）、薇诺娜·贾德（Wynonna Judd）、特雷斯·阿德金斯（Trace Adkins）、杰克·欧文（Jake Owen），他们都为《勇者行动》献唱。在纽约，我们在无畏号航舰博物馆（Intrepid Sea, Air and Space Museum）举行了一个特别的放映式，这是一艘停泊在曼哈顿以西哈德逊河边的第二次世界大战期间的退役航空母舰。那天晚上的观众是数以百计的现场急救员、纽约警察、消防员、医务人员，其中很多人在 2011 年 9 月 11 日曾冲进世贸大楼。当播放篇末工作人员列表时，他们起立欢呼，很多人失声痛哭。见到这些人是我的荣幸。

好莱坞首映式赢得了最多的关注。当阿诺德·施瓦辛格（Arnold Schwarzenegger）、蒂姆·蒂博（Tim Tebow）和其他名人出现在日落大道（Sunset Boulevard）弧光电影院（Arc-Light cinema）门前的时候，六名海豹突击队队员从加利福尼亚的夜空降下，正好降落在红毯上。这是一次相当具有戏剧性的造访。

和我一样，多年以来，特蕾西也从未参加过好莱坞的首映式，但是那天晚上，她也出席了首映式。特蕾西对当晚该穿什么感到有些担忧，但是莫斯说他可以帮忙。他的妻子卡姆（Carm）来到圣地亚哥，租了一间酒店套房，在里面摆满了名牌服装和鞋子，让特蕾西挑选。别问我她穿的裙子是谁设计的，我所知道的就是，她看上去美极了。

《勇者行动》在上映前就受到了极大的关注。当预告片开始在全美剧院上映，广告在网络电视上播出的时候——在美国橄榄球超级杯赛（Super Bowl）纽约巨人队（New York Giants）和新英格兰爱国者队（New England Patriots）比赛中间插播了三条《勇者行动》广告片——人们都在谈论那些动作场景具有惊人的逼真效果。

我没有告诉太多的大学同学和朋友我出演了一部电影。那些广告播出时，我的手机不断地接到表示震惊的电话。

这个故事听起来令人振奋。人们对海军海豹突击队饰演自己感到好奇。当电影最终上映时，好评如潮。上映第一周，《勇者行动》夺得全美票房冠军，在仅仅几天之内就赚回电影的制作成本。我只能想象那些好莱坞专家们的出尔反尔。

我没有看关于这部电影的评论，母亲告诉我有一些批评的声音。他们虽然称赞这部电影情节真实，但是却抱怨海豹突击队不是训练有素的专业演员。说得没错，对于那些认为海豹突击队没有以他们被期望的方式表现自己的人来说，莫斯很好地反唇相讥："他们是海豹突击队。你在屏幕上看到的恰恰就是海豹突击队自己和他们的所作所为。这些人就像电影中一样真实。"

十八、全球追踪

两种素质必不可少：第一，在漫漫黑暗中仍能发出微弱的光芒以照亮真理的智力；第二，敢于跟随这种微光前进的勇气。

——卡尔·冯·克劳塞维茨

我返回圣地亚哥许久之后，消息传来说，在去阿富汗援助游骑兵的途中，一架直升机坠毁，23名海豹突击队队员遇难。名字还没有公布出来，但是我有很多好朋友在那个小队中。

得到这个消息时，我和特蕾西以及两个女儿在海洋公园。海豚表演准备开始，音乐响起，演员出场。

我一下子愣住了。很庆幸我戴着墨镜，因为我开始心烦意乱了。特蕾西能察觉到。"发生什么事了？"她问。

我不确定这是否是一个计谋，还是海豹突击队真的是赶着去营救另一支身处危境的部队。但是我知道很多海豹突击队队员都死于行动中，不过这一次似乎离我太近了。

我需要一两分钟。"像我们一样的家庭,"我对特蕾西说,"他们的孩子再也不能和他们的爸爸一起到海洋公园了。我和你们三个人在一起,因为在阿富汗,我的伙伴死于一次直升机事故。"

20多个家庭即将陷入一个每个家庭都祈祷永远不要发生的噩梦中。我在这里,坐在看台上,周围是许多过着他们自己生活的好人,没有人知道在世界的另一端刚刚发生了什么。

一群毕生致力于追踪国家敌人的真正的专业人员,为了我们所有人的利益,付出了最大的代价。

随着阿富汗战争越来越艰难,我发现自己日益怀疑:我们还在那里做什么呢?我想很多人都会怀疑同一个问题,即使是一些一直在这场美国历时最长的军事冲突中非常勇敢地战斗的海豹突击队队员,也会有这样的疑问。

很多博学的、有学问的人——学者、历史专业的学者,前不久说过:"就阿富汗而论,如果需要就入侵,但是不要计划待很久,绝对不要。阿富汗是帝国的墓地。"英国人以自己的惨痛经验发现了这一点,俄罗斯人当然也发现了,追溯到占领国亚历山大大帝也是如此。地形、暴君、腐败、天气、完全独立的部落自治区,所有这些都图谋反对在阿富汗的外国列强。我是个体育迷,知道怎样看比赛记录表。在阿富汗,目前客队以0:42落后。

有些人忽视了历史教训。我并不是指以美国和英国为首的特种部队的入侵,或是成千上万步其后尘的传统部队。在难以忍受的环境下,他们做了他们被要求做的一些事情,而且还不止这些,问题在于过时的战略。

在21世纪的战场上，美国决定从事一场20世纪的战争。错误不在于我们如此咄咄逼人地介入战争，而在于我们在这里停留的时间太长。从一开始，阿富汗就应该被定位成一场时间有限的特种作战行动，那才能获得我们想要的东西，使我们所有人继续前进。

2001年10月7日，美国军队与来自阿富汗北方联盟（Afghan Northern Alliance）的一小部分盟友和战士发动了持久自由军事行动（Operation Enduring Freedom）。这样做有充分的理由。不到一个月前，基地组织的恐怖分子制造了美国历史上最严重的大屠杀。证据确凿：在塔利班政府的首肯下，恐怖主义网络一直将阿富汗作为训练基地。

在海豹突击队、绿色贝雷帽、陆军游骑兵和英国空勤特战队的领导下，前期行动展开一系列暴力的、咄咄逼人的特种部队突击行动。美国无人机和载人飞机的空中支援势不可当。塔利班战士根本无法对抗我们的特种部队、传统美国海军以及支援我们的陆军军队。结局迅速而富有戏剧性，塔利班政府在短短的几个星期之内就被取代，塔利班的大多数高级领导逃往邻国巴基斯坦。我们精心挑选的人选，哈米德·卡尔扎伊（Hamid Karzai）在圣诞节前三天就任阿富汗临时总统。

那时，就是我们离开的最好时机。

那时，我们已经杀死或赶走了——粗略估计——60%~80%活跃的塔利班圣战战士和几乎所有受他们保护的基地组织成员。我们在类似程度上削弱了敌人的战斗力。很快地，我们就基本上完成了此次来的目的，对9·11事件将做出一个适当的回应。是时候离开了。但是在离开之前，我们应当在毛拉·穆罕默德·奥马尔（Mullah Mohammed Omar）大本营的地面上留下一条提示，提醒塔利班首领和他的原教旨主义追随者们，如果他们决定再次藏匿基地组织，必将会发生什么："不要让我们回来，下次会更糟。"

相反，与我们之前的很多大国一样，美国陷入毁灭性的、代价高昂的占领和国家建设运动的泥潭，事实证明我们几乎不可能从中抽身。作为一种文化，那些阿富汗部落战士比我们更加坚强。那确实是事实。他们世世代代彼此负有血海深仇，非常敬重杀戮。当他们的敌人奋勇战斗时，他们似乎可以算得上是心怀赞赏。无论是亚历山大大帝、成吉思汗、帖木尔（Timur），还是莫卧尔帝国（the Mughal Empire），在与强大的入侵者战斗方面，阿富汗人民身经百战。有时，他们的对手是势不可当的强大国家。正是由于他们的国家被占领，使阿富汗人变得热血沸腾，变得疯狂。对他们来说，独立远远比其他任何事情至关重要。受外国势力的控制与他们生命中最基本的信条完全背道而驰。无论他们多么怨恨自己的政府，无论他们多么怨恨一山之隔的部落——他们都不能容忍占领。

我们本该以快速出击的方法来对待阿富汗——狠、快、准，这是对待恐怖主义时代的敌人的最有效的方法。

我理解另一方的观点。另一方的观点有一定的优势。十年的战争使我们抓住了本·拉登。我们施加的压力、收集的情报，经过漫长而艰辛的通往兴都库什山的道路，我们最终到达了阿伯塔巴德。但是没有人能说，那无论如何不会发生。

伊拉克提出了类似的问题。这完全是以最有效方式使用我们军事力量的问题。我并不是说，在长期占领阿富汗和伊拉克期间，海豹突击队没有做出贡献。他们做出了巨大的贡献，每支部队都是如此。美国军队参战的整个时间里，海豹突击队和特种部队突击队继续行动，非常活跃，使两场战争的势头发生了转变。

我们仍然是最棒的，有绝对一流的战士。但是，事实上，在这两个国家中，我们参与的很多任务本可以由常规的陆军和海军部队来处理。

伊拉克和阿富汗为常规部队磨炼他们自己的致命专业技能提供了一

个巨大的机会,没有什么能像投入战斗那样增强战斗威力。自9·11事件以来,我们整个部队有无数次增强战斗威力的机会。在战争中,经验至关重要。常规部队一直在经历大量的战争。因此,常规部队和特种部队之间的鸿沟正在缩小。常规部队越来越擅长这样的战争。每次搜查、每次路边交火,他们都使差距缩小了一些。传统陆军和海军能够处理很多我们处理得非常好的战场冲突,这一天也很快就会到来。

很高兴看到陆军和海军常规部队超越他们的传统角色,发展成为更灵活、更具凝聚力的部队。

我并不是说要完全改变海豹突击队的目标。我永远无法想象有一天,海豹突击队不再执行攻击任务和突袭。这些确实是我们战斗技术的核心。即使是在高科技无人机战争的视频游戏时代,也总是会有换好衣服,投入战斗的时候。此外,我们要承认显而易见的事实,那些使人心跳加速的任务真的真的很有趣。

但是,如果别人能做到一些我们一直在做的事情,或许就到了我们寻找一些新的、激动人心的挑战的时候了。这就要意识到在哪些重要的任务中海豹突击队能发挥出独特的优势。当然不会只有一件事情,我们绝不是昙花一现的部队。

在这里,我们有一个真正的机会,摆脱本·拉登、海盗和一些鲜为人知但却更加危险的任务。在上述领域,我们已经非常引人注目地证明了我们自己。我们是致命的,有充足的耐心。我们知道如何利用情报,就地取材。在全世界,很显然,我们的敌人和潜在的敌人都收到了消息:"即使是花费十年的时间,我们也会找到你。"

我为海豹突击队找到了一个新的发展方向,一个非常适合我们的方向。我们期待,我们应当组成全球追踪团队,漫游世界,抓住或杀死最最邪恶的人。对于这一想法,我已经关注了一些时日了。时机就要到来。

我们可以从联邦调查局十大通缉犯名单（Ten Most Wanted List）中获得灵感。这一名单通常挂在当地邮局里面。我们可以创建一个新的全球追踪十大通缉犯名单。昔日的国内坏人，他们面目狰狞，拥有特殊标记和令人毛骨悚然的绰号。他们激发了未来数以百万计的警察、检察官和联邦特工的想象力——将美国公众纳入J·埃德加·胡佛（J. Edgar Hoover）设想的全国性的严肃法纪的法网之中。对联邦调查局来说，这是一项伟大的公共关系事业。无论何时他们逮捕了某人，特工人员都会召开新闻发布会，互相称赞"干得好"，与此同时，也会感谢地方政府如此合作。名单上的一些无情杀手、绑匪或银行抢劫犯会被搬上荧幕，编成美国广播公司（ABC）流行电视系列剧《联邦调查局》（The F.B.I.）整整一集的故事。这种情况屡见不鲜。有时，一集结束的时候，小埃弗雷姆·津巴利斯特（Efrem Zimbalist Jr.）会出场，提出全新的真实的十大通缉犯案例。

当今的国际罪犯，远比探长厄斯金（Erskine）和特工科尔比（Colby）逮捕的罪犯要糟糕。对当代的通缉犯来说，恐怖主义仅仅是另一个工具。他们常常与暴力的游击队在一起，受到腐败政府的保护。他们的动机通常都不是个人激情或是金钱收益，他们造成的破坏是无限的。

我喜欢将追捕个性化的观点。我们可以说："这就是特种作战司令部让我缉拿归案的人。这个团队不必架起沟通的桥梁，不必执行医疗支援行动，不会与其他外国人一起参与国家建设。他们要做的唯一一件事就是在全球追踪你。是的，就是你。无论你在哪里，这个特殊的团队都将一直寻找你。"

如果总统说："现在，所有的特种部队预算都用来追踪坏人。我们将在乍得、也门或印度尼西亚，以及'其他任何有意义的地方'安置独特的特种部队国家小分队。"那该有多好。"你们要留胡子，融入当地人中。你们将与美国其他的机构合作，共享情报。你们要广交朋友，分辨出谁是好

人,谁是坏人。你们将发展那些网络和联盟。"

然后,给特种作战司令部打个电话。先头突击部队会投入战斗,我们就开始追踪名单上的人。

我们去抓捕他们,我说。

类似的跨越国界带来各种各样的国际问题,但是这些问题并不是无法解决的。这意味着与某国政府协商。我们会给某国总统打电话,说:"事情是这样的。我们有真实的情报,这是唯一的机会。我们知道他们在你们国家里。我们可以抓住他,你们也可以抓住他,你们也可以和我们一起抓住他,或是你们什么也不做。我们给你们以上四个选择,这是我们唯一一次给你们提供信息,唯一一次请求你们允许这样做。我们相信,消灭这个人,美国和全世界的关键利益都能得到满足。"

如果那个国家说:"我们会抓住他。"我们就看看他们是否这样做了。如果他们做了,那么"太好了,任务完成。我们感激不尽。我们继续给你们国家提供援助"。如果他们说:"我们会和你们合作——我们一起做。"那也不错。我们会用直升机运输当地人员,一起找到目标。如果他们说:"来抓住他。"你知道我们会这样做。如果他们说:"不。"我们会说:"好吧,不会再给你们国家援助。美国不会给你们国家一分钱,直到我们抓到他。你选择藏匿这名国际罪犯。"然后我们离开。

如果我们决定不管怎样都要发动进攻——好吧,我想我们已经证明了我们知道如何悄悄地进出具有挑战性的地方。当我们在那里时,我们知道如何处理一些重要的事情,只要问问本·拉登就知道了。无论我们采取何种方式,都将宣布:"好的,抓住他了。他已从全球追踪十大通缉犯名单中删除了,谁是下一个?"

对这些目标中的任何一个人来说,仅仅是公布全球追踪小队以及他们的十大任务,就是一场心灵噩梦了。

"狗娘养的，"他们心想，"十年了，他们找到了本·拉登，只剩一口气，藏在一座该死的房子里，海豹突击队抓住了他。"

我并不介意世界上最坏的人偷偷往后看，时时忧心海豹突击队何时会来；担忧何时老D的爆破炸药会炸开通往他们藏身之处的门；何时桑尼和乔希会带着他们的重机关枪出现；何时洛佩会带着他那台绿色的电台站在外面请求空中支援；何时我们的狙击手瞄准了他们，他们死期将近。

除了与特蕾西结婚之外，参军是我生命中最好的决定。当我大多数的朋友外出谋生时，我在思考我是怎样的人，我如何才能部分地找回自己。

对我来说，在海豹突击队每一分钟的经历都光明正大。我加入海豹突击队的理由与大多数兄弟一样——因为它对我们每个人来说都具有特殊意义。对我来说，在很大程度上，这条道路极具挑战性正是它吸引我的原因。成为这个共同体中的一员，我感到无比荣幸。这个共同体愿意承担巨大的挑战，并有能力来应对这些挑战。

这种心态非常强大，适用于生活中的很多事情。

我不确定接下来在我身上会发生什么。当你经历过我们所经历的事情时，接下来的每件事情都是一份礼物。你的观念被永远地改变了，你不会再担心大多数人担心的事情，你知道你能承受日常生活中的困难，你知道你能应对最困难的挑战。当你展望未来时，你知道你总是有办法把事情做好。

我能肯定的是，我将继续为我的国家尽职。

在我脑海中有一个承诺，我打算坚守这个承诺。我的剑一直并将永远为国家服务。但是，事实证明，海豹突击队赖以生存的价值观念、海豹突击队用来衡量自身的价值观念，将会应用得更加广泛。

成为优秀的人。

胜者为王。

只有昨天才是轻松的。

永远不要让你的队友失望。

带足弹药。

不要以不做充分准备或是不尽全力的方式来轻视战争。永远到位。

这是关键所在。无论我们的战场在哪里，我们所有人都带着我们自己的弹药，如果需要，我们也会带上其他人的弹药。

我将尽力遵循特库姆塞的指示，一句非常纯粹和强有力的话语，我将把它传递给我的女儿。

"好好生活，"肖尼族酋长说，"这样，死亡的恐惧就不会进入你的内心。"

我会好好生活，无惧死亡。

勇士的书架

古代战争

《伯罗奔尼撒战争史》 修昔底德

你认为伊拉克和阿富汗战争拖延的时间太长吗？这部精心策划的关于古代战争的书籍探索了对民主的最早尝试。本书由一位真正的史学和哲学天才撰写。

《西皮奥·阿弗里卡纳斯：比拿破仑更伟大》(Scipio Africanus: Greater than Napoleon) B·H·利德尔·哈特(B. H. Liddell Hart)

历史上少数几名不败勇士的永恒经验。对领导者与军事战略家来说，本书是一部富有洞察力的著作。

《孙子兵法》 孙子

关于军事战略和战术的权威性著作。作者是公元前5世纪晚期的一名中国高级将军。你能从本书中学到发动战争的一切知识。

《火之门》 史蒂文·普莱斯菲尔德

具有强烈的戏剧性，非常细致入微，这部严谨的小说在现代勇士心目中有着近乎传奇的地位。描述勇士兄弟情谊小说的经典之作，我们的文化在最极端情况下的写照。

现代战争

《尤利西斯·S·格兰特个人回忆录》
没有比本书更好的军事生涯回忆录了。

《美国之鹰》(Once an Eagle)　安东·迈拉尔(Anton Myrer)
一本关于领导力、无私和勇气的令人难以置信的小说。它记录了一名职业美国军官从墨西哥探险到越南战争的经历。很棒的书。

《争斗》(On Combat)　戴夫·格罗斯曼(Dave Grossman)中校
该书对致命武力冲突中人的生理和心理状态进行了引人入胜的探索。开战之时，人的身体和精神发生了什么变化。

《解放三部曲》(Liberation Trilogy)第一卷《黎明的军队：北非战争1942—1943》(An Army at Dawn: The War in North Africa, 1942–1943)　里克·阿特金森(Rick Atkinson)
第二次世界大战北非战役关键的但常常被遗忘的经验教训。

《马特洪峰：一部关于越战的小说》(Matterhorn: A Novel of the Vietnam War)　卡尔·马兰蒂斯(Karl Marlantes)
一部关于年轻人参与战争的令人难以置信的书，尽管我对此书可能存有偏见。本书描述的是B连的故事。我永远都是海豹突击队B排的队员。

《兄弟连》 斯蒂芬·安布罗斯（Stephen Ambrose）

我真的需要详细说明这本书吗？

《血色子午线：或西部晚红色》（Blood Meridian: Or the Evening Redness in the West） 科马克·麦卡锡（Cormac Mc-Carthy）

描述暴力和边境之地，没有比这更好的作品了。

《最后的混血儿》（Last of the Breed） 路易斯·拉穆尔（Louis L'Amour）

美国西部最好的枪战小说家，本书探索了美军空军试飞员的世界。书中没有特殊的军事领导经验，仅仅是一部有趣的、扣人心弦的著作。

我们为之战斗的理想

《独立宣言》（Declaration of Independence）

因为该书深谋远虑，语言优美。

《美国宪法》（Constitution of the United States）

因为你还未读过。

葛底斯堡演说（Gettysburg Address）

因为该宣言字字珠玑。

致　谢

　　我想表达我的感谢。一定程度上,这是因为我有那么多事、那么多人要感谢。但是,致以谢意也是在成为海豹突击队队员这么多年里,我学到的最重要的经验。

　　我们的确不是生活在美国模式的黄金时代。当今,恪守礼仪经常被视为是一种过时的礼节——多余而虚伪。但是,在军队中,习俗和礼节仍然至关重要。勇士们尤其明白:善良和尊重是一件非常难得而特别的事情。我从不觉得对任何人说一声真诚的谢谢是多余的。

　　在我看来,如果我在书中提到过你,那么你已经获得了最终的成功。再次感谢你们,你们使我走到今天。

　　感谢我亲爱的堂兄弟、伯父、伯母和祖父母:你们造就了今天的我。请相信,在本书中,我饱含深情地记述我的家庭,这份深情同样也适用于你们。我衷心感谢你们所有的人。

　　感谢布里斯坦(Brillstein)、美国创新艺人经纪公司(Creative Artist Agency,CAA)、齐弗伦·布里滕纳姆(Ziffren Brittenham)公司:你们是我新的战争之友,我喜欢我们的冒险。感谢皮特和办事处的全体工作人员:感谢你们构思该项目的深刻洞察力,感谢你们耐心地促使该项目得以实现。感谢伊丽莎白(Elisabeth)以及亥伯龙出版社的每个人:感谢你们宝贵的帮助和支持。你们的活力、专注和达观给我留下了深刻的印象——当我后退的时候你们坚强勇敢,当需要时你们又能做出让步:如同现代文学中所描述的竹子一般坚韧。你们是我整个生命的读者,在此之前我从未认识到一个有远见的编辑团队的重要性。

感谢埃利斯(Ellis):在战壕里,我再也找不到比你更好的战友了。你真的知道如何编故事和讲故事。你拥有任何一名海豹突击队队员所具有的职业道德。你是我一生的队友和游泳伙伴。

感谢吉尔摩(Gilmore)、休伊特(Hewitt)、华莱士·H(Wallace H.)、鲍勃·K(Bob K.)、斯拉格(Slugger)、戴思科(Desko)、尼尔(Neal)、约翰(John)、玛丽·乔(Mary Jo):你们是我的导师,当我成为别人导师时,我能及你们一半吗?

感谢利普顿(Lipton)、克里斯·G(Chris G.)、杜安和凯西(Duane and Kathy)、博克(Bock)、布里克(Brick)、希普利(Shipley)、朗(Long)、PK、米歇尔(Michelle)、保利娜(Pauline)、凯西·H(Kathy H.)、马克斯(Max)、雅各布(Jacob):有这么好的朋友,我真是幸运。

感谢BAJ、普莱斯菲尔德、库斯(Coes)、P·迈克休(P. McHugh)和丘吉尔:经历这么多年、这么多历程,你们使我热爱和敬畏精心书就的言辞令人震撼的力量。

感谢你们那些在这些名字背后的、在这里甚至不能被略微提及、更不要说公开说出的人:你们知道自己是谁,知道自己做了什么——我永远也不会忘记你们。

感谢我的海豹突击队同伴们、勇士们和爱国者们:这个国家由我们来塑造。让我们永远在一起,继续战斗。

译 后 记

海豹突击队是隶属于美国海军的世界十大特种部队之一,因其训练严酷,执行任务特殊而令人倍感神秘,同时也让人充满好奇。

本书作者罗克·丹佛是前海豹突击队队员,经魔鬼般训练,通过了"地狱周"训练,可谓经受千锤百炼,最后修成正果,成为负责海豹突击队初高级训练的军官。这部书就是丹佛对自己以往经历的真实记叙,该书真实再现了海豹突击队的训练过程及作者的感受和体会。书中不乏惊心动魄和感人至深的故事,也充满了我们以往未知的故事。通过本书,希望读者能够窥一斑而见全豹。

为了忠实于原著,在翻译的过程中,我们参阅了大量有关海豹突击队的相关资料,即使这样,由于能力有限及中美文化的差异,难免有不能通达作者本意的地方,加之海豹突击队的生活训练场景与我们日常熟悉的生活工作环境相去深远,因而翻译中难免有疏漏和不够准确之处,敬请各位方家批评指正。

译后记

在此，我们要衷心感谢复旦大学高等教育研究院的林曦博士，他多次在我们遇到困难的时候施以奥援，使我们能顺利如期完成翻译工作。我们还要感谢山西人民出版社的吕绘元编辑对译稿认真细致的修改和校对，她一丝不苟的工作态度和火一样的工作热情给了我们很大的鼓励和鞭策，与她合作我们倍感欣喜。

王天孜　雷建锋

2014年5月